Die völkerrechtliche Einordnung internationaler Seen unter besonderer Berücksichtigung des Kaspischen Meeres

Europäische Hochschulschriften
Publications Universitaires Européennes
European University Studies

Reihe II
Rechtswissenschaft

Série II Series II
Droit
Law

Bd./Vol. 4433

PETER LANG
Frankfurt am Main · Berlin · Bern · Bruxelles · New York · Oxford · Wien

Eva Bodenbach

Die völkerrechtliche Einordnung internationaler Seen unter besonderer Berücksichtigung des Kaspischen Meeres

PETER LANG
Internationaler Verlag der Wissenschaften

Bibliografische Information der Deutschen Nationalbibliothek
Die Deutsche Nationalbibliothek verzeichnet diese Publikation in der Deutschen Nationalbibliografie; detaillierte bibliografische Daten sind im Internet über <http://www.d-nb.de> abrufbar.

Zugl.: Heidelberg, Univ., Diss., 2006

D 16
ISSN 0531-7312
ISBN 978-3-631-55339-8

www.peterlang.de

Meinen Eltern

Inhaltsverzeichnis

Abkürzungsverzeichnis

AALCC	Asian-African Legal Consultive Committee Bulletin
AFDI	Annuaire Français de Droit International
AJIL	American Journal of International Law
AöR	Archiv des öffentlichen Rechts
ArchVR	Archiv des Völkerrechts
BayVwBl.	Bayerische Verwaltungsblätter
BBl.	Bundesblätter
Bd.	Band
CJIELP	Colorado Journal of International Environmental Law and Policy
CTS	Consolidated Treaty Series
DJIL	Dickenson Journal of International Law
DÖV	Die Öffentliche Verwaltung
EJIL	European Journal of International Law
EPIL	Encyclopedia of Public International law
ff.	fortfolgende
GIELR	Georgetown International Environmental Law Review
GYIL	German Yearbook of International Law
ICLQ	International and Comparative Law Quarterly
ICL Report	International Court of Justice Law Report
ICNT	Informal Composite Negotiating Text
IGH	Internationaler Gerichsthof
ILC	International Law Commission
ILM	International Legal Materials
Int`l. Bound.& Env. Sec.	International Boundaries and Environmental Security
ISNT	Informal Single Negotiating Text
i.V.m.	in Verbindung mit
JBl.	Juristische Blätter
JENRL	Journal of Energy and Natural Resources Law
KGB	Komitet Gossudarstwennoj Besopasnosti (Komitee für Staatssicherheit)

LJIL	Leiden Journal of International law
LNTS	League of Nations Treaty Series
NKWD	Narodnyj Komissariat Wnutrennych Del (Volkskommissariat für Inneres)
NTIR	Nederlands Tijdschrift voor Internationales Recht
ODIL	Ocean Development in International Law
ÖZöRV	Österreichische Zeitschrift für öffentliches Recht und Völkerrecht
Pol.YIL	Polish Yearbook of International Law
RBDI	Revue Belge de Droit International
RdC	Recueil des Cours de l´Académie de Droit International
RECIEL	Review of European Community and International Environmental Law
Rev. Iran. Rel. Int´l	Revue Iranienne des relations internationaux
RGDIP	Recueil Générale de Droit International Public
Rn.	Randnummer
Ross. Gaz.	Rossijskaja Gazeta
ROW	Recht in Ost und West
RSNT	Revised Single Negotiating Text
S.	Seite
SDLR	San Diego Law Review
UNCLOS	United Nations Convention on the Law of the Sea
UN doc.	United Nations Document
UN GA	United Nations General Assembly
UNTS	United Nations Treaty Series
WdV	Wörterbuch des Völkerrechts
YILC	Yearbook of the International Law Commission
ZaöRV	Zeitschrift für ausländisches öffentliches Recht und Völkerrecht

Einleitung

An das Kaspische Meer grenzten über Jahrhunderte hinweg nur zwei Staaten. Bis zur Oktoberrevolution waren dies das zaristische Rußland und Persien, später die Sowjetunion und der Iran[1]. Seit den politischen und gesellschaftlichen Ereignissen in der ehemaligen UdSSR Anfang der 90er Jahre grenzen an das Kaspische Meer nicht mehr nur zwei, sondern fünf Staaten: der Iran und auf dem Gebiet der ehemaligen Sowjetunion die Staaten Kasachstan, Aserbaidschan, Turkmenistan und die Russische Föderation. Durch die neue Staatenkonstellation am Kaspischen Meer sind Konflikte um Gebietsansprüche und Anteile an Ressourcen entbrannt, die der Frage nach dem völkerrechtlichen Status dieses Gewässers Aktualität verleihen. Zu den konfliktträchtigsten Bereichen zählen:

- die Ausbeutung der mineralischen Ressourcen
- der Verlauf der Leitungen zum Transport der mineralischen Ressourcen
- die Nutzung der biologischen Ressourcen
- die Schiffahrt
- der Umweltschutz

Bei der Ausbeutung der mineralischen Ressourcen steht die Gewinnung der auf dem Meeresboden des Kaspischen Meeres vorhandenen Öl- und Gasvorkommen im Vordergrund[2]. Die bisher erforschten Vorkommen befinden sich im

---

1 Bis zum Zerfall der Sowjetunion gab es nach Dipla keine Konflikte im Hinblick auf Territorialansprüche auf dem Kaspischen Meer. Dipla, Le tracé de la frontiére sur les lacs internationaux in: Zacklin/Caflisch (Hrsg.), The legal regime of international rivers and lakes, S. 409.

2 Zu den zukunftsträchtigsten Offshore-Vorkommen zählen die Felder Guneshli, Chirag und Aseri zwischen dem turkmenischen und dem aserbaidschanischen Ufer des Kaspischen Meeres. Über den Umfang der Vorkommen auf dem Meeresboden des Kaspischen Meeres gehen die Auffassungen weit auseinander. Teilweise wird vertreten, daß das Öl und Gas eine Alternative zu den Vorkommen der arabischen Halbinsel darstelle. Andererseits gehen die Berechnungen dahin, daß die Menge der mineralischen Ressourcen tatsächlich als sehr gering einzustufen ist. Bremmer weist darauf hin, daß die vorhandene Menge an Ressourcen von den Anrainerstaaten des Kaspischen Meeres auch aus politischen Gründen unterschiedlich angegeben wird. www.treemedia.com/cfrlibrary/policy/bremmer.html, Stand: 31.07.1999. Nach jüngsten russischen Bewertungen liegen die Reserven bei 15-17 Milliarden Tonnen Öl. So

mittleren Sektor des Kaspischen Meeres zwischen den Küsten Aserbaidschans und Kasachstans bzw. Turkmenistans. Dagegen existieren im nördlichen und südlichen Teil des Kaspischen Meeres vor den Küsten der Russischen Föderation und des Iran keine nennenswerten Vorkommen. An der Ausbeutung der vorhandenen Ölfelder sind indes ausnahmslos alle fünf Anrainerstaaten interessiert[3]. Zwischen den Staaten hat bereits der Wettlauf um die Erschließung der Vorkommen begonnen[4]. Mit der Unterstützung meist westlicher Staaten werden großangelegte Erschließungsprojekte geplant und umgesetzt[5]. Dieses Vorgehen einiger Anrainerstaaten im „Alleingang" warf die Streitfrage zwischen ihnen auf, welcher Staat über die einzelnen Felder verfügen dürfe, d.h. in wessen Eigentum

---

Mersljakov, „Pravovoi Status". Nach der Studie der International Energy Agency werden die erwarteten Ölvorkommen auf 15-40 Billionen Barrel geschätzt, wobei weitere 70-150 Billionen Barrel als mögliche weitere Reserven angegeben werden. Die Gasreserven liegen nach dieser Studie bei 6,7 bis 9,2 Trillionen Kubikmeter mit einem weiteren möglichen Vorrat von circa 8 Trillionen Kubikmeter. International Energy Agency, Caspian oil and gas, 1996.

3 Das Öl stellt für alle Anrainerstaaten einen bedeutenden Wirtschaftsfaktor dar, insbesondere die ehemaligen Unionsrepubliken Aserbaidschan, Kasachstan und Turkmenistan versprechen sich in ihrer noch jungen Unabhängigkeit von dem Ölboom einen Ausweg aus der wirtschaftlichen Krise. Vgl. Fedorov, Expert vom 18.05.1998, Nr. 18, S. 28. Das Interesse der Russischen Föderation an den Reserven verwundert zunächst vor dem Hintergrund, da sie über ein erhebliches Potential an eigenen Reserven – so vor allem im westlichen Sibirien – verfügt. Ein zweiter Blick auf die russische Situation zeigt aber, daß aufgrund fehlender Investitionen und einer schwachen Infrastruktur die Ölförderung in Sibirien dramatisch zurückgegangen ist. Im Jahre 1992 förderte die Russische Föderation beispielsweise ein Fünftel weniger als im Vorjahr.

4 Vergleiche zu dem daraus entstandenen aserbaidschanisch-turkmenischen Disput über die Ölfelder Aseri, Chirag und Kyapaz Harris, IBRU Boundary and Security Bulletin 5, (1997-98), S. 56-62. Zu einer ernsten Auseinandersetzung zwischen Aserbaidschan und dem Iran kam es im Juli 2001, als iranische Kriegsschiffe ein von der Gesellschaft BP betriebenes aserisches Forschungsschiff zum Verlassen der „iranischen" Gewässer aufforderten, als es die Felder Alborz bzw. Alov erkundete. Ausführlich zu diesem Konflikt aus iranischer Sicht Maleki, „What happened in the South Caspian?" unter www.caspianstudies.com, Stand 10.07.2003.

5 Erwähnt sei in diesem Zusammenhang der aufsehenerregende Erschließungsvertrag zwischen Aserbaidschan und einem überwiegend westlichen Ölkonsortium (Mitglieder dieses Konsortiums sind BP, Amoco, Pennzoil, aber auch die aserbaidschanische Ölgesellschaft SOCAR, des weiteren die russische Gesellschaft Lukoil, die erst später aufgenommen wurde) über die Ausbeutung der Ölfelder Aseri, Chirag und Guneshli vom 20.09.1994, sog. „Jahrhundertvertrag". Zu dem Vertrag, der ein Investitionsvolumen von 8 Billionen Dollar hatte, vgl. ausführlich Sagheb/Javadi unter www.azer.com/AIWeb/Categories/Mag...24articles/24.westernoilconsortium.htm, Stand: 27.01.1999;
Alijew, www.azer.com/AIWeb/Mag...4.folder/24.articles/24.oilcontract.htm, Stand: 27.01.1999. Siehe dazu auch Barylski, Middle East Journal 49 (1995), S. 217-232.

und unter wessen Herrschaft sie stehen[6]. Dabei treffen zwei gegenläufige Grundauffassungen aufeinander. Einige Anrainerstaaten sind der Meinung, daß das Kaspische Meer sowie seine Ressourcen und der Meeresboden im Gemeinschaftseigentum aller Anrainerstaaten stehen und dementsprechend auch nur in gemeinschaftlicher Vorgehensweise ausgebeutet werden dürfen. Nach der entgegengesetzten, von anderen Anrainerstaaten vertretenen Auffassung soll das Kaspische Meer in nationale Sektoren aufgeteilt sein, die unter der ausschließlichen Herrschaft des jeweiligen Anrainerstaates stehen. Folglich soll auch jeder Anrainerstaat berechtigt sein, in dem ihm zustehenden Sektor allein und ausschließlich die dort vorhandenen Ressourcen auszubeuten.

Neben der Frage, welche Rechte den einzelnen Anrainerstaaten bei der Ausbeutung der mineralischen Ressourcen zustehen, bestehen auch im Hinblick auf mögliche Transportrouten für das gewonnene Öl zum Weltmarkt erhebliche Meinungsverschiedenheiten. Es existieren bereits eine Reihe von Pipelines und weitere Leitungsverläufe sind geplant. Die verschiedenen Transportrouten werden von den einzelnen Anrainerstaaten in unterschiedlichem Ausmaß unterstützt.

Eine der bereits existierenden Pipelines verläuft vom Nordufer des Kaspischen Meeres bis zum russischen Schwarzmeerhafen Novorossijsk und damit über russisches Territorium. Die Nutzung dieser Transportroute wird vorwiegend von der Russischen Föderation unterstützt[7]. Hintergrund sind vor allem wirtschaftliche und machtpolitische Erwägungen. Sollte es nämlich zu einer sektoralen Aufteilung des Kaspischen Meeres zwischen den Anrainerstaaten kommen, läge keines der vorhandenen und als vielversprechend angesehenen Ölvorkommen im Hoheitsgebiet der Russischen Föderation. Der Transport des Öls über russisches Territorium würde der Russischen Föderation in diesem Fall nicht nur weiterhin ihren Einfluß in der kaspischen Region, sondern auch indirekt ihren Gewinnanteil an der Förderung des kaspischen Öls sichern[8].

Eine weitere bereits existierende Transportroute verläuft über den Iran bis hin zum türkischen Mittelmeerhafen Ceyhan. Es ist vor allem der Iran, der den

---

6 Für die generelle Problematik, die im Spannungsfeld von mineralischen Ressourcen und der Festlegung von Grenzen besteht, siehe Jones, Boundary-making, a handbook for statesmen, treaty editors and boundary commissioners, 1945, S. 28. Die Problematik im Kaspischen Meer behandelt eingehend Pratt/Schofield, International boundaries, S. 81-104.

7 Des weiteren wird diese Pipeline durch das von Kasachstan und Oman gegründete Caspian Pipeline Consortium unterstützt. Dem Konsortium trat später auch die Russische Föderation sowie die westlichen Erdölfirmen Chevron und Mobil bei.

8 Der Pipelineverlauf über russisches Territorium ist allerdings mit Risiken behaftet. Die Leitung führt durch das Krisengebiet Tschetschenien. In der Vergangenheit ist es bereits zu Zerstörungen der Pipelines durch tschetschenische Militärkräfte gekommen. Vgl. dazu Schofield, unter www.ibru.dur.ac.uk, Stand: 27.01.1999.

Transport des kaspischen Öls in diesen Leitungen unterstützt. Dabei wird er – ebenso wie die Russische Föderation bei der Pipeline über russisches Territorium – von machtpolitischen und wirtschaftlichen Motiven geleitet. Im Falle einer sektoralen Aufteilung des Kaspischen Meeres befänden sich auch im iranischen Hoheitsgebiet keine Ölvorkommen, so daß allein der Transport von Öl über iranisches Territorium den Einfluß und Profit bei der Ölgewinnung sichern kann. Der Transport des Öls über iranisches Territorium hat zu Diskussionen und teilweise heftigen Meinungsverschiedenheiten geführt, an denen sich nicht nur die kaspischen Anrainer selbst, sondern auch westliche Staaten, insbesondere die USA beteiligten. Die USA lehnen den Transport des kaspischen Öls über iranisches Territorium entschieden ab. Hintergrund ist der Abbruch der Beziehungen zwischen den USA und dem Iran nach der Geiselnahme amerikanischer Staatsbürger während der islamischen Revolution im Jahre 1979 und das im Rahmen des gegen den Iran verhängten Wirtschaftsembargos im Jahre 1995 verfügte Verbot, sich an der Ölförderung im Iran zu beteiligen. Die Stimme der USA hat in den Diskussionen um den Verlauf der Pipelines für das kaspische Öl besonderes Gewicht, da die Förderung des Öls im Kaspischen Meer finanziell erheblich durch die USA unterstützt wird.

Neben den bereits existierenden Leitungen wird eine transkaspische Pipeline geplant[9], die auf dem Meeresboden des Kaspischen Meeres verlaufen und das Öl bis nach Ceyhan ans Mittelmeer transportieren soll. Das Verlegen dieser Pipeline wirft wiederum die Frage nach den Gebietsansprüchen der Anrainerstaaten im Kaspischen Meer auf: steht der Meeresboden im Gemeinschaftseigentum der Anrainer oder ist er in nationale Sektoren aufzuteilen?

Abgesehen von der Gewinnung der mineralischen Ressourcen hat auch die von den Anrainerstaaten angestrebte Ausbeutung der biologischen Ressourcen des Kaspischen Meeres den Streit um die Gebietsansprüche der Anrainer entzündet. Im Mittelpunkt steht die Kaviargewinnung: Etwa 90% des auf dem Weltmarkt gehandelten schwarzen Störkaviars stammt aus dem Kaspischen Meer. Für die Mehrheit der Anrainer – insbesondere für die jungen, nunmehr unabhängigen

---

9 Für den Bau dieser Leitung sprechen sich vor allem Aserbaidschan und Kasachstan aus, die einen Transportweg über russisches Territorium verhindern wollen. Sie befürchten dadurch ein Anwachsen des russischen Einflusses in der Region sowie durch die tatsächliche Gewalt über die Pipelines ein empfindliches Druckmittel. Turkmenistan plant eine Pipeline für Gas auf dem Meeresboden des Kaspischen Meeres. Der Iran tritt dieser turkmenischen Planung vehement entgegen. Er begründet seine Haltung mit Argumenten des Umweltschutzes. Auf den zweiten Blick erweisen sich als Hintergrund aber wirtschaftliche Motive, so der gewünschte Gastransport über den Iran. dpa-Meldung vom 20.02.1999, www.oss.net/Reports/BOSNIA/report823.html Stand 12.07.1999.

ehemaligen Unionsrepubliken – ist die Gewinnung von Kaviar ein wesentlicher Wirtschaftsfaktor. Mangels allgemein akzeptierter Fangquoten fischen die Anrainerstaaten unbegrenzt in den Störbeständen des Kaspischen Meeres[10]. Diese Vorgehensweise hat bereits heute zu einer starken Verringerung der kaspischen Störbestände geführt[11]. Um diesem Problem zu begegnen, will man teilweise das Gewässer – insgesamt oder zumindest zu einem großen Teil – in das Gemeinschaftseigentum aller Anrainerstaaten stellen. Man verspricht sich davon, daß die Anrainer in diesem Fall dazu angehalten wären, verbindliche Fangquote zu beschließen, deren Einhaltung alle Anrainer kontrollieren könnten. Die sektorale Aufteilung des Kaspischen Meeres birgt dagegen die Gefahr in sich, daß jeder Staat in dem ihm zugeteilten Sektor unkontrolliert weiter fischt und über kurz oder lang das Aussterben des kaspischen Störs droht.

Durch die neue Staatenkonstellation am Kaspischen Meer ist auch die Schaffung einer sinnvollen Regelung der Handelsschiffahrt auf dem Kaspischen Meer angezeigt. Dabei stehen im wesentlichen zwei Fragen im Vordergrund: Soll die Handelsschiffahrt allein den Anrainerstaaten vorbehalten sein oder soll das Kaspische Meer für die Schiffe der gesamten Staatengemeinschaft offenstehen? Kann die gesamte Wasseroberfläche für die Handelsschiffahrt uneingeschränkt genutzt werden oder steht jedem Anrainerstaat ein Küstenstreifen mit Exklusivrechten zu?

Auch im Hinblick auf die Kriegsschiffahrt bedarf es einer interessengerechten Regelung. Vor dem Niedergang der UdSSR existierte die sogenannte „Kaspische Flotte“, die unter der Befehlshoheit der Sowjetunion stand. Heute steht die Flotte unter dem Oberbefehl der Russischen Föderation. Um der militärischen Präsenz der Russischen Föderation auf dem Kaspischen Meer und den damit verbundenen Risiken der Einflußnahme und Bedrohung entgegenzuwirken, sind vor allem die

---

10 Hinzu kommt die Fischwilderei von Privatpersonen, die das Problem des allmählichen Aussterbens dieser Spezies im Kaspischen Meer verschärft.

11 Vergleiche den Bericht des WWF, nach dem bereits die Zahl der erwachsenen Störe von 142 Millionen im Jahre 1978 auf 43,5 Millionen im Jahre 1994 geschrumpft ist. www.seaweb.org/2oceanrep/sturge.html, Stand: 13.06.2003; vgl. auch Speer/Lauck, „Roe to ruin“, www.caviaremptor.org/roe_to_ruin.PDF, Stand 13.06.2003. Insgesamt schätzt man den Rückgang der Störbestände in den letzten 10 Jahren auf circa 85 %. Im Jahre 2000 konnten von russischer Seite lediglich 220 t Stör gefangen werden, dies sind nur 40 % der erwarteten Fangquote. Man rechnet damit, daß unter den jetzigen Bedingungen die Bestände in circa 2-3 Jahren vernichtet sein werden. Hintergrund ist, daß zur Kaviargewinnung das Töten von weiblichen Stören mit unbefruchteten Eiern erforderlich ist. Das aggressive Fischen der Anrainer hat jedoch dazu geführt, daß auch die Störe mit befruchteten Eiern (die ohnehin nur 7 % der Störbestände ausmachen) gefangen und getötet wurden, wodurch der Nachwuchs an Jungfischen ausbleibt.

nunmehr unabhängigen ehemaligen Sowjetrepubliken der Auffassung, daß jedem Anrainerstaat das Recht auf eine eigene Flotte zustehe. Der Anspruch eines jeden Anrainerstaates auf einen Küstenstreifen mit Exklusivrechten gewinnt in diesem Zusammenhang durch seine Funktion als Sicherheitszone gegen potentielle Übergriffe durch einen anderen Anrainer besonders an Bedeutung.

Neben der Gefährdung eines friedlichen zwischenstaatlichen Verhältnisses der Anrainer am Kaspischen Meer aufgrund widerstreitender wirtschaftlicher Interessen ergeben sich aus der Ausbeutung und dem Transport der mineralischen Ressourcen erhebliche ökologische Gefahren für das Kaspische Meer selbst. Unfälle bei der Förderung und dem Transport des Öls hätten im Kaspischen Meer mit seinem einzigartigen ökologischen System verheerende Auswirkungen für die Umwelt. Da der Selbstreinigungsprozeß eines Gewässers von der Frischwasserzufuhr bzw. dem Wasseraustausch abhängt, würde bei einer Gewässerverschmutzung die Regenerierung des Kaspischen Meeres aufgrund seiner Abgeschlossenheit und der geringen Frischwasserzufuhr länger dauern als in einem Ozean.

Ein weiteres ökologisches Problem im Kaspischen Meer ist das stetige Ansteigen des Wasserspiegels[12]. Diese Entwicklung kann dazu führen, daß es zu Überschwemmungen und – sofern auch die Ölfelder Kasachstans und Aserbaidschans betroffen sind – zu einer erheblichen Verschmutzung des Kaspischen Meeres kommt. Die Gründe für dieses abrupte Ansteigen des Wasserspiegels sind bislang nicht abschließend geklärt. Teilweise vermutet man einen Zusammenhang mit der Änderung der globalen und regionalen Klimaparameter, teilweise sieht man einen Zusammenhang mit der Wasserdynamik des Kaspischen Meeres. Auch hier stellt sich die Frage, ob eine einheitliche Lösung auf regionaler Ebene gefunden werden soll oder ob jedem Staat allein der Schutz der Umwelt obliegt.

In den dargestellten Bereichen der Nutzung und Erhaltung des Kaspischen Meeres konnte seit dem Ende der Sowjetunion bis heute noch keine einvernehmliche Lösung zwischen den Anrainerstaaten gefunden werden. Vielmehr bestehen bei der Frage, wie diese Probleme zu lösen sind, erhebliche Meinungsverschiedenheiten und scheinbar unüberwindliche Gegensätze. Der Streit beginnt bereits bei der Frage, ob eine rechtliche Regelung für die genannten Problembereiche existiert. Eine solche Regelung müßte in erster Linie die Frage beantworten, un-

12 Nachdem der Wasserspiegel fast ein halbes Jahrhundert gesunken ist, steigt er derzeit mit erheblichem Tempo an. Das Ansteigen wird mit 10 cm/Jahr angegeben. Pratt/Schofield, a.a.O., S. 82; Tolkatchev, unter www.nbi.ac.uk/psmsl/gb2/tolkatchev.html, Stand: 13.06.2003, Kroonenberg unter atlas-conference.com/cgi-bin/abstract/caji-23, Stand 13.06.2003.

ter wessen Souveränität das Kaspische Meer steht[13]. Diese Regelung könnte in den sowjetisch-iranischen Verträgen von 1921 und 1940 bestehen, die Teilbereiche der Nutzung des Kaspischen Meeres regeln. Inwieweit diese Verträge heute noch Gültigkeit besitzen, insbesondere für die nunmehr unabhängigen ehemaligen Unionsrepubliken, ist zwischen den Anrainerstaaten umstritten. Kann diese Frage positiv beantwortet werden, müßte man ermitteln, ob die bestehenden Vertragswerke an die neuen Gegebenheiten anzupassen und gegebenenfalls zu modifizieren sind. Zur Vertragsanpassung könnte die Seerechtskonvention von 1982 herangezogen werden, die unter Umständen ein rechtliches Regime für das Kaspische Meer bereithält. Möglicherweise läßt sich das rechtliche Regime des Kaspischen Meeres aber auch nach dem Vorbild in anderen internationalen Gewässern ausgestalten. Ob und welche dieser beiden Alternativen heranzuziehen ist, richtet sich nach der völkerrechtlichen Einordnung des Kaspischen Meeres. So erstreckt sich der Anwendungsbereich der Seerechtskonvention auf Meere, nicht aber auf Binnengewässer. Für letztere existieren regelmäßig regionale Abkommen der Anrainerstaaten über die Handhabung des jeweiligen Gewässers, die möglicherweise auf das Kaspische Meer übertragen werden können.

Gegenstand dieser Arbeit ist es zu untersuchen, ob eine rechtliche Regelung für die dargestellten Problembereiche im Kaspischen Meer besteht bzw. auf welcher Grundlage eine solche Regelung zu schaffen und auszugestalten wäre. Es ist Ziel der Arbeit, Lösungsansätze aufzuzeigen, die die Interessen aller Anrainerstaaten des Kaspischen Meeres in ausreichendem Maße berücksichtigen, da für ein langfristiges friedliches Nebeneinander eine einvernehmliche Lösung durch die Anrainerstaaten unerläßlich ist.

---

13 Für die Erforderlichkeit der Klärung dieser Frage aus kasachischer Sicht, Salimgerei, „Energie und Geostrategie im Kaspischen Raum – Akteure, Interessen und Konfliktpotentiale", S. 68. Aus russischer Sicht sollen auch Fragen der Schiffahrt, der Nutzung der mineralischen wie biologischen Ressourcen und des Umweltschutzes geregelt sein. So Mersljakov „Pravovoi status" vom 17.03.1999.

1. Kapitel: Die bestehenden rechtlichen Regelungen für das Kaspische Meer

I. Die rechtlichen Regelungen vor der Auflösung der Sowjetunion

Ein Blick in die Geschichte zeigt, daß das Kaspische Meer zunächst über Jahrhunderte ausschließlich unter persischer Herrschaft stand[14]. Erst mit der Machtergreifung durch Zar Peter den Großen drang Rußland im Zuge seiner Expansionsbestrebungen in Richtung Süden bis zu den Ufern des Kaspischen Meeres vor[15]. Seit diesem Zeitpunkt waren die Beziehungen zwischen Persien und Rußland über die Jahrhunderte durch kriegerische Auseinandersetzungen geprägt[16], aus denen jeweils das russische Zarenreich als siegreiche Macht hervorging. Dementsprechend nutzte Rußland in den sich anschließenden Verhandlungen der Friedensverträge seine übermächtige Stellung zur Beschränkung der Rechte Persiens am Kaspischen Meer.

Nach der Oktoberrevolution im Jahre 1917 hoben das nunmehr bolschewistische Rußland[17] und Persien (später der Iran[18]) diese Verträge auf und schlossen neue Abkommen, die eine weitgehend gleichberechtigte und faire Nutzung des Kaspischen Meeres durch beide Anrainerstaaten vorsahen[19].

---

14 Dies war zur Zeit der Goldenen Horde. Zu der Frühgeschichte der Bevölkerung am Kaspischen Meer vergleiche Swietochowski, sipa.columbia.edu/RESOURCES/CASPIAN/env_p11.html, Stand: 13.06.2003.

15 Durch die russischen Besetzungen von Kasan im Jahre 1551 und Astrachan im Jahre 1556 hatte sich Rußland durch die dadurch begründete Herrschaft über den Fluß Terek bereits frühzeitig einen Zugang zum Kaspischen Meer verschafft. Die Expansionsbestrebungen Peters des Großen zielten auf die Schaffung eines durchgängigen russischen Wasserweges bis nach Indien ab. Dieser Wasserweg sollte über das Kaspische Meer führen.

16 Vergleiche dazu auch Yakemtchouk, Les hydrocarbures de la Caspienne, S. 15 ff.

17 Nach der Oktoberrevolution von 1917 gab sich das sozialistische Rußland am 10. Juli 1918 eine neue Verfassung.

18 Die Umbenennung Persiens in „Iran" erfolgte in der internationalen Staatengemeinschaft ab dem Jahre 1935. Nach der islamistischen Revolution wurde am 30. März 1979 durch Chomaini die Islamische Republik Iran ausgerufen.

19 Nach Ansicht von Mizzi konnten diese Verträge kein Gleichgewicht zwischen den beiden Anrainerstaaten herstellen, vielmehr blieb es bei der übermächtigen Stellung und faktischen Alleinkontrolle des Kaspischen Meeres durch die Sowjetunion. Vgl. Mizzi, CJIELP 7 (1996), S. 483-504 (488).

1. Vertrag von Resht von 1729

Der Friedensvertrag von Resht beendete den russisch-persischen Krieg[20], den Peter der Große im Rahmen seiner Expansionsbestrebungen in Richtung Süden im Jahre 1722 gegen Persien begonnen hatte. Da Rußland siegreich aus diesem Krieg hervorging, mußte Persien in dem Vertrag von Resht vom 13. Februar 1729 unter anderem die Städte Derbent und Baku sowie die an diese Städte angrenzenden Provinzen an den russischen Zaren abtreten[21]. Auf diese Weise erhielten die russischen Kaufleute erstmals die Möglichkeit, auf der gesamten Strecke von der Wolga bis zum Kaspischen Meer Handel zu treiben[22]. Darüber hinaus enthielt der Vertrag von Resht Regelungen zur Freiheit von Handel und Schiffahrt auf dem Kaspischen Meer und den Flüssen Araks und Kura.

2. Friedensvertrag von Gulestan von 1813

Den Friedensvertrag von Gulestan[23] schlossen die Kriegsparteien nach dem Ende des russisch-persischen Krieges von 1803 bis 1813. Er enthielt Bestimmungen für die Schiffahrt auf dem Kaspischen Meer[24] und legte fest, daß beide Anrainerstaaten auf dem Kaspischen Meer Handelsschiffahrt betreiben durften[25]. Die Kriegsschiffahrt war dagegen dem zaristischen Rußland vorbehalten. Der Vertrag bestimmte, daß allein die russische Flotte auf dem Kaspischen Meer fahren durfte und daß weder die Kriegsschiffe Persiens noch die aller anderen Staaten auf dem Gewässer fahren durften[26]. Diese Zugeständnisse an Rußland sind vor dem Hintergrund des für das Zarenreich wiederum siegreichen Ausgangs des russisch-

---

20 Einen geschichtlichen Überblick über die russisch-persischen Kriege und die besondere Rolle der Kaspischen Flotte findet man unter: www.neva.ru/EXPO96/book/chap7-3.html, Stand: 13.06.2003.

21 Siehe Romano, www.dundee.ac.uk/cepmlp/journal/html/articles5-10.html, Stand: 13.06.2003.

22 Vergleiche zu diesem Vertragswerk auch die Ausführungen von Gökçek unter geocities.com/gokcek/docs/thesisbody.htm, Stand: 21.11.2001.

23 Friedensvertrag von Gulestan vom 12. Oktober 1813, abgedruckt in Marten´s Supplement Vol. VIII, S. 89.

24 Interessant ist in diesem Zusammenhang, daß England als weiterer Spieler in diesem sogenannten „Great Game“ um die Vorherrschaft in der Region vehement versuchte, die Vertragsunterzeichnung zu verhindern, um die Dominanz Rußlands am Kaspischen Meer einzudämmen. Vergleiche zu den Anfängen der Ausweitung des englischen Handels in dieser Region in der ersten Hälfte des 18. Jahrhunderts Junusova, Torgovaja ekspansija Anglii.

25 Vgl. Artikel 5 des Vertrages.

26 Ebenda.

persischen Krieges zu sehen. Rußland konnte weitestgehend die Bedingungen diktieren, denen sich Persien zu beugen hatte.

3. Russisch-persischer Vertrag von Turkmantschai von 1828

Der Vertrag von Turkmantschai[27] hob den zwischen Rußland und Persien geschlossenen Friedensvertrag von Gulestan auf[28] und traf neue Regelungen zur Befriedung des russisch-persischen Verhältnisses. Dieser Vertrag beendete den russisch-persischen Krieg von 1826 bis 1828, aus dem wiederum das russische Zarenreich siegreich hervorgegangen war[29]. Wie bereits im Vertrag von Gulestan stand auch nach dem Vertrag von Turkmantschai die Schiffahrt auf der gesamten Ausdehnung des Kaspischen Meeres den Handelsschiffen beider Anrainerstaaten offen, während das Recht zur Unterhaltung einer Kriegsflotte auf dem Kaspischen Meer dem russischen Zarenreich vorbehalten blieb. Weder Persien noch andere Nationen durften das Gewässer mit Kriegs- oder Dampfschiffen befahren[30].

Der Vertrag von Turkmantschai enthielt des weiteren eine Bestimmung der Landgrenze zwischen Persien und Rußland[31]. Die vorgesehene Grenzziehung endete am Ufer des Kaspischen Meeres, eine Bestimmung des Grenzverlaufes auf dem Gewässer fehlte in dem Vertrag. Im Jahre 1881 wurde der Grenzverlauf durch eine Konvention[32], die von einer aus Vertretern beider Staaten bestehenden Grenzkommission erarbeitet worden war, präzisiert und festgelegt. Die darin vorgesehene Delimitation beschränkte sich wiederum auf die Landgrenze zwischen Persien und Rußland und ließ die Frage nach der Grenzziehung auf dem Kaspischen Meer offen[33].

---

27 Der Vertrag wurde am 22. Februar 1828 abgeschlossen. Abgedruckt in British and Foreign State Papers 1827-1828, Bd. 15 (1829) (französisch).

28 Art. 2 des Vertrages.

29 Den Krieg hatte Persien aufgrund der durch den Vertrag von Gulestan entstandenen demütigenden Situation begonnen.

30 Art. 8 des Vertrages.

31 Art. 4 des Vertrages.

32 Konvention zur Regelung der Grenze östlich des Kaspischen Meeres zwischen Rußland und Persien vom 9. Dezember 1881. Der Text der Konvention ist abgedruckt in Martens, 9 Nouveau Recueil General des Traités (1884), S. 228 (französische Fassung).

33 Yakemtchouk deutet an, daß die Grenzziehung auf dem Kaspischen Meer von Seiten des Zarenreiches absichtlich unterlassen wurde, um die Existenz von zwei souveränen Staaten auf dem Kaspischen Meer nicht anerkennen zu müssen. Yakemtchouk, Les hydrocarbures de la Caspienne, S. 16.

Nach der Jahrhundertwende traten durch den ersten Weltkrieg und die Oktoberrevolution, die die Zarenherrschaft in Rußland beendete, erhebliche Veränderungen auf dem russischen Territorium ein, die auch für das Verhältnis zwischen Persien und Rußland nicht ohne Auswirkungen blieben[34].

4. Freundschaftsvertrag von 1921

Nach der Oktoberrevolution im Jahre 1917 entschied die Sowjetunion, alle durch das zaristische Rußland abgeschlossenen Verträge aufzuheben, die eine einseitige Benachteiligung des einen oder anderen Vertragspartners zum Gegenstand hatten[35]. Dementsprechend hoben die UdSSR und Persien durch den Vertrag über Freundschaft und Zusammenarbeit vom 26. Februar 1921 sowohl den Vertrag von Gulestan als auch den Vertrag von Turkmantschai wegen einseitiger Benachteiligung Persiens auf[36].

Das Verbot für Persien, mit eigener Kriegsflotte auf dem Kaspischen Meer zu fahren, wurde durch den Freundschaftsvertrag von 1921 ausdrücklich aufgehoben[37]. Die Parteien legten statt dessen fest, daß sie auf dem Gebiet der Schiffahrt gleichberechtigt seien und beiden Vertragsstaaten das Recht zustehen solle, unter eigener Flagge zu fahren[38]. Persien erhielt das Recht, auf dem Kaspischen Meer eine eigene Flotte einzurichten und zu unterhalten[39]. Im Hinblick auf die Fische-

---

34 Interessant ist im Zeitraum nach der Oktoberrevolution wiederum die Rolle Großbritanniens am Kaspischen Meer. England versuchte, die Gewalt über Baku, dessen erhebliche Ölvorkommen bereits zu dem damaligen Zeipunkt bekannt waren, zu gewinnen. Großbritannien scheiterte allerdings mit diesem Versuch. Im April 1920 gewann die Rote Armee endgültig die Oberhand über Baku, woraufhin Aserbaidschan zur Unionsrepublik wurde.

35 Vergleiche dazu ausführlich Adjarov, Sovietskij Eschegodnik meždunarodnogo prava 1969, S. 59-68 (russisch mit englischer Zusammenfassung)

36 In dem Vertrag von 1921 heißt es in Art. 1: „[...] it (*Russia*) definitely renounces the tyrannical policy carried out by the Colonising Governments of Russia which have been overthrown by the will of the workers and peasants of Russia.“ (Einfügung durch die Verfasserin.) Der Vertrag ist abgedruckt in: Sbornik deistvujuschich dogovorov, soglaschenii, konventii, saklutschonnich s inostrannimi gosudarstvami 1, 1924, S. 148-153 (russische Fassung); Recueil des Traités 9-10 (1922), S. 400-413 (englische und französische Fassung).

37 Art. 11 des Vertrages.

38 Ebenda.

39 Nach Einschätzung von Gökçek wurde dieses vertraglich eingerichtete Recht in der Praxis nicht umgesetzt, da Persien keine nennenswerte eigene Flotte auf dem Kaspischen Meer unterhielt. Siehe dazu Gökçek unter geocities.com/gokcek/docs/thesisbody.htm, Stand: 21.11.2001.

rei verpflichtete sich Persien, der UdSSR den Fischfang im südlichen Teil des Kaspischen Meeres zu gestatten[40]. Die von der Kommission im Jahre 1881 festgelegte Landgrenze zwischen den beiden Anrainerstaaten bestätigte der Freundschaftsvertrag von 1921 ausdrücklich[41]. Die Vertragsparteien erklärten darüber hinaus übereinstimmend, daß eine Lösung der noch ungeklärten Grenzfragen herbeigeführt werden müsse. Dafür sollte eine aus russischen und persischen Vertretern zusammengesetzte Grenzkommission errichtet werden[42]. Allerdings konnte dieses Vorhaben – zumindest, was die Wassergrenze zwischen Persien und der UdSSR anbelangt – nicht in die Tat umgesetzt werden.

5. Vertrag über Handel und Schiffahrt von 1940

In dem nachfolgenden, am 25. März 1940 zwischen der UdSSR und dem Iran geschlossenen Vertrag über Handel und Schiffahrt[43] trafen die Parteien Regelungen für das Kaspische Meer, die den Inhalt des Freundschaftsvertrages von 1921 bestätigten und ergänzten[44]. Die Parteien legten fest, daß die Schiffe unter der Flagge eines Signatarstaates in den Häfen des jeweils anderen behandelt werden sollten wie die eigenen[45]. Zur Kriegsschiffahrt sollten nach diesem Vertrag weiterhin beide Anrainerstaaten befugt, allen Nichtanrainerstaaten sollte dagegen das Fahren unter eigener Flagge auf dem Kaspischen Meer verboten sein.

Im Hinblick auf die Fischerei bestimmten die Parteien in Art. 12 Absatz 4 des Vertrages, daß jedem Vertragsstaat eine ausschließliche Fischereizone in dem an seine Küste angrenzenden Streifen mit einer Ausdehnung von 10 Seemeilen zustehen solle[46].

---

40 Art. 14 des Vertrages sah vor, daß nach dem Ablauf der zum Zeitpunkt des Vertragsschlusses bestehenden Regeln neue Regelungen mit gleichem Inhalt getroffen werden sollten. Dies erfolgte mit dem Vertrag über die Fischerei am Südufer des Kaspischen Meeres vom 1. Oktober 1927. Der Text dieses Vertrages ist abgedruckt in: Recueil des Traités 1930-31 (112-112), S. 2575 – 2628 (englische Fassung).

41 Art. 3 des Vertrages.

42 Ebenda.

43 Der Text dieses Vertrages ist abgedruckt in: Sbornik deistvujuschich dogovorov, soglaschenii, konventii, saklutschonnich SSSR s inostrannimi gosudarstvami 10 (1955), S. 56-75 (russische Fassung); 144 British and Foreign State Papers, S. 419-434 (englische Fassung).

44 Der Vertrag wurde vom Iran am 4. und von der UdSSR am 7. April 1940 ratifiziert.

45 Art. 12 des Vertrages. Die Gleichbehandlung bezog sich auf die Ankunft, den Aufenthalt im und die Ausfuhr aus dem Hafen.

46 Nach Momtaz entsprach diese vertraglich festgelegte Regelung nicht den tatsächlichen Gegebenheiten. Vielmehr schaffte sich Rußland durch seinen Vorsprung in der technischen Entwicklung ein Monopol bei der Ausbeutung der wertvollsten Fischar-

Im Zusammenhang mit dem Abschluß dieses Vertrages fand ein Austausch diplomatischer Noten zwischen dem Iran und der UdSSR statt. In diesen Noten wird das Kaspische Meer übereinstimmend als ein „sowjetisch-iranisches“ Gewässer bezeichnet[47].

Weder der Freundschaftsvertrag von 1921 noch der Vertrag über Handel und Schiffahrt von 1940 enthielt zu der Frage der Befugnisse der Unterzeichnerstaaten bei der Ausbeutung der mineralischen Ressourcen des Kaspischen Meeres Regelungen. Erste Ansätze zur Schließung dieser Lücke zeigten sich im Jahre 1946, als der Iran und die UdSSR ein Vertragswerk vorbereiteten, welches der Sowjetunion die Ölkonzessionen im Kaspischen Meer zuteilte[48]. Dieser Vertrag trat allerdings nicht in Kraft, da das iranische Parlament seine Ratifizierung ablehnte. Weitere bilaterale Verträge über die Grenzziehung im Kaspischen Meer oder die Ausbeutung der dort vorhandenen Ressourcen schlossen die beiden Anrainerstaaten nicht ab.

II. Die Situation nach der Auflösung der Sowjetunion

Bis zum Niedergang der Sowjetunion richteten sich die Rechte und Pflichten der beiden Anrainerstaaten des Kaspischen Meeres nach den genannten Verträgen von 1921 und 1940. Die politischen und gesellschaftlichen Umwälzungen in der UdSSR zu Beginn der 90er Jahre führten dazu, daß zahlreiche der ehemaligen Unionsrepubliken nacheinander und in kurzem Abstand ihre Unabhängigkeit[49] von der Sowjetunion erklärten. Auf dem Gebiet der ehemaligen Sowjetunion grenzten nunmehr insgesamt vier unabhängige Staaten an das Kaspische Meer: Aserbaidschan, Kasachstan, Turkmenistan und die Russische Föderation[50]. Diese neue Staatenkonstellation wirft die Frage auf, ob und gegebenenfalls wie die Wirksamkeit der zwischen der Sowjetunion und dem Iran geschlossenen Verträ-

---

ten des Kaspischen Meeres. Momtaz unter www.ipis.org/pub/amudarya/amu2/momtaz.html, Stand: 20.05.1999.

47 144, British and Foreign State Papers, S. 419-434 (431).

48 Dazu Mitchell, Maritime history of Russia 1848-1948, S. 160.

49 Zu diesen Unionsrepubliken gehörten auch die Anrainer des Kaspischen Meeres: Aserbaidschan erklärte am 30. August 1991 durch den Obersten Sowjet seine Unabhängigkeit. Am gleichen Tag gab Kasachstan offiziell seine Unabhängigkeitserklärung ab. Nachdem am Vortage in einer Volksbefragung 94 % der Turkmenen für die Unabhängigkeit Turkmenistans gestimmt hatten, erklärte am 27. Oktober das turkmenische Parlament die Unabhängigkeit Turkmenistans. Archiv der Gegenwart 1991, S. 36355-36357.

50 Die Umbenennung der RSFSR in Russische Föderation erfolgte am 26.12.1991 durch Mehrheitsbeschluß des russischen Parlaments. Vergleiche FAZ vom 27.12.1991.

ge durch das Entstehen von neuen Staaten an den ehemals sowjetischen Ufern des Kaspischen Meeres beeinflußt wird. Möglicherweise haben die sowjetisch-iranischen Verträge mit dem Ende der Sowjetunion ihre Wirksamkeit verloren. Denkbar ist allerdings auch, daß die Verträge von 1921 und 1940 noch heute gültig und alle heutigen Anrainerstaaten des Kaspischen Meeres an sie gebunden sind, so daß allenfalls eine Vertragsanpassung und Modifizierung der bestehenden Regelungen in den Verträgen im Hinblick auf die neue Staatenkonstellation in Betracht käme.

Ob eine Weitergeltung der sowjetisch-iranischen Verträge für die heutigen Anrainerstaaten Aserbaidschan, Kasachstan, Turkmenistan und die Russische Föderation anzunehmen ist, beurteilt sich nach den Grundsätzen über die Rechtsnachfolge von Staaten[51].

1. Weitergeltung der Verträge durch Rechtsnachfolge

Rechtsnachfolge von Staaten definiert sich als der Übergang von völkerrechtlichen Verpflichtungen von einem früher existierenden Staat auf einen neu entstandenen[52]. Der Begriff der Rechtsnachfolge setzt also zunächst voraus, daß ein Staat neu entsteht, sogenannte Staatennachfolge[53]. Ist dagegen der „neue" Staat trotz innerer oder äußerer Veränderungen mit dem bisherigen Staat identisch, so liegt kein Fall der Staatennachfolge vor. Das Fortbestehen des Altstaates führt zu einer automatischen Weitergeltung der bestehenden bilateralen und multilateralen vertraglichen Verpflichtungen. Eines Übergangs dieser Pflichten (im Wege der Rechtsnachfolge) bedarf es in diesem Fall nicht.

Der Übergang von vertraglichen Rechten und Pflichten eines nicht mehr existenten auf einen neu entstandenen Staat richtet sich nach den Grundsätzen der

51 Diese Ansicht wird vor allem von russischer Seite vertreten. Vgl. Matveev, Le courrier des pays de l'Est 411 (1996), S. 55-61 (56 f.); Grigory Karasin vom russischen Außenministerium in Reuters European Business Report vom 23. September 1994. Es finden sich darüber hinaus iranische Stimmen für diesen Ansatz. Hosseini, www.ipis.org/pub/amudarya/amu2/hajhosseini.htm, Stand: 27.01.1999.

52 Lukašuk, Osteuropa Recht 1993, S. 235-245 (235). Zum Begriff der Staatennachfolge vergleiche Zimmermann, Staatennachfolge, S. 9-16.

53 Reinisch/Hafner trennt bei diesem zweistufigen Verfahren („ob" und „wie"-Verfahren) zwischen der sogenannten „faktischen" und der „rechtlichen" Seite der Rechtsnachfolge von Staaten. Reinisch/Hafner, Staatensukzession, S. 30. Zimmermann benutzt eine Unterteilung in Tatbestand und Rechtsfolge. Zimmermann, Staatennachfolge, S. 10.

Rechtsnachfolge von Staaten in Verträge[54]. Über den Inhalt und die Reichweite der im Rahmen der Staatennachfolge übergehenden vertraglichen Rechte und Pflichte haben sich in Praxis und Theorie zahlreiche Ansätze herausgebildet. Eine Kodifizierung der Grundsätze der Staatennachfolge in Verträge erfolgte auf internationaler Ebene durch die von der International Law Commission erarbeitete Konvention zur Staatennachfolge in völkerrechtliche Verträge[55].

Bevor die Rechtsfolgen einer Staatennachfolge erörtert werden können, werden nachfolgend zunächst die maßgeblichen Kriterien für eine Staatennachfolge dargestellt. Dann ist unter Anwendung dieser Kriterien zu untersuchen, ob die Russische Föderation sowie die neuen Staaten Aserbaidschan, Kasachstan und Turkmenistan Nachfolgestaaten der Sowjetunion und damit neu entstandene Staaten im Sinne der Staatennachfolge sind.

a) Staatennachfolge

aa) Definition

Staatennachfolge bedeutet die Ersetzung der territorialen Souveränität eines Staates über ein Territorium durch einen anderen Staat[56]. Diese Definition verdeutlicht, daß es sich bei dem Staat, dem der „neue“ Staat nachfolgt um einen „anderen“ Staat handeln muß[57]. Im Gegensatz dazu tritt Staatennachfolge nicht

---

54 Marek führt dazu aus: „The question of identity and continuity will of necessity always precede that of succession, historically as well as logically. There can be no succession at all, unless the enquiry into the problem of identity and continuity has been answered in the negative.“ Marek, Identity and continuity of states in public international law, S. 10. Poeggel, Staatennachfolge in Verträge, S. 85. Fastenrath/Schweisfurth/Ebenroth stimmen dieser Vorgehensweise zu, wählen aber die umgekehrte Reihenfolge, um im Anschluß an die Darstellung des Teilungsvollzuges zuverlässig beurteilen zu können, welcher Staat Rechtsnachfolger der Sowjetunion geworden ist. Fastenrath/Schweisfurth/Ebenroth, a.a.O., S. 55. Brownlie erklärt: „State succession arises when there is a definite replacement of one state by another in respect of sovereignty over a given territory.“ Brownlie, Principles of public international law, S. 631.

55 Siehe dazu unten unter 1.II.1.b) dd).

56 Reinisch/Hafner, Staatensukzession, S. 30; ähnlich auch Poeggel, Staatennachfolge in Verträge, S. 85; vgl. auch die Definition in Art. 2(1) der Konvention von 1978: „succession of states means the replacement of one state by another in the responsibility for the international relations of territory“.

57 Neustaaten können auf verschiedene Weise entstehen, so durch Fusion, Separation, Dismembration, nach weitgehend einhelliger Auffassung jedoch nicht durch einen Putsch oder eine Staatsumwälzung durch eine Revolution. Dies entspricht dem soge-

ein, wenn der Altstaat weiter existiert[58] und der neue Staat mit dem Vorgängerstaat subjektidentisch ist[59]. Es ist also der Frage nachzugehen, wann ein Staatsgebilde untergeht und welche Veränderungen es in seinem Bestand unberührt lassen.

Nach allgemeiner Auffassung beendet ein Staat seine Existenz, wenn er vollständig in mehrere Völkerrechtssubjekte zerfällt, sogenannte Dismembration[60]. Der Altstaat geht dabei vollständig unter und auf seinem Gebiet entstehen neue Staaten[61]. Den Gegensatz dazu bildet die Separation, in deren Verlauf sich durch Abtrennung von einem Altstaat neue Staaten bilden und neben diesen Neustaaten der Altstaat ebenfalls – in seinem Gebiet verkleinert – bestehen bleibt[62].

Der Niedergang der Sowjetunion im Jahre 1991 könnte aus völkerrechtlicher Sicht als Dismembration oder als Separation eingeordnet werden. So kann die UdSSR entweder vollständig untergegangen sein, so daß alle ehemaligen Unionsrepubliken – inklusive der Russischen Föderation – Nachfolgestaaten geworden sind; es könnte aber auch eine Abspaltung der vierzehn Unionsrepubliken mit der Folge stattgefunden haben, daß die Sowjetunion als verkleinerter Staat zurückblieb und heute nach der Umbenennung unter der neuen Bezeichnung „Russische Föderation" fortbesteht.

Wann ein Staat untergeht und wann sich lediglich Staaten von dem Territorium eines Altstaates abspalten, hängt davon ab, wie man die Existenz bzw. den Bestand eines Staates definiert. Es ist deshalb zu untersuchen, welche äußeren

nannten „klassischen Identitätssatz", vgl. Geistlinger, Revolution und Völkerrecht, S. 90.

58 Die Weiterexistenz einer Völkerrechtspersönlichkeit wird als Kontinuität bezeichnet, vgl. Fiedler, Staatskontinuität, S. 33; Seiffert, Osteuropa Recht 38 (1992), S. 79-95 (85). Für Seiffert bedeutet völkerrechtliche Kontinuität das Fortbestehen eines Völkerrechtssubjektes trotz grundlegender äußerer und innerer Wandlung.

59 Fastenrath/Schweisfurth/Ebenroth, a.a.O., S. 64. Dörr definiert die Staatsidentität als Übereinstimmung der Rechtspersönlichkeit eines Staates vor und nach einem historischen Ereignis. Dörr, Staatensukzession, S. 133. Tichy führt aus: „state succession involves a possible transfer of rights and duties to a different or even to a new subject of international law, whereas legal identity implies the continued exercise of rights and duties by the same legal subject, which has a new constitution and may also have a new name." Tichy, ÖZöRV 44 (1992), S. 117-136 (119/120).

60 Silagi, Staatsuntergang und Staatennachfolge, S. 22.

61 Diese Art der Staatennachfolge wird deshalb auch als „vollständige Staatensukzession" bezeichnet vgl. Reinisch/Hafner, Staatensukzession, S. 33 und Ipsen, Völkerrecht, S. 310 Rz. 5, teilweise wird der Begriff „Gesamtnachfolge" – siehe Dahm/Delbrück/Wolfrum, Völkerrecht, S. 159 – verwendet.

62 Fastenrath/Schweisfurth/Ebenroth, a.a.O., S. 54. Für diese Art der Staatennachfolge findet sich der Begriff der „partiellen" (Reinisch/Hafner, Staatensukzession, S. 33) oder „Regionalsukzession" (Dahm/Delbrück/ Wolfrum, Völkerrecht, S. 159) wieder.

und inneren Veränderungen dazu führen, daß ein Staat erlischt und welche Umwälzungen einen Staat in seinem Bestand nicht berühren.

Ausgehend von der sogenannten klassischen Lehre im Völkerrecht konstituieren drei traditionelle Elemente einen Staat: das Staatsgebiet, das Staatsvolk und die Staatsgewalt[63].

Staatsgebiet definiert sich als ein bestimmter Teil der Erdoberfläche, während das Staatsvolk die Gesamtheit der Staatsangehörigen umfaßt[64]. Beide Elemente knüpfen an tatsächliche Gegebenheiten an. Staatsgewalt bedeutet die Herrschaftsmacht über das Gebiet und die dort befindlichen Menschen[65]. Auch die Staatsgewalt ist unter Berücksichtigung des Effektivitätsprinzips an den tatsächlichen Gegebenheiten zu orientieren. Da diese drei Elemente einen Staat konstituieren, scheint es geboten, sie heranzuziehen, wenn es um die Beurteilung eines Staatsuntergangs bzw. seines Fortbestands geht[66].

Es besteht weitgehend Einigkeit darüber, daß ein Staat, der sein gesamtes Staatsgebiet verliert, untergeht[67]. Andererseits sollen bloße Gebietsverkleinerungen, die dieses Ausmaß nicht erreichen, den Staat in seinem Bestand unberührt lassen[68].

Ähnlich verhält es sich bei dem Kriterium des Staatsvolkes. Das Verschwinden des gesamten Volkes oder eines maßgeblichen Teils nehmen einem Staat seine Eigenschaft als solcher, während Abwanderungen in kleinerem Umfang einen Staat nicht untergehen lassen[69].

---

63 Diese 3-Elemente-Lehre geht auf Georg Jellinek zurück. Jellinek, Staatslehre, S. 174 ff. und S. 394 ff.

64 Ebenda.

65 Ebenda.

66 Zur Anwendung der 3-Elemente-Lehre siehe auch Schmid, Friedenswarte 69 (1992), S. 72-97 (94). Da der Untergang eines Staates das Spiegelbild zu seiner Entstehung sei, könne man diese Lehre gleichermaßen anwenden. Fastenrath/Schweisfurth/Ebenroth, a.a.O., S. 165. Auch Caflisch bestimmt die „Geburt" und den „Tod" eines Staates mit Hilfe der Definition des Begriffs „Staat" und seiner Elemente. Caflisch, NTIR 10 (1963), S. 337-366 (338).

67 Marek, Identity and continuity, S. 15 und 23.

68 Homann, Friedenswarte 69 (1993), S. 98-116 (101); Weyer behandelt diese Frage im Hinblick auf die Abspaltung der baltischen Republiken. Weyer, ROW 36 (1992), S. 166-176 (169).

69 So stützte der Außenminister der Föderativen Republik Jugoslawien den Anspruch auf Identität mit dem „zerfallenen" Gesamtstaat Jugoslawien darauf, daß sie „a major portion of the population" behalten hätte. Erklärung von Jovanovic vom 9.3.1992 zitiert in Weller, AJIL 86 (1992), S. 595.

Deutlich schwieriger ist der Untergang eines Staates allein anhand der Kriteriums der Staatsgewalt zu beurteilen[70]. So ist nicht eindeutig klar, welche Ereignisse auf die bestehende Staatsgewalt vernichtenden Einfluß haben. Weitgehend einig ist man sich darin, daß ein Staat untergeht, wenn Einrichtungen des Machtapparates und andere Organe der Hoheitsgewalt entweder ersatzlos wegfallen oder durch Organe einer anderen Macht ersetzt werden. Dagegen sollen revolutionäre Umwälzungen oder ein Putsch von einer gesellschaftlichen oder politischen Gruppe den Bestand eines Staates nicht berühren, da diese Unternehmungen lediglich dazu genutzt werden, die Staatsgewalt an sich zu reißen[71]. Auch soll die Beibehaltung der Staats- und Verfassungsordnung zuweilen Aufschluß über den Fortbestand eines Staates geben können: Ein Staatsuntergang soll dann ausscheiden, wenn die Rechts- und Verfassungsordnung des zuvor bestehenden Staates beibehalten wird[72].

Neben diesen objektiven Kriterien können auch subjektive Elemente Aufschluß darüber geben, ob ein Staat fortbesteht oder untergegangen ist[73]. Zu den subjektiven Kriterien zählt zunächst der Wille des von den Veränderungen betroffenen Staates[74]. Die Selbsteinschätzung des betroffenen Staates hat – zuweilen erheblichen – Indizcharakter. Eine konstituierende Wirkung kommt dem Willen des betroffenen Staates allerdings nicht zu. Stehen beispielsweise sein Wille und Selbstverständnis im Widerspruch zu der Auffassung der Staatenge-

70 Hoenninger ist der Ansicht, daß die Staatsgewalt als der einheitlich herrschende Volkswille nicht von dem Staatsgebilde abgetrennt werden könne, ohne daß dies die Auflösung des Staates zur Folge hätte. Hoenninger, Der Bodensee im Völkerrecht, S. 15.

71 So wurde auch insbesondere die russische Oktoberrevolution nicht als staatszerstörendes Ereignis eingestuft. Die Machtergreifung durch die Bolschewisten als bloße revolutionäre Umwälzung ließ nach einhelliger Meinung den Bestand des russischen Staates unberührt.

72 Umgekehrt soll allerdings die Auswechslung der bestehenden Rechts- und Verfassungsordnung in einem Staat keinen zwingenden Schluß darauf zulassen, daß der Staat mit dem Vorgängerstaat identisch ist.

73 Weyer, ROW 36 (1992), S. 166-176 (170 f.); Dörr, Staatensukzession, S. 142 ff.

74 Diese Selbsteinschätzung kann ausdrücklich oder implizit erfolgen. Dörr weist darauf hin, daß auch die Behandlung von Verträgen durch den betreffenden Staat ein Kriterium darstellen kann. Er erinnert aber ausdrücklich daran, daß die für den neu entstandenen Staat erwachsenden vertraglichen Verpflichtungen erst nach Feststellung der Staatennachfolge beurteilt werden können. Eine eindeutige Ablehnung der Verträge durch den betreffenden Staat lasse aber unter Umständen den Schluß zu, daß er sich als ein anderes Völkerrechtssubjekt als den Vorgängerstaat betrachtet. Dörr räumt ein, daß der Umkehrschluß dahingehend, daß bei Fortführung der Verträge auf Staatsidentität zu schließen sei, nicht gezogen werden dürfe. Dörr, Staatensukzession, S. 154.

meinschaft, bleibt die Behauptung der Identität oder Nichtidentität durch den betroffenen Staat unberücksichtigt.

Ferner läßt sich als subjektives Kriterium der Wille von Drittstaaten sowie die Haltung der Staatengemeinschaft heranziehen, die sich unter anderem in der Anerkennung äußern kann[75]. Unter Anerkennung versteht man die Willenserklärung oder -äußerung eines Staates, daß ein bestimmter Tatbestand, eine bestimmte Rechtslage oder ein bestimmter Anspruch als bestehend oder rechtmäßig anerkannt wird[76]. Bei der Entstehung von neuen Staaten bzw. dem Fortbestehen eines Altstaates spielt die von der Staatengemeinschaft erklärte oder verweigerte Anerkennung oftmals eine erhebliche Rolle, auch wenn die Anerkennung eines Staates nach heute weitgehend unbestrittener Auffassung lediglich deklaratorischen Charakter hat[77]. Im Rahmen der Staatennachfolge kann auch die von der Anerkennung als Staat zu unterscheidende Anerkennung des von einem Staat erhobenen Identitätsanspruchs eine Rolle spielen[78]. Im Unterschied zu der Anerkennung eines Staates geht es bei der Anerkennung eines Identitätsanspruchs nicht um die Bestätigung von Tatsachen, die einen Staat entstehen lassen, sondern um die Billigung einer Rechtsbehauptung.

Im Falle der Sowjetunion gab es im Verlauf ihrer Auflösung eine Vielzahl von Ereignissen, die Einfluß auf die Staatsqualität der UdSSR genommen haben könnten. Das zum Teil widersprüchliche Verhalten der Russischen Föderation und der übrigen ehemaligen Unionsrepubliken sowie eine Fülle von Dokumenten haben Anlaß zu unterschiedlichen Interpretationsansätzen gegeben. Durch die Anwendung der oben genannten Kriterien soll untersucht werden, ob die einschneidenden politischen und gesellschaftlichen Veränderungen in der Sowjetunion zum vollständigen Untergang ihrer Rechtspersönlichkeit geführt haben. Dabei dürfte nicht allein ein Kriterium den Ausschlag geben, sondern eine Zusammenschau aller Merkmale und Indizien[79].

---

75 Weyer, ROW 36 (1992), S. 166-176 (171).

76 Ipsen, Völkerrecht § 22 Rz. 1.

77 Vergleiche statt vieler Caflisch. Er führt aus, daß wenn man die Anerkennung als konstitutives Element ansehe, die Staatengemeinschaft unter Umständen gegen den Willen des betreffenden Staates diesem die Staatsidentität oder seinen Zerfall aufoktroyieren könnte. Caflisch, NTIR 10 (1963), S. 337-366 (346).

78 Zimmermann, Staatennachfolge, S. 77.

79 Für die Identität der Russischen Föderation mit der verkleinerten Sowjetunion sprechen sich vor allem Zimmermann, Staatennachfolge,S. 85 ff., Weyer, ROW 36 (1992), S. 166-176 (171 f.); Mullerson, ICLQ 42 (1993), S. 476-480; Antonowicz, PolYIL 19 (1991/92), S. 8-11; Silagi, Staatsuntergang und Staatennachfolge, S. 61 ff.; Saxer, Loy.L.A.Int'l & Comp.L.J. 14 (1992), S. 581 ff. (691) aus. Vertreter der Gegenansicht, daß die Sowjetunion vollständig unterging und auch die Russische Föderation Nachfolgestaat ist, sind Schweisfurth, ZaöRV 52 (1992), S. 636-639; ders.

bb) Russische Föderation: Nachfolgestaat der UdSSR oder mit ihr identisch?

Im Hinblick auf das objektive Kriterium des Staatsgebietes könnte man der Auffassung sein, daß durch die Abspaltung der Unionsrepubliken zwar nicht die gesamte Fläche des sowjetischen Territoriums verlorenging, wohl aber mit Wegfall von vierzehn der fünfzehn Unionsrepubliken zumindest der maßgebliche Teil des bisherigen sowjetischen Gebietes verschwand[80]. Dagegen spricht allerdings, daß – nachdem die vierzehn Unionsrepubliken ihre Unabhängigkeit erklärt hatten – circa 75 % des bisherigen sowjetischen Territoriums bei der Russischen Föderation verblieb[81]. Ein vollständiger Verlust ist folglich nicht eingetreten. Bei einem Anteil am Staatsgebiet von lediglich 25 % ist zweifelhaft, ob dies als Verlust eines „maßgeblichen" Teils des bis dato bestehenden Territoriums angesehen werden kann[82]. Dagegen spricht der im normalen Sprachgebrauch dem Wort „maßgeblich" beigemessene Sinn, der Dinge „von entscheidender Bedeutung" oder „in bedeutendem Maß" bezeichnet. Angesichts des Gebietsverlusts von nur einem Viertel des bisherigen Territoriums deutet das Kriterium des Staatsgebietes eher auf den Fortbestand der verkleinerten Sowjetunion in Gestalt der Russischen Föderation als auf ein vollständiges Verschwinden der UdSSR hin[83].

Zieht man für die Beurteilung des Fortbestehens der Sowjetunion das Kriterium des Staatsvolkes heran, so ergibt sich das folgende Bild: Nachdem die Unionsrepubliken ihre Unabhängigkeit erklärt hatten, verblieb über die Hälfte der sowjetischen Bevölkerung auf dem ehemaligen verkleinerten Unionsgebiet und heutigen Territorium der Russischen Föderation[84]. Ein Gesamtverlust ist damit nicht eingetreten. Hinsichtlich des Verlustes eines „maßgeblichen" Teils der Be-

---

ArchVR 32 (1994), 102; Schmid, Friedenswarte 69 (1993), S. 72-97 (95); Lukašuk, Osteuropa Recht 39 (1993), S. 235-245 (239); Seiffert, Osteuropa Recht 38 (1992), S. 79-95 (88 f.); Homann, Friedenswarte 69 (1993), 101; Dörr, Staatensukzession, S. 133 ff.; Martynenko, Osteuropa Recht 39 (1993), S. 34-41 (40); Tichy, ÖZöRV 44 (1992), S. 117-136 (130).

80 Schmid, Friedenswarte 69 (1993), S. 72-97 (95).

81 Von den 22,25 Millionen km^2 der UdSSR verblieb nach Abspaltung der 14 Unionsrepubliken noch eine Fläche von 17,1 Millionen km^2.

82 So wiederum Schmid, die allerdings keine genauen Größenordnungen angibt, wann ein Gebietsverlust „maßgeblich" sein soll. Schmid, Friedenswarte 69 (1992), S. 72-97 (95).

83 So auch Zimmermann, Staatennachfolge, S. 85; Mullerson, ICLQ 42 (1993), S. 476; Antonowicz, PolYIL 19 (1991/92), S. 9.

84 Von dem ehemals sowjetischen Staatsvolk von 280 Millionen Einwohnern sind auf dem Gebiet der Russischen Föderation noch 148 Millionen Einwohner verblieben.

völkerung[85] gilt wiederum das zum Wegfall des Staatsgebietes Gesagte entsprechend[86].

Im Hinblick auf das Kriterium der Staatsgewalt wird der Untergang der UdSSR teilweise damit begründet, daß die Russische Föderation bereits zu Sowjetzeiten ihr eigenes Außenministerium nebst Personal besessen hätte und nach dem Niedergang der UdSSR eine bloße Übernahme von Personal und Sacheinlagen erfolgt sei[87]. Dieser Ansatz berücksichtigt allerdings nicht in ausreichendem Maß, daß die Russische Föderation direkt im Anschluß an den Augustputsch von 1991 die Exekutivgewalt der UdSSR übernahm[88]. Das Kriterium der Staatsgewalt zwingt insofern nicht zu dem Schluß, daß die Sowjetunion vollständig untergegangen ist[89]. Im Gegenteil ist – wie bereits ausgeführt – insbesondere das Kriterium der Staatsgewalt bei politischen Umwälzungen eines Staates ein nicht besonders verläßliches Kriterium.

Im Ergebnis läßt sich festhalten, daß die objektiven Kriterien eher auf den Fortbestand der UdSSR in der Gestalt der Russischen Föderation als ihren Untergang hindeuten, allerdings keinen eindeutigen Schluß zulassen. Es ist deshalb zu untersuchen, ob nicht die Selbsteinschätzung und das Verhalten von Drittstaaten und der Staatengemeinschaft als subjektive Kriterien nicht ebenfalls für den Fortbestand der UdSSR sprechen.

Anlaß zur Untersuchung geben in diesem Zusammenhang zwei Dokumente, die im Rahmen des Niedergangs der Sowjetunion erstellt wurden. Dies ist zum einen das Minsker Abkommen zur Gründung der Gemeinschaft Unabhängiger Staaten (GUS) vom 8. Dezember 1991 und zum anderen die Erklärung von Alma-Ata vom 21. Dezember 1991[90]. Im Minsker Abkommen stellen die drei Republiken Weißrußland, Ukraine und Russische Föderation fest, daß die UdSSR als Völkerrechtsubjekt ihre Existenz beendet hat[91]. Die elf Unterzeichnerstaaten

---

85 Das Kriterium der „Maßgeblichkeit" ist bisher allerdings ebenso wenig wie bei der Beurteilung eines Gebietsverlusts noch nicht zahlenmäßig festgelegt worden.

86 So auch Zimmermann, Staatennachfolge, S. 85. a.A.Schmid, Friedenswarte 69 (1993), S. 72-97 (95).

87 Fastenrath/Schweisfurth/Ebenroth, a.a.O., S. 172.

88 So auch Silagi, Staatsuntergang und Staatennachfolge, S. 61.

89 Nach Ansicht von Zimmermann kommt es in statusrechtlichen Übergangsphasen regelmäßig zu Situationen, die auf den ersten Blick juristisch scheinbar nicht aufzulösen sind. Er zieht den Vergleich mit der Situation bei dem Übergang des Deutschen Reiches in die Bundesrepublik Deutschland. Zimmermann, Staatennachfolge, S. 88.

90 Deklaration von Alma-Ata, abgedruckt in Rossijskaja Gazeta vom 24.12.1991 (russische Fassung), ILM 1992, S. 148 f. (englisch); die deutsche Übersetzung ist in FAZ vom 23.12.1991 abgedruckt.

91 Es heißt in diesem Abkommen wörtlich: „Wir, die Republik Belarus, die Russische Föderation und die Ukraine, als Mitbegründer der Union der SSR, die den Unions-

der Erklärung von Alma-Ata[92] erklärten, daß mit der Errichtung der Gemeinschaft Unabhängiger Staaten die UdSSR ihre Existenz beende[93]. Gegen die Kontinuität zwischen der UdSSR und der Russischen Föderation wird zuweilen eingewandt, mit diesen Erklärungen hätten die ehemaligen Unionsrepubliken die UdSSR per Rechtsakt aufgelöst[94]. Als Vertragsstaaten des Gründungsvertrages der UdSSR von 1922 seien die Russische Föderation, die Ukraine und Weißrußland befugt gewesen, die UdSSR als *actus contrarius* zu ihrer Gründung wieder vollständig aufzulösen[95]. Die übrigen Unionsrepubliken hätten dieser Auflösung durch Unterzeichnung der Erklärung von Alma-Ata zugestimmt. Diese Argumentation ist indes nicht überzeugend. Auch wenn die Befugnis der Unionsrepubliken zur Auflösung der UdSSR nicht in Abrede gestellt werden soll, so ergibt eine Auslegung dieser Erklärungen, daß die Republiken nicht die Absicht hatten, die UdSSR vollständig auflösen. Es ging den Unterzeichnerstaaten – insbesondere in der Erklärung von Alma-Ata – in erster Linie um die Schaffung einer neuen bundesstaatlichen Struktur – die Gemeinschaft Unabhängiger Staaten. Um dies zu erreichen, mußten die bestehenden föderalistischen Strukturen der UdSSR beseitigt werden[96]. Die Auflösung des gesamten Gebildes UdSSR war insofern weder zwingend notwendig noch von den Unterzeichnerstaaten dieser Erklärungen gewollt. Im übrigen hätte es zu einer wirksamen Auflösung der UdSSR der Zustimmung aller Gründungsmitglieder, und damit auch der Zustimmung Georgiens bedurft. Daran fehlte es indes, Georgien unterzeichnete weder das Minsker Abkommen noch die Erklärung von Alma-Ata[97].

---

vertrag von 1922 unterzeichnet hatten, konstatieren, daß die Union der SSR als Subjekt des Völkerrechts und als geopolitische Realität ihre Existenz beendet." Text in russischer Fassung abgedruckt in: Ross. Gaz. vom 10. Dezember 1991 sowie im Diplomatitscheskij vestnik 1992 Nr. 5, Pos. 1799. Englische Übersetzung in ILM 1992, S. 142.

92 Armenien, Aserbaidschan, Weißrußland, Kasachstan, Kirgistan, Moldawien, Russische Föderation, Tadschikistan, Turkmenistan, Ukraine und Usbekistan. Die drei baltischen Staaten Estland, Lettland und Litauen hatten zu diesem Zeitpunkt bereits ihre Unabhängigkeit erklärt.

93 „Mit der Errichtung der Gemeinschaft Unabhängiger Staaten (GUS) beendet die Union der Sowjetrepubliken ihre Existenz." Ross. Gaz. vom 24.12.1991.

94 So Dörr, Staatensukzession, S. 142 und Blum, EJIL 3 (1992), S. 354-361 (359).

95 So vor allem Schweisfurth, ArchVR 32 (1994), S. 99-129 (102)

96 Weyer, ROW 36 (1992), S. 166-176 (172).

97 Zu der Voraussetzung der Einstimmigkeit vergleiche Weyer, der dies hinsichtlich des Minsker Abkommen ausführt: als Auflösungsvertrag der UdSSR sei dieses Abkommen nicht ausreichend. Nach der qualitativen Gleichheit aller Völkerrechtssubjekte bei der Gestaltung von Verträgen bedürfe es eines gemeinsamen actus contrarius aller Gründungsmitglieder. Auch der flächenmäßig große Anteil der Vertragsparteien des Minsker Abkommens könne die qualitative Gleichheit nicht

Darüber hinaus macht das Verhalten der Russischen Föderation nach dem Niedergang der UdSSR – auch wenn dies von Widersprüchen gekennzeichnet ist – deutlich, daß sie sich als verkleinerte, aber weiterhin existente Sowjetunion betrachtete. Dazu gehört die Verwendung des Begriffes „Fortsetzerstaat“[98]. Dieser Begriff war vor den Ereignissen in der ehemaligen Sowjetunion Anfang der 90er Jahre in der Staatenpraxis und der völkerrechtlichen Theorie unbekannt. Im Falle eines Staatsuntergangs war bis zu diesem Zeitpunkt der Begriff des „Nachfolgestaates“ für den neu entstandenen Staat gebräuchlich. Den Begriff „Fortsetzerstaat“[99] schuf erst die Russische Föderation[100] und später übernahm auch die Staatengemeinschaft[101] diesen Begriff als Bezeichnung für das Verhältnis der Russischen Föderation zur Sowjetunion.

„Fortsetzen“ bedeutet im normalen Sprachgebrauch die Weiterführung von etwas bereits Begonnenem ohne Unterbrechung. Der Begriff „Nachfolgen“ im-

---

ersetzen. Weyer, ROW 36 (1992), S. 166-176 (172). Gleiches muß dementsprechend auch für die Erklärung von Alma-Ata gelten. Hintergrund für das Fernbleiben Georgiens waren vor allem eine unklare Regierungslage und der fehlende Wille, Mitglied der GUS zu werden. Siehe dazu Izvestija vom 23.12.1991.

98 Die Vertreter eines vollständigen Untergangs der Sowjetunion erachten die Verwendung dieses Begriffes als rein politisch. So Lukašuk, Osteuropa Recht 39 (1993), S. 235-245 (241).

99 Die russische Terminologie unterscheidet zwischen dem „Nachfolgestaat = Pravopreemnik“ und dem „Fortsetzerstaat = Gosudarstvo-prodolžatel“.

100 Erklärung des Außenministers Kosyrev in der Ross. Gaz. vom 21.01.1992:
„Die Aufgabe des Eintritts Rußlands in die Weltgemeinschaft nahm in dieser Etappe eine gewisse spezifische Form an: Es entstand die Frage, wird Rußland in die Organisation der Vereinten Nationen eintreten, wird es von neuem diplomatische Beziehungen mit anderen Staaten aufnehmen. Das heißt, fangen wir mit einem reinen Blatt an oder setzen wir etwas Begonnenes fort? Und so wurde die Konzeption des Fortsetzerstaates ausgearbeitet. Nein, das ist kein Nachfolgestaat. Strikt gesagt, Nachfolger sind alle Staaten, die sich anstelle der früheren Union gebildet haben. Sie nehmen die Verpflichtungen auf sich, die früher einmal die Union auf sich genommen hatte – über die Menschenrechte, die Abrüstung, usw. Aber Fortsetzerstaat bedeutet, daß auf Rußland der Verbindungsfaden mit der Außenwelt übergegangen ist. So haben wir den Sitz der Sowjetunion im Sicherheitsrat ererbt – das ist eine Demonstration der Rolle einer Großmacht.“
Siehe auch den Wortlaut des Schreibens des Präsidenten der Russischen Föderation an den Generalsekretär der Vereinten Nationen, abgedruckt in: Ross. Gaz. vom 31.01.1992.

101 So heißt es beispielsweise in dem Vertrag zwischen Frankreich und der Russischen Förderation vom 07.02.1992 in der Präambel, daß die Russische Föderation der Fortsetzerstaat der UdSSR sei. Abgedruckt in Ross. Gaz. vom 10.02.1992 (russisch); Documents d´Actualité Internationale 1992, Nr. 9, 155 (französisch) „l´Etat continuateur“. Weitere bilaterale Verträge, in denen der Begriff „Fortsetzerstaat“ verwendet wird, findet man bei Zimmermann, Staatennachfolge, S. 92/93.

pliziert dagegen einen Bruch zwischen dem Vorangegangenen und dem nunmehr Bestehenden[102]. Dieser unterschiedliche Sinngehalt war der Russischen Föderation durchaus bekannt. Offizielle Erklärungen von russischer Seite belegen, daß sie den Begriff „Fortsetzerstaat" bewußt verwendete, um die Kontinuität zwischen der UdSSR und der Russischen Föderation zu betonen[103].

Gegen diesen Ansatz wird zuweilen eingewandt, die Russische Föderation habe trotz der Verwendung des Begriffes „Fortsetzerstaat" als neuer, von der UdSSR unterschiedlicher Staat bestehen wollen[104]. Dies gehe aus der Erklärung der Russischen Föderation hervor, daß sie die Verpflichtungen der *früheren* UdSSR zu übernehmen gedenke. Die Tatsache allein, daß sich die Russische Föderation auf die *frühere* UdSSR bezog, läßt indes keinen zwingenden Schluß auf einen vollständigen Untergang der Sowjetunion zu. Denn so, wie die UdSSR vor den Ereignissen im Jahre 1991 bestanden hatte, existierte sie nicht mehr in dem Zeitpunkt, in dem die Russische Föderation diese Erklärungen abgab. Der Hinweis „frühere" sollte dementsprechend lediglich verdeutlichen, daß die frühere Sowjetunion in ihrer Gesamtheit, das heißt inklusive aller Gebiete, von der Russischen Föderation nicht mehr als bestehend angesehen werde.

Daß sich die Russische Föderation als mit der UdSSR identisch verstand, zeigt auch die Tatsache, daß sie – im Unterschied zu den übrigen Unionsrepubliken – keine Unabhängigkeitserklärung abgab[105]. Eine Unabhängigkeitserklärung

---

102 Im Deutschen impliziert dieser Begriff nicht nur die Entstehung von Rechten auf der einen Seite, sondern auch der Rechtsverlust auf der anderen Seite und damit einen Schnitt bzw. Bruch zwischen Vorgänger und Nachfolger. Diese Interpretation gilt nicht nur im Deutschen, sondern auch in der russischen Sprache. Es läßt sich im russischen Sprachgebrauch zwischen den Verben „prodolžit" – als Grundlage für den Begriff des „gosudarstvo-prodolžatel" = Fortsetzerstaat –, das „verlängern" bedeutet, und „samenit" (= ersetzen) oder „vstupit" (= übernehmen) unterscheiden. So auch Weyer, ROW 36 (1992), S. 166-176 (170).

103 Die Erklärung des russischen Außenministers Kosyrev vom 21.02.1992 (siehe oben unter Fn. 100) ist insofern eindeutig.

104 Teilweise wird auch darauf verwiesen, daß dem Begriff des Fortsetzerstaates ein rein politischer Sinn zukomme. So wolle die Russische Föderation mit der Verwendung dieses Begriffes lediglich ihren Anspruch deutlich machen, die Großmachtrolle der Sowjetunion zu übernehmen und fortzuführen. Lukašuk, Osteuropa Recht 39 (1993), S. 235-245 (241).

105 Dazu ausführlich Zimmermann, Staatennachfolge, S. 89. Anderer Auffassung ist Schweisfurth, der eine Unabhängigkeitserklärung der Russischen Föderation zu konstruieren versucht. Auch wenn nicht wörtlich von einer solchen Erklärung die Rede gewesen sei, so könne dieser Inhalt auch durch Auslegung ermittelt werden. Mit der Kündigung des Unionsvertrages von 1922 am 12.12.1991 habe die Russische Föderation sich von dem Altstaat Sowjetunion losgelöst und damit konkludent ihre Unabhängigkeit erklärt. Schweisfurth, ArchVR 32 (1994), S. 99-129 (102/103).

hätte zum Ausdruck gebracht, sich von der UdSSR lösen und ein neues, unabhängiges Staatsgebilde erschaffen zu wollen. Die Russische Föderation zeigte mit dem Verzicht auf eine entsprechende Erklärung deutlich, daß eine Loslösung von der UdSSR von ihr nicht angestrebt werde, sondern vielmehr eine Fortführung der durch die Abspaltung der übrigen Unionsrepubliken verkleinerten Sowjetunion.

Für den Fortbestand der UdSSR in der Form der Russischen Föderation läßt sich auch – zumindest als Indiz – die Tatsache anführen, daß eine förmliche Anerkennung der Russischen Föderation als Staat nicht erfolgte. Im Unterschied dazu steht die vorwiegend ausdrückliche und im übrigen konkludente Anerkennung der übrigen ehemaligen Unionsrepubliken durch Drittstaaten. Als Beispiel sei das Verhalten der Europäischen Gemeinschaft genannt, die zwei separate Erklärungen abgab. Mit der Erklärung „Zur Anerkennung der ehemaligen sowjetischen Republiken" vom 31.12.1991 äußerte die Europäische Gemeinschaft ausdrücklich ihren Anerkennungswillen. Die Erklärung bezog sich auf alle ehemaligen Unionsrepubliken, mit Ausnahme der Russischen Föderation. Für die Russische Föderation gab die Europäische Gemeinschaft eine eigene, separate Erklärung ab, die das Wort „Anerkennung" nicht beinhaltete[106]. Damit brachte die Europäischen Gemeinschaft deutlich zum Ausdruck, daß sie die Russische Föderation nicht als einen neuen Staat ansah, bei dem eine Anerkennungserklärung angezeigt gewesen wäre.

Im übrigen hat die Staatengemeinschaft den von der Russischen Föderation erhobenen Identitätsanspruch als rechtmäßig anerkannt. Die Russische Föderation erklärte gegenüber den Vereinten Nationen ihren Anspruch, mit der ehemaligen UdSSR identisch zu sein und übernahm ohne Durchführung eines formellen Aufnahmeverfahrens[107] sowohl die Mitgliedschaft der UdSSR in den Vereinten Nationen als auch deren Sitz im Sicherheitsrat[108]. Im Gegensatz dazu mußten alle anderen ehemaligen Unionsrepubliken – mit Ausnahme der Gründungsmitglieder der Vereinten Nationen Ukraine und Weißrußland – das formelle Aufnahmever-

---

106 In dieser Erklärung – vom 23.12.1991 – heißt es: „Sie nehmen mit Befriedigung zur Kenntnis, daß sich die russische Regierung zur Übernahme (der internationalen Rechte und Pflichten der Sowjetunion) bereit erklärt hat, und sie werden mit Rußland unter Berücksichtigung des geänderten Verfassungsstatus auf dieser Grundlage weiter verkehren." Beide Dokumente sind abgedruckt in: Bulletin der EG vom 09.01.1992. Weitere Beispiele für die Haltung von Drittstaaten gegenüber der Russischen Föderation finden sich bei Zimmermann, Staatennachfolge, S. 93 ff. Vergleiche auch weiterführend zur zwischenstaatlichen Praxis im Hinblick auf die Schulden und das Auslandsvermögen der UdSSR als Indiz für eine Identität bei Silagi, Staatsuntergang und Staatennachfolge, S. 65.

107 Siehe dazu Schweisfurth, ArchVR 32 (1994), S. 99-129 (115).

108 So auch Silagi, Staatsuntergang und Staatennachfolge, S. 64 f.

fahren durchlaufen. Die Voraussetzungen für die Mitgliedschaft in Internationalen Organisationen sind in ihren jeweiligen Satzungen geregelt. Dagegen findet die von der International Law Commission erarbeitete Konvention über die Staatennachfolge in Verträge keine Anwendung[109]. Für die Mitgliedschaft in den Vereinten Nationen im Falle einer Staatensukzession gibt es Richtlinien zur Aufnahme neuer Nachfolgestaaten und eine auf eine geringe Zahl von Fällen begrenzte Praxis[110]. Zur Aufnahme eines neuen Staates bedarf es gemäß Art. 4 der Satzung der Vereinten Nationen eines formellen Aufnahmeverfahrens. Eine Rechtsnachfolge in die Mitgliedschaft ist dagegen nicht vorgesehen[111]. Ausgehend von dieser Prämisse ist die formlose Aufnahme der Russischen Föderation in die Organisation der Vereinten Nationen und die Übernahme des Sitzes der Sowjetunion im Sicherheitsrat dahingehend zu verstehen, daß weder die Russische Föderation selbst[112] noch die in den Vereinten Nationen zusammengefaßte Staatengemeinschaft wegen der Staatsidentität von Russischer Föderation und

---

109 Art. 1 dieser Konvention bestimmt, daß der Anwendungsbereich sich auf Verträge zwischen Staaten beschränkt. Andere Völkerrechtssubjekte wie Internationale Organisationen sind dagegen grundsätzlich nicht von der Konvention erfaßt. Lediglich die Gründungsverträge für Internationale Organisationen – die aber wiederum von Staaten abgeschlossen werden – unterfallen gemäß Art. 4 ihrem Anwendungsbereich. Die Satzungsvorschriften sind nach Weyer zu der Konvention von 1978 *leges speciales*. Weyer, ROW 36 (1992), S. 166-176 (167).

110 UN Document A/C.6/146 wurde erstellt, als Indien durch den „India Independence Act“ sich in Pakistan und Indien aufteilte. Indien führte seine Mitgliedschaft in den Vereinten Nationen fort, während Pakistan das formelle Aufnahmeverfahren durchlaufen mußte.
Interessant ist in diesem Zusammenhang auch das „Wiederaufleben“ der Mitgliedschaft im Falle von Ägypten und Syrien in den Vereinten Nationen nach dem Zerfall der Vereinigten Arabischen Republik im Jahre 1961, da beide Staaten vor ihrer Vereinigung im Jahre 1958 bereits Mitglieder der Vereinten Nationen gewesen waren. Vergleiche dazu Poeggel, Staatennachfolge im Völkerrecht, S. 97; Farah, Völkerrechtliche Aspekte von Zusammenschlüssen arabischer Staaten unter besonderer Berücksichtigung der Staatennachfolge bei der Vereinigung und dem Zerfall der Vereinigten Arabischen Republik, S. 112.

111 „Membership of international organisations cannot be obtained by state succession“, Schermers EPIL 2 (1996), S. 1320-1324 (1321). Schweisfurth weist darauf hin, daß bei der Dismembration eines Staates dessen Mitgliedschaft in Internationalen Organisationen beendet und der Platz vakant wird. Schweisfurth, ArchVR 32 (1994), S. 99-129 (118).

112 In einem Schreiben des Präsidenten der Russischen Föderation an den Generalsekretär der Vereinten Nationen vom 24.12.1991 heißt es: „ [...] the membership of the USSR in the UN, including the Security Council and all other organs and organizations of the UN system is being continued by the Russian Federation (RSFSR) with the support of the countries of the CIS.“ Human Rights Journal 13 (1992), Nr. 1-2, S. 70.

territorial verkleinerter Sowjetunion ein formelles Aufnahmeverfahren für erforderlich hielt[113]. Die Tatsache, daß sämtliche Mitgliedstaaten die Übernahme der Mitgliedschaft der UdSSR und ihres Sitzes im Sicherheitsrat durch die Russische Föderation billigten, anerkannten sie stillschweigend den von der Russischen Föderation erhobenen Identitätsanspruch als rechtmäßig.

An dieser Bewertung ändert auch die Tatsache nichts, daß die Unionsrepubliken in der Erklärung von Alma-Ata äußerten, das Vorhaben der Russischen Föderation, die Mitgliedschaft der UdSSR und ihren ständigen Sitz im Sicherheitsrat zu übernehmen, unterstützen zu wollen[114]. Diese Erklärung kann man als überflüssig und widersprüchlich bewerten; sie läßt jedoch keinen zwingenden Schluß darauf zu, daß die Unionsrepubliken die UdSSR für vollständig untergegangen hielten[115].

Es läßt sich im Ergebnis festhalten, daß sowohl die objektiven als auch die subjektiven Kriterien zur Bestimmung der Existenz eines Staates dafür sprechen, daß die Sowjetunion nicht vollständig untergegangen ist, sondern in Gestalt der Russischen Föderation fortbesteht. Mit anderen Worten erfolgte lediglich eine Abspaltung der vierzehn Unionsrepubliken und die Russische Föderation blieb als verkleinerte Sowjetunion bestehen. Sie ist mit ihr subjektidentisch.

Aus der Identität der Russischen Föderation mit dem Rumpfstaat Sowjetunion folgt, daß die Russische Föderation automatisch an die völkerrechtlichen Verpflichtungen der Sowjetunion und damit auch an die sowjetisch-iranischen Verträge aus den Jahren 1921 und 1940 gebunden ist.

---

113 So vor allem Weyer, ROW 36 (1992), S. 166-176 (172), für den die automatische Übernahme logische Konsequenz der Kontinuität der mit der Russischen Föderation identischen UdSSR war. Entgegengesetzter Auffassung ist Schweisfurth. Für ihn hat das „Nachrücken" der Russischen Föderation deutlich gezeigt, daß entgegen der Satzung der Vereinten Nationen die Rechtsnachfolge in die Mitgliedschaft in Einzelfällen möglich sein kann. Aufgrund der außergewöhnlichen politischen Situation nach dem Zerfall der Sowjetunion sei eine Ausnahmeregelung dahingehend getroffen worden, daß „einer der Nachfolgestaaten eines durch Dismembration untergegangenen Ständigen Mitglieds des Sicherheitsrates im Wege der Rechtsnachfolge ohne formelles Aufnahmeverfahren in die Mitgliedschaftsposition des untergegangenen Mitglieds eintreten kann, sofern dessen übrige Nachfolgestaaten damit einverstanden sind und die Mitgliedstaaten der Vereinten Nationen dieses Einverständnis teilen, sei es auch nur durch acquiesence". Schweisfurth, ZaöRV 52 (1992), S. 541- 696 (680-682); ders. in ArchVR 32 (1994), S. 99-129 (115 ff.).

114 Anders allerdings Seiffert, Osteuropa Recht 1992 (38), S. 79-95 (89).

115 Siehe dazu auch Bothe/Schmidt, RGDIP 96 (1992), S. 811-842.

cc) Aserbaidschan, Kasachstan und Turkmenistan als Nachfolgestaaten der UdSSR

Anders als bei der Russischen Föderation verhält es sich bei den ehemaligen Unionsrepubliken Aserbaidschan, Kasachstan und Turkmenistan, die nunmehr unabhängige Anrainerstaaten des Kaspischen Meeres sind. Sie haben sich im Wege der völkerrechtlichen Separation von dem Rumpfstaat UdSSR abgespalten und dadurch ihre Eigenständigkeit erlangt. Durch die Erklärung ihrer Unabhängigkeit haben sie deutlich gemacht, sich von der UdSSR lösen zu wollen. Die Staatsgewalt der UdSSR setzte sich in diesen Staaten nicht fort, vielmehr schufen sich die ehemaligen Unionsrepubliken eigene Hoheitsorgane und eigene Verfassungen[116]. Als Nachfolgestaaten stellt sich dementsprechend für die ehemaligen Unionsrepubliken die nachfolgend behandelte Frage, welche rechtlichen Konsequenzen sich aus der Staatennachfolge für die Weitergeltung der durch die UdSSR geschlossenen Verträge ergeben.

b) Rechtliche Konsequenzen der Staatennachfolge

Zu der Frage, ob ein Nachfolgestaat an die vom Vorgängerstaat abgeschlossenen Verträge gebunden ist, ob ihm ein Wahlrecht hinsichtlich der Fortführung der Verträge zusteht oder ob alle bis dahin bestehenden Verträge ihre Gültigkeit verlieren, haben sich in der völkerrechtlichen Theorie und in der Staatenpraxis verschiedene Ansätze herausgebildet.

aa) Kontinuitätsprinzip

Nach dem Kontinuitätsprinzip[117], das auf das römische Erbrecht zurückgeht, übernimmt ein Nachfolgestaat jegliche Verpflichtungen, die durch den Vorgängerstaat begründet worden waren[118]. Der Nachfolgestaat „beerbt" den Vorgän-

116 Vergleiche zu den Verfassungen Turkmenistans (vom 18.05.1992) unter www.ecostan.org/laws/turkm/turkmenistancon.html (englisch) Stand: 30.11.2004, Aserbaidschans (vom 12.11.1995) unter www.oefre.unibe.ch/law/iel/aj00000.html, Stand 30.11.2004.

117 Teilweise wird dieser Ansatz als Theorie der Universalnachfolge bezeichnet. Siehe Reinisch/Hafner, Staatensukzession, S. 36. Auch findet sich der Begriff „universalistischer Ansatz". Siehe Ebenroth/Wilken, RIW 1991, S. 885 ff. (888); Dahm/Delbrück, a.a.O., S. 166. Vertreter dieser Theorie sind unter anderem Grotius „De iure bellis et pacis", S. 223 und 599/600, Martens, Traité de droit international, Bd. 1, S. 12. Gidel, Des effects de l'annexion sur les concessions, S. 20.

118 Martynenko, Osteuropa Recht 39 (1993), S. 34-41 (35); Lukašuk, Osteuropa Recht 39 (1992), S. 235-245 (237). Tichy bezeichnet diese Rechtsfolge als einen an die Feststellung der Staatennachfolge geknüpften Automatismus. Tichy, ÖZöRV 44 (1992), S. 117-136 (119).

gerstaat im Wege der Universalsukzession wie bei dem Todesfall einer natürlichen Person[119]. Hintergrund für diesen Ansatz ist, die Rechtssicherheit in der Staatengemeinschaft im Falle einer Staatennachfolge zu gewährleisten. Der Vertragspartner des Vorgängerstaates wird als schützenswert erachtet, er soll sich auf die einst vertraglich begründeten Rechte verlassen können. Veränderungen in der Person seines Vertragspartners sollen sich nicht zu seinen Lasten auswirken[120].

bb) clean-slate oder tabula-rasa-Prinzip

Das Gegenstück zum Kontinuitätsprinzip bildet das sogenannte clean-slate oder tabula-rasa Prinzip[121]. Danach soll ein neu entstandener Staat nicht an die durch den Vorgängerstaat eingegangenen Verpflichtungen gebunden sein[122]. Denn die Herrschaftsgewalt des Vorgängerstaates werde durch die des neuen Staates ersetzt[123] und dieser „Bruch" bewirke, daß keine Übertragung der Herrschaftsgewalt stattfinde[124], sondern im Gegenteil die begründeten Verpflichtungen für immer erlöschen[125]. Es gäbe folglich keinerlei Rechte oder Verpflichtungen des Vorgängerstaates mehr, die übernommen werden könnten.

In der Staatengemeinschaft wurde dieses Prinzip vorwiegend von Österreich[126], Israel, Korea und den USA vertreten[127]. Die USA wandten dieses Prinzip nach der Unabhängigkeit der nordamerikanischen Kolonien im Jahre 1776

119 Ausführlich dazu und zu der an diesem Prinzip geübten Kritik siehe Martynenko, Osteuropa Recht 39 (1993), S. 34-41 (34 f.); Reinisch/Hafner, Staatensukzession, S. 37.

120 Vgl. dazu die Entscheidung des Permanent Court of International Justice im „Lighthouses" Fall unter www.worldlii.org/int/cases/PCIJ/1934/1.html Stand: 31.01.2005.

121 Auch „negative Theorie", Ebenroth/Wilken, RIW 1991, S. 885 ff. (888); Martynenko, Osteuropa Recht 39 (1993), S. 34-41 (37) oder „Diskontinuitätstheorie" genannt. Siehe dazu bei Reinisch/Hafner, Staatensukzession, S. 38.

122 Lukašuk, Osteuropa Recht 39 (1993), S. 235-245 (237).

123 Martynenko, Osteuropa Recht 39 (1993), S. 34-41 (37).

124 O'Connell, Die Rechtsnachfolge von Staaten, S. 40.

125 Cavaglieri, Annuaire de l'Institut de Droit International, 38/1 (1934) S. 473-481.

126 Vergleiche dazu Tichy, der erklärt, daß – ausgehend von dem Grundsatz der Wiener Vertragsrechtskonvention von 1969 – eine völkerrechtliche Verpflichtung nur dann entstehen könne, wenn ein dahingehender Willensakt eines Staates vorliege. Tichy, ÖZöRV 44 (1992), S. 117-136 (124). Österreich vertrat diese Linie bereits bei dem Zerfall der Habsburgmonarchie und hält bis heute daran fest. So ging es davon aus, daß die Russische Föderation nicht automatisch in den Staatsvertrag zwischen Österreich und der UdSSR eintrete, sondern daß der Vertragspartner durch den Untergang der Sowjetunion zunächst ersatzlos weggefallen sei. Siehe „Die Presse" vom 27.12.1991 und vom 08.01.1992, „Die Welt" vom 08.01.1992 und die „Salzburger Nachrichten" vom 24.12.1991.

127 Vgl. Lukašuk, Osteuropa Recht 39 (1993), S. 235-245 (238).

an[128]. Auch zahlreiche ehemalige Kolonialgebiete vertraten diese Auffassung mit der Begründung, das Selbstbestimmungsrecht der Völker fordere einen solchen Bruch mit allen ehemaligen Verpflichtungen. Es sei insbesondere ehemaligen Kolonien nicht zumutbar, sich an den durch die Kolonialherren geschlossenen Verträge festhalten zu lassen, da dies einer Fortsetzung der aufoktroyierten fremden Staatsmacht in den nunmehr unabhängigen Kolonialgebieten gleichkäme.

cc) Vermittelnde Theorie (pick-and-choose-Prinzip)

Zwischen diesen gegenläufigen Ansätzen haben sich einige vermittelnde Theorien herausgebildet[129]. Als Abwandlung zum „clean-slate"-Prinzip entstand das sogenannte „pick-and-choose"-Prinzip. Danach soll dem Nachfolgestaat ein Wahlrecht zustehen, ob er einen Vertrag des Vorgängerstaates fortführen will oder nicht[130]. Durch Erklärung gegenüber dem jeweiligen Vertragsstaat solle der Nachfolger eine Fortsetzung der Rechtsbeziehungen seines Vorgängers herbeiführen können[131].

In der Praxis wurde diese vermittelnde Theorie überwiegend von den im Zuge der Dekolonisierung unabhängig gewordenen Staaten vertreten[132].

---

128 Die USA beanspruchten dieses Prinzip interessanterweise auch für territoriale Verträge. Das amerikanische Rechtsinstitut faßt die Haltung der USA wie folgt zusammen: „Wenn ein Teil eines Staates ein Staat wird, dann ist der neue Staat nicht Nachfolger in völkerrechtliche Verträge, die vom Vorgängerstaat abgeschlossen wurden, wenn er nicht in klar ausgedrückter oder zu unterstellender Form diese Vereinbarung übernimmt und die anderen Seiten dem nicht zustimmen oder dies stillschweigend anerkennen." Siehe dazu Lukašuk, Osteuropa Recht 39 (1993), S. 235-245 (235).

129 Für einen Überblick zu weiteren Theorien zur Staatennachfolge vergleiche Reinisch/Hafner, Staatensukzession, S. 40 f., die noch die Theorie der Spezialsukzession und die Theorie der Billigkeit behandeln.

130 Seidl-Hohenfeldern, Die Staaten, Rz. 753. So auch Seiffert, Osteuropa Recht 38 (1992), S. 79-95 (90). Ein ähnliches Konzept wurde auch von Keith und Corbett vorgeschlagen, wonach lediglich die Rechte aus Verträgen, nicht aber die vertraglichen Verpflichtungen auf den Nachfolgestaat übergehen sollen.

131 Reinisch/Hafner, Staatensukzession, S. 39.

132 Als Beispiel sei an dieser Stelle die ehemalig britische Kolonie Tanganyika genannt, die im Jahre 1961 erklärte, daß sie bilaterale Verträge für einen Zeitraum von zwei Jahren vorläufig anwenden werde und innerhalb dieses Zeitraum über die Weitergeltung entscheiden wolle. Multilaterale Verträge sollten ebenfalls provisorisch angewendet werden und der Standpunkt Tanganyikas dem jeweiligen Depositar bekannt gegeben werden. Diese Erklärung wird nach dem damaligen Premierminister des Landes als Nyerere Doktrin bezeichnet. Auf diese Erklärung beriefen sich in der

dd) Die Arbeit der International Law Commission

Um auf dem Gebiet der Rechtsnachfolge in Verträge allgemein anerkannte Grundsätze zu kodifizieren, wurde im Jahre 1968 durch die Vereinten Nationen die International Law Commission (ILC) errichtet[133].

Nach 10-jähriger Arbeit mündeten die Bemühungen der ILC in den Vertragsentwurf der Wiener Konvention über Staatennachfolge in Verträge vom 23. August 1978[134], die am 6. November 1996 in Kraft[135] trat. Zwar haben die Anrainerstaaten des Kaspischen Meeres diese Konvention nicht unterzeichnet, ihre Regelungen könnten aber – sofern sie kodifiziertes Völkergewohnheitsrecht darstellen – auch für Nichtunterzeichnerstaaten Anwendung finden.

Die Konvention hat sowohl das clean-slate-Prinzip als auch das Kontinuitätsprinzip in ihre Regelungen aufgenommen und unterscheidet zwischen verschiedenen Rechtsfolgen für „neue unabhängige Staaten" und für die übrigen Staaten[136].

Folgezeit die ehemaligen Kolonien Tanganyika, Uganda und Kenia und lehnten die Geltung des durch die Kolonialmächte abgeschlossenen Nile Waters Agreement ab.

133 Siehe zur Arbeit der Kommission und die Entwicklung der Konventionen ausführlich bei Zimmermann, Staatennachfolge, S. 194 ff.; Silagi, Staatsuntergang und Staatennachfolge, S. 13 ff. und Poeggel, Die Staatennachfolge in Verträge, S. 84. Die Kommission stellte im Rahmen ihrer Arbeit eine umfangreiche Untersuchung zu den bis zu dem damaligen Zeitpunkt aufgetretenen Fällen der Staatennachfolge und ihre Rechtsfolgen für multilaterale Verträge durch. Siehe dazu YILC 1968, Bd. 2, S. 1 ff.

134 Siehe für den Text der Konvention unter www.un.org/law/ilc/texts/treasucc.htm, Stand: 13.06.2003. Vergleiche auch zu Hintergründen und dem Ablauf der Konferenz Treviranus, ZaöRV 39 (1979), S. 259 ff.

135 Zum Inkrafttreten dieser Konvention bedurfte es gemäß Art. 49 der Ratifikation von 15 Staaten. Die Konvention ist zum Zeitpunkt des Abschlusses dieser Arbeit von 20 Staaten unterzeichnet, 17 von ihnen sind an die Regeln der Konvention gebunden. Eine genaue Auflistung der Vertragsstaaten findet sich bei Zimmermann, Staatennachfolge, S. 221 und im Anhang, S. 864 ff. Er stellt deutlich heraus, daß die Konvention von keinem einzigen westlichen Staat bisher ratifiziert wurde. Zimmermann, Staatennachfolge, S. 223.

136 Diese Unterscheidung wird teilweise als Grund dafür angesehen, daß die Konvention bisher wenig Akzeptanz in der Staatengemeinschaft gefunden hat. Es heißt, die „neuen unabhängigen Staaten", zu denen die ehemaligen Kolonialgebiete zählen – siehe dazu weiter unten – würden durch die Anwendung des clean-slate-Prinzip unverhältnismäßig bevorzugt. Dazu Reinisch/Hafner, Staatensukzession, S. 43 mit weiteren Ausführungen zu der unterschiedlichen Behandlung dieser beiden Staatengruppen. Teilweise wird der Grund für das Scheitern der ILC darin gesehen, daß bei einem so sensiblen und hochpolitischen Thema wie der Rechtsnachfolge von Staaten starre Regeln einer Konvention von der Staatengemeinschaft allgemein nicht erwünscht seien. Tichy, ÖZöRV 44 (1992), S. 117-136 (122).

Ein neuer unabhängiger Staat ist nach dem Verständnis der Konvention ein Staat, dessen Staatsgebiet unmittelbar vor der Rechtsnachfolge ein abhängiges Gebiet war, für das der Vorgängerstaat in bezug auf völkerrechtliche Verpflichtungen verantwortlich war[137]. Dies betrifft die im Wege der Dekolonisation entstandenen Neustaaten[138]. Vor dem Hintergrund des Selbstbestimmungsrechts der Völker sollen diese neuen unabhängigen Staaten nach dem clean-slate-Prinzip grundsätzlich nicht durch die vom Vorgängerstaat geschaffenen Verpflichtungen gebunden sein. Vielmehr erlöschen diese Pflichten[139].

Für alle anderen Staaten schreibt die Konvention in Umsetzung des Kontinuitätsprinzips die grundsätzliche Weitergeltung der von dem Vorgängerstaat geschlossenen Verträge vor[140]. Ein maßgeblicher Grund dafür ist das als sinnvoll erachtete Ziel, das System der multilateralen Verträge aufrechtzuerhalten und die Stabilität vertraglicher Beziehungen in ihrer Gesamtheit zu gewährleisten[141]. Neu entstandene Staaten sollen nur dann nicht an einen Vertrag gebunden sein, wenn eine anderweitige Vereinbarung getroffen wurde[142] oder die prinzipielle Weitergeltung mit dem Sinn und Zweck des Vertrages nicht vereinbar ist bzw. die Bedingungen für seine Durchführung sich grundlegend geändert haben[143].

Eine Sonderregelung trifft die Konvention für die Staatennachfolge in radizierte Verträge, die für „newly independent states" ebenso gilt wie für alle übrigen Staaten.

ee) Radizierte Verträge

Bereits vor Errichtung der ILC bestand in der Staatenpraxis und in der völkerrechtlichen Theorie Einigkeit darüber, daß ein neu entstandener Staat uneingeschränkt an sogenannte radizierte Verträge[144] gebunden sein soll[145]. Darunter

---

137 Siehe Art. 2 (1) f. der Konvention.

138 Unter diesen Begriff fallen alle „colonies, trusteeships, mandates, protectorates".

139 Diese Wahlfreiheit, einen Vertrag fortzuführen oder abzulehnen, gewährleistet Art. 17 der Konvention. Einzige Ausnahme bildet die Bindung des Nachfolgestaates an die sogenannten radizierten Verträge. Dazu siehe unten unter 1. II. 1. b) ee).

140 Art. 34 der Konvention.

141 YILC 1968, Bd. 2, S. 69.

142 Art. 34 (2) a der Konvention.

143 Art. 34 (2) b der Konvention.

144 Eine ausführliche Untersuchung der Staatenpraxis bei der Nachfolge in radizierte Verträge, sowohl bei Land- als auch bei Seegrenzen, findet sich bei Zimmermann, Staatennachfolge, S. 451 ff.

145 Schweisfurth bezeichnet diese Ausnahme als „unbedingtes Kontinuitätsprinzip". Fastenrath/Schweisfurth/Ebenroth, a.a.O., S. 210. Für Beispiele aus der Staatenpraxis siehe Cukwurah, a.a.O., S. 106-109.

versteht man zunächst Grenzverträge und Verträge, die ein Grenzregime festlegen[146]. Grenzverträge spielen eine besondere Rolle, da man davon ausgeht, daß gebietsbezogene völkerrechtliche Regelungen dem jeweiligen Gebiet direkt anhaften[147] und damit nicht den „Zufälligkeiten" des jeweiligen Souveräns unterliegen sollen[148]. Diese Verträge sollen eine erhöhte Bestandsgarantie im Völkerrecht genießen[149]. Ein Staat soll danach nur soviel Gebiet von einem anderen Staat übernehmen können, wie der andere vorher besessen hatte[150]. Damit will man gewährleisten, daß einmal vertraglich festgelegte Grenzen bestehen bleiben[151]. Diesen Grundsatz findet sich in Art. 11 der Konvention[152].

---

146 Zur Entwicklung des Kontinuitätsprinzips bei Grenzverträgen vergleiche Bernstein, Delimitation of international boundaries, S. 177 ff.

147 „res transit com onere suo" bzw. „nemo plus juris in alium transferre potest quam ipse habet, nemo dat quod non habet".

148 Deshalb ist die Bindung eines Nachfolgestaates and Grenzverträge auch trotz der unterschiedlichen Ansätze zur Staatennachfolge in Verträge unumstritten. Dies betonte auch Sir Humphrey Waldock, Spezialberichterstatter über die Arbeit der International Law Commission. Als Vertreter der „clean-slate-Theorie" bezeichnet Tichy die „localized treaties" bzw. „territorial regimes" als die allgemein anerkannte Ausnahme des clean-slate-Prinzips. Tichy, ÖZöRV 44 (1992), S. 117-136 (125). Sofern man dem Kontinuitätsprinzips folgt, ist die Behandlung radizierter Verträge eine mit der regulären Weitergeltung von Verträgen der Rechtsnachfolge einhergehende Selbstverständlichkeit. Daß Einigkeit über radizierte Verträge besteht, sehen Vertreter der Kontinuitätstheorie als Bestätigung der Überzeugungskraft ihrer Ansicht an.

149 Reinisch/Hafner, Staatensukzession, S. 49. Eine andere Begründung wird von Pereira angeführt: Der eigentliche Grund für die Unantastbarkeit der Grenzverträge sei, daß die Stabilität der Grenze notwendige Bedingung für das Zusammenleben in der Staatengemeinschaft und eine direkte Konsequenz des Prinzips der Respektierung der territorialen Integrität von Staaten sei. Pereira, La succession d'Etats en matière de traité, 1969, S. III. Ähnlich auch Poeggel, der die Erhaltung des Friedens und der internationalen Sicherheit durch Beachtung dieses Prinzips als gewährleistet ansieht. Poeggel, a.a.O., S. 93. McEwen sieht diesen Ansatz als rein europäische Rechtsschöpfung eher kritisch. McEwen, International boundaries in East Africa, S. 20.

150 Die Grenzverträge des Vorgängerstaates mit Nachbarstaaten begrenzen somit das Territorium und fügen diesem eine von dem entsprechenden Vertrag unabhängige Qualität zu. Reinisch/Hafner, Staatensukzession, S. 49. Vergleiche auch Cukwurah, nach dem nach Ratifikation eines Grenzvertrages der Nachfolgestaat deshalb nicht in den Vertrag nachfolgen könne, da dieser seinen vertraglichen Charakter verloren habe. Der Neustaat rücke vielmehr in das von vertraglichen Grundsätzen losgelöste Territorium ein. Cukwurah, a.a.O., S. 106. Siehe auch Lester, ICLQ 12 (1963), S. 475-507 (492). Kritisch dazu Tyranowski, PolYIL 1980, S. 115-135.

151 Jimenez, National and International Boundaries, S. 757-767 (762).

152 In Art. 11 der Konvention heißt es: A succession of states does not as such affect:

Das Prinzip der Weitergeltung der Grenzverträge wurde auch durch die Staaten der Gemeinschaft Unabhängiger Staaten einschließlich der neuen Anrainerstaaten Kasachstan, Aserbaidschan und Turkmenistan am 6. Juli 1992 in einem Memorandum of Understanding bestätigt[153].

Neben den reinen Grenzverträgen zählen auch die sogenannten territorial radizierten vertraglichen Bindungen zu den radizierten Verträgen. Darunter versteht man Verträge, die mit territorialem Bezug die Rechte und Pflichten im Verhältnis zu einem Drittstaat regeln. Diese Verträge zeichnen sich dadurch aus, daß – ebenso wie bei den Grenzverträgen – nicht die Identität des Vertragspartners im Vordergrund steht, sondern ein von der Rechtspersönlichkeit des jeweiligen Staates unabhängiges, an ein bestimmtes Gebiet gebundenes System von Rechten und Pflichten vereinbart wird[154]. Dazu zählen insbesondere auch solche Verträge, die die Schiffahrt auf einem bestimmten Gewässer regeln[155]. In Übereinstimmung mit der in der von der Staatengemeinschaft allgemein angewandten Praxis – die inzwischen als Völkergewohnheitsrecht angesehen werden kann[156] – bestimmt die Konvention in Art. 12 im Falle einer Staatennachfolge die automatische Fortgeltung dieser Verträge[157].

---

a) a boundary established by a treaty
b) obligations and rights established by a treaty and relating to the regime of a boundary.

153 Die französische Fassung des Memorandums ist abgedruckt in RBDI 1993, S. 627.

154 Dahm/Delbrück/Wolfrum, Völkerrecht, S. 167. Die Terminologie für diese Art der Verträge ist nicht einheitlich. Sie werden auch teilweise als „dispositive" oder „localized treaties", „treaties in rem", „treaties running with the land" oder „treaties attaching to the territory" bezeichnet.

155 Nach der Definition des Berichterstatters der ILC H. Waldock errichte ein Vertrag ein territoriales Regime, „when it appears from its terms and from the circumstances of its conclusion that the intention of the parties is to create in the general interest general obligations and rights relating to the particular region, State, territory, locality, river, waterway or to a particular are of sea, sea-bed, or air space provided that the parties include among their number any State having territorial competence with reference to the subject-matter of the treaty or that such State has consented to the provision in question". YBILC (1964), vol. II, S. 26 f.

156 So insbesondere Zimmermann, Staatennachfolge, S. 497.

157 In Art. 12 der Konvention heißt es in Absatz 1: „A succession of States does not as such affect:
(a) obligations relating to the use of any territory, or to restrictions upon its use, established by a treaty for the benefit of any territory of a foreign State and considered as attaching to the territories in question;
(b) rights established by a treaty for the benefit of any territory and relating to its use, or to restrictions upon the use, of any territory of a foreign state and considered as attaching to the territories in question."

Für die vor dem Ende der UdSSR zwischen dem Iran und der Sowjetunion geschlossenen Verträge von 1921 und 1940 kommt eine Weitergeltung in Betracht, da es sich bei ihnen um radizierte Verträge handeln könnte. Die Weitergeltung dieser Verträge ist zwischen den Anrainerstaaten umstritten, wobei auf der einen Seite die Russische Föderation und der Iran und auf der anderen Seite die neuen Staaten Aserbaidschan, Kasachstan und Turkmenistan jeweils eine gemeinsame Linie vertreten: Die Russische Föderation und der Iran gehen davon aus, daß die Verträge von 1921 und 1940 eine Grenzregelung enthalten oder zumindest als Territorialverträge anzusehen sind, die trotz ihrer lückenhaften Regelungen sämtliche Aktivitäten im Kaspischen Meer, insbesondere seine Nutzung unter die gemeinsame Beschlußfassung aller Anrainer stellen und einseitige Maßnahmen einzelner Anrainer verbieten[158]. Dieser Inhalt lasse sich im Wege der Vertragsanpassung bzw. der Vertragsauslegung ermitteln[159].

Aserbaidschan, Kasachstan und Turkmenistan lehnen die Haltung des Iran und der Russischen Föderation ab und weigern sich, die Fortgeltung der Verträge anzuerkennen. Sie sind der Ansicht, daß die Verträge von 1921 und 1940 keine Regelungen zum Grenzverlauf enthalten und deshalb die bei radizierten Verträgen geltenden Prinzipien nicht anwendbar seien. Des weiteren weisen sie darauf hin, daß diese Verträge zahlreiche Fragen, insbesondere der Nutzung der mineralischen Ressourcen offen lassen und deshalb auch keine Aussage über die von der Russischen Föderation und dem Iran behauptete Pflicht zur gemeinsamen Nutzung des Kaspischen Meeres durch alle Anrainerstaaten treffen. In der Konsequenz seien diese Verträge deshalb – selbst wenn eine Weitergeltung nach den Grundsätzen der Rechtsnachfolge in Betracht komme – nicht an die neuen Gegebenheiten anzupassen.

Bei der Anwendung der vorstehenden Grundsätze für radizierte Verträge auf die rechtliche Situation im Kaspischen Meer ergibt sich das folgende Bild:

Zunächst ist festzustellen, daß die vor dem Jahre 1921 geschlossenen einseitig benachteiligenden Verträge zwischen Persien und dem russischen Zarenreich einverständlich aufgehoben und durch neue Verträge ersetzt wurden. Als Grundlage für vertraglich festgelegte und heute gültige Grenzverläufe können diese Verträge dementsprechend nicht herangezogen werden. Deshalb scheidet auch

---

Mit der Auslegung dieser Vorschrift beschäftigte sich der Internationale Gerichtshof in dem Gabcikovo-Nagymaros-Fall, ICJ Reports 1997, S. 3 ff.

158 Vergleiche dazu den offiziellen Brief der Russischen Föderation an den Generalsekretär der Vereinten Nationen, UN GA A\52\324 vom 8.09.1997.

159 So auch Matveev, der die Fortgeltung allerdings bereits aus der ausdrücklichen Anerkennung durch die ehemaligen Unionsrepubliken in der Erklärung von Alma-Ata herleitet. Matveev, le courrier des pays de l'Est 411 (1996), S. 55-61 (56).

die im Vertrag von 1828 vereinbarte Grenze für die Frage nach dem heutigen Grenzverlauf aus[160].

Weiterhin ergab die Untersuchung der sowjetisch-iranischen Verträge von 1921 und 1940, daß diese zwar Regelungen für die Nutzung des Kaspischen Meeres trafen und die Landgrenze von 1881 bestätigten, nicht aber zwischen der Sowjetunion und dem Iran eine Wassergrenze auf dem Kaspischen Meer festlegten[161]. Einzig in der diplomatischen Note zum Vertrag von 1940 findet sich eine Erklärung, die – insbesondere von der Russischen Föderation und dem Iran – als Festlegung eines Grenzregimes ausgelegt wird. Darin wird das Kaspische Meer als „sowjetisch-iranisches Meer" bezeichnet[162]. Diese Formulierung wird von iranischer und russischer Seite dahingehend verstanden, daß die Grenze zwischen der Sowjetunion und dem Iran an den Ufern des Kaspischen Meeres verlaufe und das Gewässer insgesamt im Gemeinschaftseigentum der Anrainer stehe[163]. Diesem Ansatz ist nicht zu folgen. Die bloße Bezeichnung des Kaspischen Meeres als „sowjetisch-iranisches" Meer – noch dazu in einem diplomatischen Notenaustausch – läßt keinen Schluß darauf zu, daß damit die Festlegung von Gemeinschaftseigentum auf dem Kaspischen Meer vorgenommen werden sollte. Vielmehr bringt diese Formulierung lediglich zum Ausdruck, daß sich die Vertragsparteien einig waren, daß nur ihnen – den Anrainern UdSSR und Iran –, nicht aber einzelnen Nichtanrainerstaaten oder der gesamten Staatengemeinschaft das Kaspische Meer offenstehen sollte. Dieser Wille kommt vor allem dadurch zum Ausdruck, daß auch in dem Vertrag von 1940 ausdrückliche Regelungen getroffen wurden, die die Nichtanrainerstaaten von jeglichen Rechten auf dem Kaspischen Meer ausschlossen. Im Ergebnis beschränkte sich deshalb der diplomatische Notenaustausch auf diesen Inhalt.

Auch die Tatsache, daß der Iran und die Sowjetunion für die Fischerei eine unter der ausschließlichen Souveränität des jeweiligen Anrainerstaates stehende 10-Seemeilen-Zone festlegten und für den Rest des Gewässers eine Gleichberechtigung der Anrainerstaaten vorsahen, belegt nicht ohne weiteres die Vereinbarung von Gemeinschaftseigentum hinter der 10-Seemeilen-Zone im Kaspischen

---

160 Der Vollständigkeit halber sei erneut darauf verwiesen, daß dieser Vertrag ohnehin nur die Landgrenze festlegte, nicht aber eine Grenzziehung auf dem Kaspischen Meer vorsah.

161 Siehe dazu bereits unter 1. I. 3. und 4.

162 Siehe dazu bereits oben unter 1. I. 4.

163 So vor allem Kovalev, der der Ansicht ist, aus dem ehemals sowjetisch-iranischen Meer sei nach dem Fall der Sowjetunion ein russisch-kasachisch-aserbaidschanisch-turkmenisch-iranisches Kaspisches Meer geworden. Kovalev, Meždunarodnaja Žisn 4 (1997), S. 33; ebenso Dabiri, AALCC Bulletin 22 (1998), S. 12-37 (18-19).

Meer[164]. Die Einrichtung der 10-Seemeilen-Zone betraf die Fischerei und damit die Nutzung des Kaspischen Meeres. Über die Hoheitsrechte des jeweiligen Anrainers in diese Zone sowie in dem dahinterliegenden Teil des Gewässers schweigen die Verträge von 1921 und 1940.

Teilweise verweisen die Russische Föderation und der Iran zur Begründung ihrer Auffassung auf einen Beschluß des sowjetischen Ministeriums für die ölabbauende Industrie aus den 70er Jahren, wonach der „sowjetische Teil“ des Kaspischen Meeres in Sektoren der Unionsrepubliken aufgeteilt ist[165]. Auch wird der Geheimbeschluß des NKWD (später KGB) aus dem Jahre 1935 angeführt, wonach das Kaspische Meer entlang der Astara-Hasangulu-Linie geteilt sein sollte. Im Hinblick auf diese Dokumente ist indes festzustellen, daß es sich nicht um Grenzverträge im völkerrechtlichen Sinne handelt: Sie sind einseitige Entscheidungen der damaligen Sowjetunion und keine von zwei Völkerrechtssubjekten abgeschlossenen Verträge[166].

Auch wenn in den Verträgen von 1921 und 1940 keine Grenzziehung für das Kaspische Meer enthalten ist, so legen sie Rechte und Pflichten der Vertragsparteien auf einem territorial begrenzten Gebiet, dem Kaspischen Meer, fest[167]. Das Recht auf Schiffahrt und die Einrichtung einer ausschließlichen Fischereizone vor der Küste der beiden Anrainer sind untrennbar mit dem Gewässer verbunden[168]. Es handelt sich bei diesen Verträgen folglich um Verträge, die ein Territorialregime festlegen, an die ein neu entstandener Staat im Wege der Rechtsnachfolge gebunden ist. Im Ergebnis verbleibt es daher bei einer Fortgeltung der Verträge von 1921 und 1940 auch nach dem Niedergang der UdSSR im Wege der Rechtsnachfolge von Staaten in völkerrechtliche Verträge.

An der Weitergeltung der Verträge von 1921 und 1940 würde auch die Einordnung der ehemaligen Unionsrepubliken als „newly independent states“ nichts ändern. Denn auch für diese Staaten gilt die Bindung an Territorialverträge. Abgesehen davon fallen die ehemaligen Unionsrepubliken ohnehin nicht unter den Begriff der „newly independent states“[169]. Die ehemaligen Unionsrepubliken sind keine im Wege der Dekolonisierung aus ehemaligen Kolonialgebieten neu ent-

---

164 So Clagett, ourworld.compuserve.com/homepages/usazerb/131.htm, Stand: 13.06.2003. Anderer Ansicht ist Dabiri, AALCC Bulletin 22 (1998), S. 12-37 (17).

165 Mersljakov, „Pravovoi Status“ vom 17.03.1999.

166 Vergleiche dazu auch Yakemtchouk, Les hydrocarbures de la Caspienne, S. 21.

167 Mit der Frage, ob es sich bei der für das Schwarze Meer geltenden Montreux Convention um einen Vertrag handelt, der ein Territorialregime festlegt, beschäftigt sich Unlu unter www.turkishpilots.org, Stand: 05.02.2005.

168 Zimmermann, Staatennachfolge, S. 497.

169 Vergleiche dazu ausführlich Zimmermann, Staatennachfolge, S. 202 ff. und 226 f.

standenen Staaten[170], sondern waren vielmehr integraler Bestandteil eines Bundesstaates, der UdSSR. Die Entstehungsgeschichte der Konvention[171] zeigt, daß der Begriff des „newly independent states“ eng auf entkolonialisierte Staaten beschränkt bleiben sollte.

ff) clausula rebus sic stantibus

Der Weitergeltung der Verträge von 1921 und 1940 könnte allenfalls die *clausula rebus sic stantibus* [172]entgegenstehen. Darunter versteht man das in Art. 62 WVK[173] niedergelegte Recht zur Beendigung des bzw. zum Rücktritt von einem Vertrag bei einem grundlegenden Wandel der Umstände[174].

---

170 Daran ändert nach Tichy auch nicht die faktische Hegemonie Rußlands zu Sowjetzeiten etwas, da die kolonialspezifische Abhängigkeit gefehlt habe. Tichy, ÖZöRV 44 (1992), S. 117-136 (121).

171 Aus dem Fünften Bericht des Special Rapporteur Sir Humphrey Waldock wird deutlich, daß bei der ILC von Anfang an streng zwischen der Auflösung eines Bundesstaates und der Entkolonialisierung ehemaliger Treuhand- und Mandatsgebiete oder Protektorate unterschieden wurde. Während zunächst der Begriff „newly independent state“ alle neu entstandenen Staaten umfassen sollte, entschied man sich später für eine eingrenzende Auslegung. Danach sollten nur die durch den historisch einmaligen Prozeß der Entkolonialisierung entstandenen Staaten erfaßt werden. YILC 1972 II, S. 1 ff. Dieser Ansatz wurde in der Folge auch in den abschließenden Kommentar der International Law Commission übernommen. Vergleiche YILC 1974 II/1, S. 176.

172 Ausführlich dazu Rohls, Die Voraussetzungen der *clausula rebus sic stantibus* im Völkerrecht.

173 Art. 62 WVK lautet in der nicht authentischen deutschen Fassung:
(1) Eine grundlegende Veränderung der beim Vertragsschluß gegebenen Umstände, die von den Vertragsparteien nicht vorausgesehen wurden, kann nicht als Grund für die Beendigung des Vertrages oder den Rücktritt von ihm geltend gemacht werden, es sei denn,
a) das Vorhandensein jener Umstände bildete eine wesentliche Grundlage für die Zustimmung der Vertragsparteien, durch den Vertrag gebunden zu sein, und
b) die Veränderung der Umstände würde das Ausmaß der aufgrund des Vertrages noch zu erfüllenden Verpflichtungen tiefgreifend umgestalten.
(2) Eine grundlegende Veränderung der Umstände kann nicht als Grund für die Beendigung des Vertrages oder den Rücktritt von ihm geltend gemacht werden,
a) wenn der Vertrag eine Grenze festlegt, oder
b) wenn die Vertragspartei, welche die grundlegende Veränderung der Umstände geltend macht, diese durch Verletzung einer Vertragspflicht oder einer sonstigen gegenüber der anderen Vertragspartei bestehenden internationalen Verpflichtung selbst herbeigeführt hat. [...]“

174 Zur Entstehungsgeschichte der *clausula* vgl. Pott, a.a.O., S. 6 ff.

Die Weigerung der nunmehr unabhängigen ehemaligen Unionsrepubliken Aserbaidschan, Kasachstan und Turkmenistan, die bestehenden Verträge fortzuführen, ließe sich in die Ausübung dieses Beendigungsrechts umdeuten. Zwar haben alle drei ehemaligen Unionsrepubliken in der Erklärung von Alma-Ata ihren Wunsch bekräftigt, die von der Sowjetunion begründeten internationalen Verpflichtungen für sich als bindend anzuerkennen und fortzuführen. Diese Bereitschaft stand jedoch ausdrücklich unter dem Vorbehalt, daß die Interessen des jeweiligen Landes nicht einer Weiterführung dieser Verträge entgegenstehen[175]. Das Verhalten der nunmehr unabhängigen Unionsrepubliken zeigt aber gerade, daß sie die existenten Regelungen als unvereinbar mit ihren Interessen ansehen.

Die zwischen der Sowjetunion und dem Iran abgeschlossenen Verträge von 1921 und 1940 sind nach dem Wortlaut des Art. 62 WVK nicht von dessen Anwendungsbereich ausgeschlossen. Gemäß Art. 62 Abs. 2 lit. a WVK kann eine grundlegende Veränderung der Umstände allerdings dann nicht als Grund für die Beendigung des Vertrages oder den Rücktritt von ihm geltend gemacht werden, wenn der Vertrag eine Grenze festlegt[176]. Auch wenn die bestehenden Verträgen von 1921 und 1940 – wie bereits festgestellt – keine Grenzverträge sind, sondern Verträge, die ein Territorialregime festlegen, rechtfertigt die Ähnlichkeit dieser beiden Vertragsarten möglicherweise eine entsprechende Anwendung von Art. 62 Abs. 2 lit. a WVK. Denn die Territorialverträge ähneln den Grenzverträgen insoweit, als daß beide Vertragsarten allein gebietsbezogen und damit unabhängig von der Identität des jeweiligen Staates sind. Die Entstehungsgeschichte der Klausel Art. 62 Abs. 2 lit. a WVK zeigt indes, daß sie auf solche Verträge beschränkt sein sollte, die Grenzen festlegen. Die Aufnahme sonstiger territorialer Verträge in Art. 62 Abs. 2 lit. a WVK war zwar Gegenstand lebhafter Diskussion bei der Erarbeitung dieser Regelung, allerdings blieben sämtliche Anträge[177] auf

175 ILM 1992, S. 149:
„The States participating in the Commonwealth guarantee in accordance with their constitutional procedures the discharge of the international obligations deriving from treaties and agreements concluded by the former Union of Soviet Socialist Republics.“

176 Der Vorschlag der Kommission, Grenzverträge von dem Anwendungsbereich der *clausula* auszunehmen, stieß zunächst auf erheblichen Widerstand. Einige Staaten sahen in der Aufnahme dieser Regelung eine unzulässige Einschränkung des Selbstbestimmungsrechts der Völker. Vergleiche dazu ausführlich Bießle, a.a.O., S. 20 ff. und 45 ff.

177 Einen entsprechenden Vorschlag brachte die amerikanische Delegation mit dem Hinweis ein, es sei im Interesse der Staatengemeinschaft und zum Schutz der Rechtssicherheit erforderlich, eine erneute Infragestellung von territorialen Regelungen abzuwehren. A/CONF.39/11, S. 367. Zu den Reaktionen auf diesen Vorschlag vergleiche ausführlich Bießle, a.a.O., S. 45 ff.

Aufnahme einer erweiterten Klausel im Ergebnis erfolglos[178]. Vor diesem Hintergrund schließt Art. 62 Abs. 2 lit. a WVK eine Berufung auf die *clausula rebus sic stantibus* bei Verträgen, die ein Territorialregime festlegen, nicht aus.

Das Recht, die Verträge von 1921 und 1940 zu beendigen, stünde den ehemaligen Unionsrepubliken allerdings nur dann zu, wenn tatsächlich ein Umstand eingetreten ist, der die Sachlage wesentlich verändert hat.

Darüber, welche Lebenssachverhalte den Anwendungsbereich der *clausula rebus sic stantibus* eröffnen, besteht keine einheitliche Auffassung[179]. Einig ist man sich allerdings darin, daß bloße innenpolitische Veränderungen oder ein Umschwenken in der Außenpolitik eines Staates allein die Voraussetzungen des Art. 62 WVK nicht erfüllen[180]. Dagegen soll beispielsweise im Falle des Entstehens einer neuen Norm des zwingenden Völkerrechts, welche die weitere Vertragsausführung unmöglich macht, den Vertragsparteien das Recht zur Beendigung des bzw. Rücktritt von dem Vertrag zustehen.

Die politischen Umwälzungen in der Sowjetunion Anfang der 90er Jahre und der daraus für die neuen unabhängigen Staaten resultierende Tatbestand der Rechtsnachfolge stellt für sich allein keinen ausreichenden Grund für die Berufung auf die *clausula rebus sic stantibus* dar[181]. Dies ergibt sich aus der Interpretation der bereits genannten Grundprinzipien des Rechts der Staatennachfolge. Es entspricht allgemeinem Völkergewohnheitsrecht, daß Rechtsnachfolger an die territorialen Verträge des Vorgängerstaates gebunden sind. Dieser Grundgedanke des Völkerrechts würde bedeutungslos, wenn man den Rechtsnachfolgern eines Staates erlaubte, die vorgesehene Bindung an Verträge durch Berufung auf die *clausula rebus sic stantibus* gegenstandslos zu machen.

---

178 Der amerikanische Vorschlag wurde in der Schlußabstimmung mit 43 Stimmen gegen 14 Stimmen bei 28 Stimmenthaltungen zurückgewiesen. A/CONF. 39/11, S. 382.

179 Teilweise ist zur Eingrenzung des Anwendungsbereichs der *clausula* versucht worden, abschließende Fallgruppen zu erarbeiten. Nach Rohls sollen Staatsgefahren (wie etwa Geldentwertung und Währungsverfall sowie Menschenrechtsverletzungen), Naturkatastrophen und technische Katastrophen (atomare Katastrophen) zu einer objektiven Veränderung der Sachlage führen. Rohls, a.a.O., 156 ff. Dagegen wendet sich allerdings Pott, der sich gegen die Schaffung von Fallgruppen ausspricht und statt dessen eine sachverhaltsgetreue Prüfung der Voraussetzungen der *clausula rebus sic stantibus* im Einzelfall favorisiert. Pott, a.a.O., S. 90-91.

180 Rohls, a.a.O., 157.

181 Vergleiche dazu auch Zimmermann, Staatennachfolge, S. 795, der einer Einordnung der Rechtsnachfolge als wesentliche Veränderung der objektiven Sachlage ebenfalls skeptisch gegenübersteht. Am ehesten soll nach seiner Auffassung die Berufung auf die *clausula* dann möglich sein, wenn die Rechtsnachfolge eines Staates mit dem Untergang des Vorgängerstaates einhergeht.

Auch die Tatsache, daß die bestehenden Verträge die für die Region überaus bedeutsame Ausbeutung der mineralischen Ressourcen nicht regeln, stellt keinen Umstand dar, der eine wesentliche Veränderung der objektiven Sachlage bewirkt[182]. Zum einen kann diese offene Frage – als Vertragslücke – im Wege der Vertragsanpassung geregelt werden. Zum anderen war die Tatsache, daß im Kaspischen Meer mineralische Ressourcen vorhanden und der Ausbeutung zugänglich sind, der UdSSR und dem Iran bereits zum Zeitpunkt der Vertragsabschlüsse in den Jahren 1921 und 1940 bekannt. Auch mit dieser Argumentation ist eine Berufung auf die wesentliche Änderung grundlegender Umstände nicht zulässig.

2. Ergebnis

Es läßt sich festhalten, daß für die heutigen Anrainerstaaten des Kaspischen Meeres die sowjetisch-iranischen Verträge von 1921 und 1940 fortgelten. Für die Russische Föderation ergibt sich die Weitergeltung bereits aus der Tatsache, daß sie mit dem Unterzeichnerstaat dieser Verträge, der UdSSR, nach völkerrechtlichen Prinzipien als identisch anzusehen ist. Die ehemaligen Unionsrepubliken sind als Rechtsnachfolger der Sowjetunion nach den Grundsätzen der Staatennachfolge in Verträge an die sowjetisch-iranischen Verträge gebunden.

Allerdings regelt keiner dieser beiden Verträge viele von den Anrainerstaaten des Kaspischen Meeres für besonders bedeutsam erachteten Bereiche. Sie enthalten weder eine Grenzregelung für das Kaspische Meer noch regeln sie die Rechte der Anrainerstaaten bei der Ausbeutung der vorhandenen Ressourcen. Die Verträge von 1921 und 1940 vermögen ebensowenig diejenigen Bereiche zufriedenstellend zu regeln, für die sie Regelungen enthalten[183]. Die vorhandenen Vertragsklauseln entsprechen nicht der jetzigen Staatenkonstellation, da sie noch aus der Zeit stammen, in der nur der Iran und die Sowjetunion Anrainer des Kaspischen Meeres waren. Im Hinblick auf die vertraglich vereinbarte Freiheit der Handelsschiffahrt mag dieses Problem ohne besondere Schwierigkeiten zu lösen sein, indem man das Recht zur Handelsschiffahrt auf alle jetzigen Anrainerstaaten ausdehnt. Dagegen läßt sich die Frage des Fischfangs, insbesondere möglicher Fangquoten nicht ohne weiteres aus den bestehenden Verträgen beantworten. Eine erweiterte Auslegung, daß jede Art der Nutzung allen Anrainern nur gemeinsam zustehen soll, läßt sich aus diesen Verträgen nicht herleiten. Auch

182 Vergleiche dazu Allonsius, a.a.O., S. 36.
183 So auch Gramola unter www.traceca.org/marco/mp09.pdf, Stand: 31.10.2001.

eine Ausdehnung des Rechts auf Unterhaltung einer Kriegsflotte auf die ehemaligen Unionsrepubliken dürfte sich nicht ohne weiteres realisieren lassen.

Im Ergebnis bedeutet dies, daß auch die auch nach der Auflösung der Sowjetunion fortbestehenden Verträge von 1921 und 1940 viele Fragen offen lassen und die geregelten Bereiche den neuen Gegebenheiten angepaßt werden müßten. Zur Schließung der vorhandenen Vertragslücken, insbesondere hinsichtlich des noch ungeklärten Grenzverlaufs im Kaspischen Meer, ist die völkerrechtliche Einordnung dieses Gewässer mit den sich daraus für die Grenzziehung und Nutzung eines solchen Gewässers ergebenden Konsequenzen von Bedeutung. Folglich ist der Frage nachzugehen, inwieweit das Völkerrecht für die Grenzziehung auf einem Gewässer wie dem Kaspischen Meer Regelungen bereithält.

2. Kapitel: Völkerrechtliche Einordnung des Kaspischen Meeres

Für die völkerrechtliche Einordnung des Kaspischen Meeres bedarf es einer Betrachtung der unterschiedlichen bekannten Gewässertypen. Als Gewässer gilt zunächst das Meer, das allgemein als die auf der Erdoberfläche zusammenhängende Wasseroberfläche beschrieben werden kann[184]. Zu den Meeren zählen vor allem die Ozeane[185]. Unter den Begriff der Meere fallen auch die sogenannten umschlossenen und halbumschlossenen Meere. Diese unterscheiden sich von den Ozeanen durch ihre geringere Größe und fast vollständige Umgebenheit von Land. Für die Meere hat das Völkerrecht ein spezielles Seerecht entwickelt, das in der Seerechtskonvention kodifiziert ist[186].

Im Völkerrecht existieren daneben die zu den Binnengewässern zählenden grenzüberschreitenden oder internationalen Seen. Internationale Seen sind von Land umschlossen und von mehreren Uferstaaten begrenzt. Diese Gewässer sind vom Anwendungsbereich der Seerechtskonvention ausgeschlossen[187]. Dies ergibt sich zum einen daraus, daß für Seen und andere Binnengewässer Regelungen in der Seerechtskonvention nicht getroffen sind. Zum anderen verweist bereits deren Präambel darauf, daß die Seerechtskonvention zur Regelung der völkerrechtlichen Fragen bei Meeren und Ozeanen geschaffen wird[188]. Von der Schaffung eines Vertragswerkes für Seen und andere Binnengewässer ist in der Präambel der Konvention nicht die Rede.

Das Kaspische Meer ist von mehreren Uferstaaten umgeben und damit ein internationales Gewässer. Es ist darüber hinaus weitestgehend abgeschlossen. Es kommt für dieses Gewässer insoweit sowohl die Einordnung als (halb-)umschlossenes Meer als auch als internationaler See in Betracht[189]. (Halb-)umschlossene Meere und internationale Seen weisen gewisse geographische Gemeinsamkeiten

184 Das Weltmeer deckt 71 % der Erdoberfläche oder 361 Millionen km² ab.

185 Dazu zählen der Atlantische, der Pazifische und der Indische Ozean.

186 Seerechtskonvention von Montego Bay vom 10. Dezember 1982. Abgedruckt in: Internationale Verträge/Europarecht, Sartorius II Nr. 350.

187 Anderer Ansicht ist offenbar Gizzatov. Er meint, daß die Seerechtskonvention die Anwendung auf internationale Seen nicht ausdrücklich ausschließe und deshalb unproblematisch anwendbar sei. Auszüge aus Gizzatov`s Rede auf einer Konferenz über Auswärtige Angelegenheiten in Amla-Ata im Jahre 1995 finden sich bei Alexandrov, University of Melbourne Bulletin, 1998.

188 Vergleiche die Präambel der Seerechtskonvention.

189 So auch Englefield, IBRU Boundary and Security Bulletin 3 (1995/96), S. 30-33.

auf[190], in anderen Gesichtspunkten unterscheiden sich aber, so daß eine Zuordnung zu dem jeweiligen Gewässertyp möglich ist.

I. Geographische Daten des Kaspischen Meeres

Die völkerrechtliche Einordnung des Kaspischen Meeres in eine der oben genannten Gewässerkategorien setzt zunächst die genaue Kenntnis seiner geographischen Gegebenheiten und Besonderheiten voraus.

Das Kaspische Meer[191] liegt auf der Grenzscheide zwischen Europa und Asien zwischen dem 44°18′ und dem 55° 24′ Breitengrad und dem 36°34′ und 47°13′ Längengrad[192]. Östlich des Kaspischen Meeres liegt der Kaukasus, im Westen das Ustjurt-Plateau. Im Süden wird das Kaspische Meer durch das Elbrus-Gebirge begrenzt.

Ursprünglich gehörte das Kaspische Meer zu dem sogenannten Aralokaspischen Binnensee, der aus dem Aralsee und dem Kaspischen Meer sowie zeitweise auch dem Schwarzen Meer bestand, das sich je nach Wasserstand in drei getrennte Wasserflächen aufteilte oder zu einer vereinte[193].

Das Kaspische Meer hat eine Fläche von 371.000 km^2 und ist damit das größte von Land umgebene Gewässer auf der Erde[194]. Von Norden nach Süden mißt es etwa 1204 km und hat eine Breite von 185 km bis zu 450 km. Die Uferlänge des Kaspischen Meeres beträgt circa 6.000 km. Es liegt 28 m unter dem Meeresspiegel. Das nördliche Becken des Kaspischen Meeres ist seicht, seine durchschnittliche Tiefe beträgt nur 6,2 m. Das südliche Becken ist durchschnittlich 325 m tief, der tiefste Punkt des Gewässers liegt bei 896 m. Zur Mitte hin steigt der Boden an, so daß hier nur eine Tiefe von 176 m zu verzeichnen ist. Im Kaspischen Meer befinden sich 50 Inseln, alle von nur geringer Größe.

Das Kaspische Meer wird durch den größten Strom Europas, die Wolga, sowie durch drei weitere Flüsse, den Ural, Terek und den Kura, gespeist. Die Wolga verbindet das Kaspische Meer mit der Ostsee, allerdings ist diese durchgehende Verbindung nicht über die gesamte Strecke natürlich, vielmehr wurde auf einer Teilstrecke der im Jahre 1964 eröffnete Wolga-Ostsee-Kanal angelegt. Mit dem Schwarzen Meer ist das Kaspische Meer durch den ebenfalls künstlich an-

190 Pondaven, a.a.O., S. 6.

191 Annex, Abb. 1.

192 Seinen Namen erhielt das Kaspische Meer von den an seinen westlichen Ufern angesiedelten kaspischen Stämmen. Ursprünglich trug es den griechischen Namen Kaspian Pelagos.

193 Brockhaus, 19. Auflage, Bd. 2, 1987, S. 32.

194 Encyclopedia Britannica 1986, Bd. 2, S. 923.

gelegten Wolga-Don-Kanal verbunden. Eine durchgehende natürliche Verbindung zum offenen Meer fehlt dem Kaspischen Meer. Das Wasser des Kaspischen Meeres ist besonders salzhaltig, es kommen auf 100 Teile Wasser 15 Teile Salz[195]. Das Gewässer beheimatet sowohl im Becken als auch an seinen Ufern eine vielfältige Tier- und Pflanzenwelt, darunter auch den zur Gewinnung von schwarzem Kaviar unentbehrlichen Stör[196].

An das Kaspische Meer grenzen seit dem Jahre 1991 fünf Staaten: im Süden liegt der Iran mit einer Uferlänge von 319,1 sm[197]. Daran schließt sich nördlich an der Ostseite des Gewässers Turkmenistan mit einer Uferlänge von 285,4 sm an. Kasachstan besitzt mit 526,4 sm den weitaus größten Anteil am Uferumfang des Kaspischen Meeres und begrenzt das Gewässer an dessen Ostseite. An der Westküste des Kaspischen Meeres liegt die ehemalige Unionsrepublik Aserbaidschan mit dem geringsten Anteil am Ufer von nur 259,1 sm. Am nördlichen Ufer erstreckt sich seit 1991 das Gebiet der Russischen Föderation[198] mit einer Uferlänge von 315 sm.

II. Freiheit der Meere

Eines der grundlegenden Prinzipien des modernen Seevölkerrechts ist die Freiheit der Meere. Dieser auf *Grotius* zurückgehende Gedanke bedeutet, daß das Meer nicht Teil des Hoheitsgebietes eines Staates sein kann[199]. Begründet wurde dieser Ansatz mit der Unbeherrschbarkeit und der Unendlichkeit des Meeres[200].

---

195 Im Vergleich dazu ist das Verhältnis im Atlantischen Ozean 100 zu 37. Brockhaus, a.a.O., S. 260.

196 Sogenannter Belugastör.

197 Seemeilen.

198 Entlang der russischen Küste des Kaspischen Meeres liegen Tschetschenien und Dagestan.

199 Das Werk wurde von Grotius bereits im Jahre 1609 anonym unter dem Titel „de mare libero“ publiziert. Zur Entstehungsgeschichte dieses Buches vergleiche ausführlich Wolfrum, Internationalisierung, S. 124 ff. sowie O'Connell, The international law of the sea, S. 9 ff. Ziegler, Völkerrechtsgeschichte, S. 153 f., 168 f.; Fahl, Der Grundsatz der Freiheit der Meere in der Staatenpraxis von 1493 bis 1648; Russ/Zeller in Marine Policy (2003) 1, S. 75 – 78.

200 Diese Herleitung wurde aber dahingehend kritisiert, daß die Freiheit der Meere nicht davon abhängen dürfe, inwieweit das Meer im Hinblick auf den technischen Fortschritt der Staaten noch unbeherrschbar sei. Vgl. dazu bereits Strupp-Schlochauer, Wörterbuch des Völkerrechts, 1. Bd., S. 791. Weiterführend Vitzthum, der angesichts des heute bestehenden technischen Entwicklungsstandes das Meer als beherrschbar einordnet. Vitzthum in Graf Vitzthum (Hrsg.), Völkerrecht, S. 440 Rn. 62.

Es schien keinem Staat möglich, umfassend und andauernd seine Hoheit über einen Ozean im ganzen oder zu einem Teil auszuüben. Heute wird das Prinzip des sogenannten *mare liberum* auf das gemeinsame Ziel der Staatengemeinschaft gestützt, die gegenseitigen Interessen an einer langfristigen Erhaltung des Meeres zu respektieren. Vor diesem Hintergrund zählt unter anderem der Tiefseeboden zum gemeinsamen Erbe der Menschheit[201]. Die Lehre des *mare liberum* löste den zum damaligen Zeitpunkt vorherrschenden Gedanken des *mare nostrum* oder *mare clausum* ab[202]. Diese Theorie ging davon aus, daß das Meer Gegenstand von Okkupation und Akquisition sein könne[203]. Heute findet sich der Grundsatz der Freiheit der Meere in der Seerechtskonvention in den Vorschriften über die Hohe See wieder[204].

Inhalt der Meeresfreiheit ist, daß die Hohe See allen Staaten – ob Anrainer eines Meeres oder Nichtanrainer – offensteht[205]. Die Freiheit der Meere gewährleistet der gesamten Staatengemeinschaft die freie Handels- und Kriegsschiffahrt. Darüber hinaus schützt die Meeresfreiheit den freien Überflug über das Meer sowie die jedem Staat offenstehende Verlegung von Kabeln und Leitungen auf dem Meeresboden[206]. Grundsätzlich steht auch der Fischfang[207] sowie die wissenschaftliche Forschung im Meer jedem Staat offen. Jeder Staat hat des weiteren das Recht, künstliche Inseln und Anlagen zu errichten.

Gemäß Art. 86 der Seerechtskonvention erstreckt sich die Meeresfreiheit nicht auf die gesamte Ausdehnung des Meeres. So sind von der Meeresfreiheit ausdrücklich das Küstenmeer sowie die Ausschließliche Wirtschaftszone und die Inneren Gewässer ausgenommen.

---

201 Vergleiche Teil XI der Seerechtskonvention.

202 Dieser Gedanke wurde insbesondere von dem Engländer John Selden in seinem 1635 erschienenen Werk „*mare clausum*" verteidigt. Daneben seien noch die Werke von Gentilis, De avocatione Hispania und Welwood, An abridgement of all the sea laws, 1613 sowie von Spelman, The English works of Sir Henry Spelman, 1723 genannt.

203 Das Prinzip des *mare clausum* wurde vom 15. bis zum 17. Jahrhundert vor allem in der Praxis der seefahrenden Staaten umgesetzt. So erklärte England weite Teile des Seegebietes zwischen England und Irland zum „geschlossenen Meer". Auch Spanien und Portugal vertraten als seefahrende Mächte die Lehre des *mare clausum* und teilten nach der Entdeckung Amerikas durch Kolumbus im Jahre 1492 die Neue Welt inklusive der Ozeane unter sich auf. Dazu Vitzthum in Graf Vitzthum (Hrsg.), Völkerrecht, S. 439 Rn. 62.

204 Art. 89 der Seerechtskonvention. Vgl. dazu auch Nandan/Rosenne UNCLOS III, vol. III, S. 27.

205 Art. 87 der Seerechtskonvention.

206 Ebenda.

207 Art. 87 Ab. 1 e) in Verbindung mit den Einschränkungen der 2. Sektion (Artt. 116 ff.).

1. Küstenmeer

Das Küstenmeer[208] ist der Küstenstreifen eines Staates, der nicht als ein Teil der Hohen See angesehen wird[209]. Es wird von der Basislinie aus gemessen und kann eine Breite von bis zu 12 sm haben[210]. Im Küstenmeer besitzt der Uferstaat ausschließliche territoriale Souveränität, es ist mithin Teil seines Staatsgebietes. Die Gebietshoheit des Uferstaates erstreckt sich auf das Küstenmeer selbst sowie auf den darüber befindlichen Luftraum und den darunter liegenden Meeresboden[211]. In diesem Bereich hat der Küstenstaat das Recht, die biologischen wie auch mineralischen Ressourcen exklusiv für sich zu nutzen und auszubeuten[212]. Ausfluß der Gebietshoheit ist auch, daß im Küstenmeer die Freiheit der Schiffahrt nur sehr eingeschränkt besteht, sie beschränkt sich auf das den übrigen Staaten zustehende Recht auf friedliche Durchfahrt[213].

2. Ausschließliche Wirtschaftszone

Das Gebiet der Ausschließlichen Wirtschaftszone[214] schließt sich vom Land aus gesehen an das Küstenmeer an[215]. Ebenso wie das Küstenmeer wird die Aus-

---

208 Einen ausführlichen historischen Abriß über die Kodifikationsbemühungen nach dem Ende des ersten Weltkrieges durch den Völkerbund enthält das Werk von Berg, Die Kodifikationsbemühungen des Völkerbundes auf dem Gebiet des Seerechts. Siehe auch Wolfrum, AdVR 24 (1986), S. 247 ff., Hakapää/Molenaar, Marine Policy 23 (1999) 2, S. 131-145; Gosh, Law of the territorial sea.

209 Vergleiche dazu ausführlich Dupuy/Vignes, A handbook on the new law of the sea, Bd. 1, S. 253 ff.

210 Art. 3 der Seerechtskonvention.

211 Art. 2 (2) der Seerechtskonvention.

212 Burke, The new international law of fisheries; Yturriaga, The international regime of fisheries, S, 99 ff.; Brown, Sea-bed energy and mineral resources and the law of the sea.

213 Artt. 17 ff. der Seerechtskonvention. Dies gilt sowohl für die Handels- als auch für die Kriegsschiffe, solange ihre Durchfahrt durch das Küstenmeer nicht auf kriegerische Zwecke abzielt. Vergleiche zu diesem Problemkreis Dahm/Delbrück/Wolfrum, Völkerrecht, Bd. 1/1, S. 433 f.; Anand, 36 (1996) IndJIL 4, S. 13-38; Rothwell (Hsg.) Navigational rights; Hakapää/Molenaar, Marine Policy 23 (1999) 2, S. 131.145; Khoshkish, The right of innocent passage.

214 Einen geschichtlichen Überblick über die Entwicklung der Ausschließlichen Wirtschaftszone bietet, Attard, The EEZ in international law. Vergleiche des weiteren Gündling, Die 200 Seemeilen-Wirtschaftszone; Orrega Vicuna, The EEZ: regime and legal nature under international law; Nandan/Rosenne, a.a.O., Bd. 2, S. 511 ff.; Kwiatowska in Vukas (Hrsg.) Essays on the new law of the sea, S. 99-117; Werbke 11 (1996) IntJMCL 1, S. 79-86; Rigaldies, 35 (1997) CanYIL, S. 3-55; Leanza, Ye-

schließliche Wirtschaftszone von der Basislinie aus gemessen und kann gemäß Art. 57 der Seerechtskonvention bis zu 200 sm breit sein. Die Ausschließliche Wirtschaftszone ist ebenso wenig wie das Küstenmeer Teil der Hohen See[216], so daß auch in dieser Zone die Meeresfreiheit nicht uneingeschränkt Anwendung findet. Im Unterschied zum Küstenmeer ist die Ausschließliche Wirtschaftszone aber auch nicht Teil des Hoheitsgebietes des Uferstaates. Die Ausschließliche Wirtschaftszone steht dem Küstenstaat nicht *ipso facto* zu, zur Errichtung bedarf es vielmehr einer entsprechenden Proklamation[217].

In der Ausschließlichen Wirtschaftszone hat der Uferstaat grundsätzlich die ausschließliche Herrschaft über die Ausbeutung der in diesem Gebiet vorhandenen mineralischen und biologischen Ressourcen[218]. Allein ihm steht das Recht zur Errichtung von künstlichen Anlagen und Inseln sowie Bauwerken zur Ausbeutung und Erforschung von Ressourcen zu[219]. Die Freiheit der Fischerei ist dadurch eingeschränkt, daß der Uferstaat die Fangquote für diesen Teil des Meeres festlegen darf. Nur dann, wenn er diese Quote nicht selbst ausschöpft, trifft ihn eine Verpflichtung, andere Staaten am Fischfang zu beteiligen[220]. Daß die Ausschließliche Wirtschaftszone nicht Teil des Hoheitsgebiets des Uferstaates ist, äußert sich darin, daß in dieser Zone das Recht auf freie Schiffahrt und Überflug sowie auf die Verlegung unterseeischer Kabel und Rohrleitungen für die gesamte Staatengemeinschaft gewährleistet ist[221].

---

arbook University of Rome 3 (1990/91), S. 523-537; MacLaughlin, 18 (1999) 1 UTLR, S. 11-21; Kullenberg, Ocean & Coastal Management 42 (1999), S. 849-855.

215 Art. 55 der Seerechtskonvention.

216 Zur Debatte um die Rechtnatur der Ausschließlichen Wirtschaftszone siehe Hinrichs, S. 46 ff.

217 Attard, S. 55.

218 Art. 56 der Seerechtskonvention. Deshalb bezeichnet Vitzthum diese Zone wohl auch als „ressourcenorientierten Raum sui generis". Vitzthum in Graf Vitzthum (Hrsg.), Völkerrecht, S. 423 Rn. 51. Hinsichtlich der nichtlebenden Ressourcen verweist Art. 56 Abs. 3 auf das Regime des Festlandsockels. Zu dem Verhältnis zwischen dem Regime der Wirtschaftszone und dem des Festlandsockels vergleiche Gündling, a.a.O. S. 196 f.

219 Art. 59 der Seerechtskonvention. Fitzpatrick, Künstliche Inseln und Anlagen auf See, S. 72 ff.; Wiese, Grenzüberschreitende Landrohrleitungen und seeverlegte Rohrleitungen im Völkerrecht, S. 147 ff. Roelandt, La condition juridique des pipelines dans de droit de la mer, S. 111 ff.

220 Artt. 61 und 62 der Seerechtskonvention. Vergleiche dazu Dahmani, The fisheries regime of the EEZ.

221 Art. 58 i.V.m. Art. 87 der Seerechtskonvention.

3. Innere Gewässer

Neben dem Küstenmeer und der Ausschließlichen Wirtschaftszone nennt die Seerechtskonvention die sogenannten „Inneren Gewässer“[222] – in Art. 8 geregelt –, die nicht dem Prinzip der Meeresfreiheit unterfallen. Die inneren Gewässer[223] sind „die landwärts der Basislinie des Küstenmeeres gelegenen Gewässer“ eines Staates und stehen unter der ausschließlichen Gebietshoheit des Uferstaates. Zu den inneren Gewässern zählen Buchten, Deltas, Flußmündungen, Reeden und Seehäfen. Innere Gewässer zeichnen sich in erster Linie dadurch aus, daß sie zum Meer offen und damit maritim sind[224]. Abzugrenzen von diesen Gewässern sind die noch weiter im Landesinnern gelegenen Gewässer, wie Flüsse und Seen, die nicht maritim sind.

Nicht um geographische Besonderheiten, sondern vielmehr um historische Gegebenheiten geht es bei der Einordnung eines Gewässers als sogenanntes historisches Gewässer[225]. Dies wird aus historischen Gründen als inneres Gewässer behandelt, obwohl es die vorstehend beschriebenen natürlichen oder geographischen Anforderungen nicht erfüllt. Historische Gewässer sind beispielsweise solche, die zwar von zwei oder mehr Staaten begrenzt werden, über die aber ein einziger Anrainerstaat seinen ausschließlichen Herrschaftsanspruch erhebt. Dies war in der Vergangenheit insbesondere bei Buchten der Fall[226]. Doch auch der Herrschaftsanspruch über andere Gewässer – so beispielsweise Meere – kann zu der Einordnung als historisches Gewässer führen[227]. Der erhobene Anspruch muß

222 Mit den Inneren Gewässer beschäftigen sich insbesondere Peters, Innere Gewässer im neuen Seerecht; Bangert, NorJIL 1992/93, S. 43-60; Petersen, Deutsches Küstenrecht; Degan, 17 (1986) NethYIL, S. 3-44.

223 Die Terminologie in der Literatur ist für diese Gewässer nicht einheitlich. So wird teilweise von nationalen Gewässern, Eigengewässern oder maritimen Eigengewässern gesprochen. Vgl. dazu Peters, a.a.O., S. 23-29.

224 Vitzthum, Alles fließt, S. 73.

225 Der IGH hat bereits im Anglo-Norwegian Fisheries Case die Möglichkeit von historischen Gewässern angesprochen und sie wie folgt definiert: „By historic waters are usually meant waters which are treated as internal waters but which would not have the character were it not for the existence of an historic title.“ ICL Report 1951, S. 130.

226 Als historische Buchten allgemein anerkannt sind die zu Großbritannien gehörende Bristol Bay und Kanadas Hudson Bay. Nach Ansicht von Vukas zählt auch die Bucht Peters des Großen als historische Bucht zum Gebiet der ehemaligen Sowjetunion. Vukas, Rev. Iran. Rel. Int'l (1977-79), S. 173. Kritisch dazu Darby, a.a.O., S. 696. Vergleiche auch die Ausführungen von Clark, Historic Bays and Waters, 1994.

227 Nach Vitzthum ist die Anspruchsbegründung durch historischen Titel als Völkergewohnheitsrecht anzusehen. Vgl. Vitzthum, Alles fließt, S. 87.

historisch gewachsen sein, das heißt, daß der Staat das Gewässer entdeckt und erforscht hat und seine Herrschaft ungeteilt über dieses Gebiet ausübt. Diese Souveränität muß geraume Zeit[228] ununterbrochen und mit stillschweigender Anerkennung der anderen Anrainerstaaten ausgeübt worden sein[229]. Sind diese Voraussetzungen erfüllt, so stellt die Seerechtskonvention das Gewässer den inneren Gewässern gleich.

Vor dem im ersten Kapitel dieser Arbeit beschriebenen historischen Hintergrund ist die Frage aufgeworfen worden, ob das Kaspische Meer – zumindest für den Zeitraum bis zum Ende des Zarenreiches – als historisches Meer und damit als inneres Gewässer einzuordnen ist. Die in dieser Zeit abgeschlossenen Verträge dokumentierten deutlich den Herrschaftsanspruch des russischen Zarenreiches. So war Persien vertraglich von der Kriegsschiffahrt auf dem Kaspischen Meer ausgeschlossen. In Art. 5 des Vertrages von Gulestan von 1813 heißt es, daß *„except for the Russian State, no other State may have a military flag on the Caspian Sea"* und in Art. 8 des Vertrages von Turkmantschai von 1828, daß *„regarding naval vessels, since ancient times some naval vessels under Russian military flag could sail the Caspian Sea, for this reason this prior exclusive right is granted to it and affirmed so that, except for Russia, no other power may have naval ships on the Caspian Sea."*

Mit der einseitigen militärischen Vorherrschaft auf dem Kaspischen Meer kontrollierte und beherrschte das russische Zarenreich das Gewässer. Die dem persischen Staat eingeräumten Befugnisse, auf dem Kaspischen Meer Handelsschiffahrt und Fischfang zu betreiben, waren ein Zugeständnis, das die eigentliche Herrschaft und Kontrolle des Zarenreiches über das Kaspische Meer nicht berührte. Es ist deshalb vertretbar, das Kaspische Meer in diesem Zeitraum als historisches Gewässer anzusehen.

Allerdings endete der von Rußland erhobene ausschließliche Herrschaftsanspruch über das Kaspische Meer mit dem Zusammenbruch des Zarenreiches und der im Rahmen der Oktoberrevolution vorgenommenen Aufhebung der einseitig begünstigenden Verträge sowie der Unterzeichnung ausgewogener Abkommen über die Nutzung des Kaspischen Meeres. Mit diesem Verhalten zeigte die Sow-

---

228 Wie lange dieser Zeitraum sein muß, ist vom Einzelfall abhängig, es muß sich eine entsprechende Übung („usage") herausgebildet haben.

229 Darby, SDLR 23 (1986), 685-699 (695); Sohn/Gustafson, The law of the sea in a nutshell, S. 58; Vukas nennt darüber hinaus noch die Entdeckung des Gewässers und seine Bedeutung für die Sicherheitsinteressen des betreffenden Staates. Vukas, Rev. Iran. Rel. Int'l (1977-79), S. 172. Vergleiche zu diesem Themenkomplex auch die Entscheidungen des U.S. Supreme Court im Alabama and Mississippi Boundary Case, United States vs. Lousiana, 470 U.S. 93, 101-10, 110-111 (1985); United States vs. Alaska 422 U.S. 184, 189 (1975).

jetunion, daß sie die Kontrolle über das Kaspische Meer nicht mehr für sich allein beanspruchte[230]. Denn obwohl die Sowjetunion ohne Zustimmung des Iran die Bodenschätze im gesamten Kaspischen Meer ausbeutete – ohne daß der Iran für die vor seiner Küste gefundenen Ressourcen eine Entschädigung erhalten hätte – sahen die Verträge von 1921 und 1940 eine weitgehend gleichberechtigte Nutzung des Kaspischen Meeres vor. Beiden Anrainerstaaten stand der Fischfang sowie die Schiffahrt offen und die Vertragsparteien bezeichneten das Kaspische Meer in dem diplomatischen Notenaustausch zum Vertrag von 1940 übereinstimmend als „sowjetisch-iranisches" Meer[231].

Ebenso wenig erhebt die Russische Förderation seit dem Zerfall der Sowjetunion einen ausschließlichen Herrschaftsanspruch über das Kaspische Meer. Sie beschränkt ihren Anspruch darauf, daß aus dem früher sowjetisch-iranischen nunmehr ein Gewässer aller fünf Anrainerstaaten geworden sei. Aus den vorstehenden Erwägungen ergibt sich, daß der ursprüngliche Anspruch Rußlands, allein über das Kaspische Meer zu herrschen, seit dem Ende des Zarenreiches nicht mehr weiter aufrechterhalten wurde. Die Einordnung des Kaspischen Meeres als historisches Gewässer scheidet folglich aus.

III. Umschlossene und halbumschlossene Meere

Neben dem Weltmeer und den Ozeanen kennt das Völkerrecht auch den Begriff der umschlossenen und halbumschlossenen Meere. (Halb)-umschlossene Meere weisen eine ähnliche Salzkonzentration auf wie die Ozeane. Diese Gewässer unterscheiden sich aber von den Weltmeeren dadurch, daß sie eine verhältnismäßig geringe Fläche einnehmen[232]. Der Hauptunterschied zwischen den (halb-)umschlossenen Meeren und den Ozeanen besteht aber darin, daß erstgenannte hauptsächlich von Land umgeben[233] und teilweise nur durch einen schmalen Verbindungspfad mit dem offenen Meer verbunden sind.

230 Einen ausdrücklichen Anspruch erhob die Sowjetunion dagegen weiterhin auf das Weiße Meer, das Azov Meer, den Golf von Riga und die Bucht Peters des Großen. Butler, USSR, Eastern Europe and the development of the law of the sea, 104-115.

231 144, British and Foreign State Papers, S. 419-434 (431).

232 Miller sieht den Unterschied darin, daß Ozeane – im Gegensatz zu den (halb) umschlossenen Meeren – „connote vastness and unlimited space". Miller, Environmental Affairs 2 (1972/73) S. 191.

233 Pondaven will zwischen halbumschlossenen Meeren *stricto sensu*, die von nur einem Staat umgeben sind und halbumschlossenen Meeren *latu sensu* unterscheiden, an deren Ufern mehrere Staaten liegen. Pondaven, a.a.O., S. 13.

In den (halb-)umschlossenen Meeren besteht aufgrund ihrer Abgeschlossenheit ein besonderes natürliches System, dort sind häufig einzigartige Tier- und Pflanzenwelten zu finden. Diese Meere sind wegen der aus ihrer Abgeschlossenheit resultierenden nur geringen Frischwasserzufuhr besonders anfällig für Verschmutzungen und ökologische Katastrophen. Einmal entstandene Schäden wirken sich in diesen abgeschlossenen Räumen verheerender aus und lassen sich schlechter beseitigen als in den sich aufgrund ihrer Größe und der ständigen Fluktuation schneller regenerierenden Ozeane[234].

Aufgrund ihrer Abgeschlossenheit stellt sich bei den (halb-) umschlossenen Meeren die Frage, inwieweit sie zur offenen See gehören. Darüber hinaus bestehen wegen ihrer im Vergleich zum Ozean nur geringen Größe dagegen Bedenken, daß in diesen Gewässern die unbeschränkte Freiheit der Schiffahrt sowohl den Anrainern als auch der gesamten Staatengemeinschaft offensteht. Denn die oftmals nur schmalen Übergänge zu den Weltmeeren bergen erhebliche Gefahren für den Schiffsverkehr in sich[235]. Kollisionen von Schiffen, insbesondere von Tankern können zu den bereits genannten irreparablen Umweltverschmutzungen führen. Auch sind die natürlichen Ressourcen in diesen Gewässern schneller erschöpft als in den Ozeanen. Eine allen Staaten der Erde offenstehende Nutzung der natürlichen Ressourcen in (halb-)umschlossenen Meeren erscheint deshalb nicht angebracht.

Die geographischen Eigenheiten der (halb-)umschlossenen Meere haben im Laufe der Zeit dazu geführt, in völkerrechtlicher Theorie und in der Staatengemeinschaft die uneingeschränkte Anwendung der Meeresfreiheit auf diese Gewässer kritisch zu betrachten[236]. Man befürwortete bald die Schaffung spezieller rechtlicher Regeln für diese Gewässer[237].

In der westlichen Staatengemeinschaft und in der UdSSR wurden für diese Gewässer unterschiedliche Begriffe geprägt und auch in ihrer rechtlichen Handhabung bestanden zwischen der westlichen und der sozialistischen Auffassung erhebliche Unterschiede. Angesichts der Anrainerposition der ehemaligen Sow-

234 Percoraro, a.a.O., S. 371.

235 So auch die jugoslawische Delegation auf der vierten Sitzung der Konferenz. Diese Sitzung fand vom 15.03.-07.05.1976 in New York statt. Vgl. dazu unten unter 3.

236 Hartingh erklärte, daß manche Gewässer, die zwar die Bezeichnung Meer tragen, trotzdem aufgrund bestimmter Merkmale nicht unter die Freiheit der Meere fallen können. Hartingh, a.a.O., S. 3. Staynov schlug vor, das Konzept des *mare liberum* bei diesen Gewässern erneut zu überdenken. Er sieht diese Entwicklung in engem Zusammenhang mit der Einschränkung der Meeresfreiheit zugunsten der Verbreiterung des Küstenmeeres von 3 auf 12 Seemeilen sowie des Festlandsockels. Staynov, Studies of international law 1974, S. 32.

237 Dunlap, Int'l. Bound. & Env.Sec.1997, S. 105-119 (105); Pecoraro, a.a.O., S. 369; Staynov, a.a.O., S. 32.

jetunion am Kaspischen Meer wird nachfolgend zunächst besonderes Augenmerk auf die im zaristischen Rußland und später in der UdSSR vertretene Lehre des geschlossenen Meeres gerichtet.

1. Das sowjetische Konzept des geschlossenen Meeres

In Rußland wurde zur Zarenzeit die Lehre des geschlossenen Meeres[238] entwikkelt und während der Sowjetära in Praxis und Theorie vertreten[239]. In den westlichen Staaten fand dieses Konzept dagegen keine Zustimmung[240]. Grundlage der Theorie des geschlossenen Meeres war die auf *Selden* zurückgehende Lehre des *mare clausum*, wonach ein Gewässer von Anrainerstaaten beherrscht werden kann und nicht der gesamten Staatengemeinschaft offensteht. Das sowjetische Konzept des geschlossenen Meeres bezog sich dabei auf die an das Territorium der UdSSR angrenzenden Gewässer[241].

---

238 Auch mare-clausum-Theorie. Die Entwicklung dieses Konzeptes stellt für Šebek die einzige ganzheitlich originäre sowjetische Kontribution zum Seerecht dar. Šebek, a.a.O., S. 432. Ausführlich zu dieser Doktrin vergleiche Butler, The Law of Soviet territorial waters, S. 19 ff. Malinin u.a. verwendeten statt des Begriffes des geschlossenen Meeres den des Regionalmeeres, vgl. 46 Informationnij sbornik. Morskoe pravo i praktika 13-19 (1960). Dieser Begriff stellte die geographischen Besonderheiten in den Vordergrund. Zudem sollte mit der Verwendung dieses Begriffes der Gegensatz vom „geschlossenen" zum „offenen Meer" vermieden werden.

239 Bradshaw bezeichnet die Wiederbelebung dieser Doktrin zur Zeit des Kalten Krieges als Renaissance und sieht die Motivation für diesen theoretischen Ansatz in der Zielsetzung der Sowjetunion, die westlichen Mächte von jeglichem militärischen Einfluß nahe des sowjetischen Staatsgebietes fernzuhalten. Dieser Ansatz resultiere aus der relativen Schwachheit und Unterlegenheit der Sowjets auf See im zweiten Weltkrieg. Vgl. Bradshaw, Journal of Maritime Law and Commerce 10 (1979), S. 411-429 (422). Auch andere sozialistische Staaten vertraten die sowjetische Lehre des geschlossenen Meeres. So vertrat die DDR dieses Konzept in der Ausformung „Meer des Friedens" vehement im Hinblick auf die Ostsee. Vgl. dazu Mahnke, Deutschland-Archiv 9 (1976) II, S. 1179-1188; v. Münch, AöR 103 (1987), S. 522-565 (523).

240 Insbesondere kritisierten westliche Juristen die Hintergründe für die sowjetische Theorie. Butler erklärte, diese Doktrin beruhe ausschließlich auf militärischen und politischen Erwägungen und lasse einen Bezug zur öffentlichen Ordnung vollständig außer Betracht. Butler, The Soviet Union and the law of the sea, S. 150; Darby, a.a.O., S. 690. Dementsprechend beharrte man in der westlichen Theorie und Praxis auf einer generellen Geltung der Freiheit der Meere in den geschlossenen und halbumschlossenen Meeren. Alexandersson, The Baltic Straits, The Hague 1982, S. 88-89.

241 Die mare-clausum-Theorie wurde unter anderem auf die Ostsee, das Schwarze Meer, das Karameer, das Meer von Ochotsk sowie auf das Japanische Meer ange-

In der sowjetischen Lehre wurden drei Typen des geschlossenen Meeres unterschieden[242]. Grundvoraussetzung für die Einordnung als geschlossenes Meer war die Internationalität des Gewässers, d.h., es mußte von zwei oder mehr Staaten umgeben sein[243]. Der erste Typ des geschlossenen Meeres wies neben seiner Internationalität eine vollständige Umgebenheit von Land auf, das heißt, es fehlte an einer Verbindung zu einem anderen Meer[244]. Zweitens unterfiel dem Begriff des geschlossenen Meeres ein Gewässer, das eine Verbindung zu einem anderen Meer aufwies, dessen rechtlicher Status durch ein internationales Abkommen geregelt war. Die Verbindung konnte aus einem oder mehreren Wasserläufen bestehen[245]. Schließlich galten auch Meere, die selbst Gegenstand eines internationalen Abkommens waren, als geschlossene Meere[246].

Des weiteren setzte man teilweise in sowjetischer Theorie und Praxis voraus, daß eine Hauptschiffahrtsroute von grundlegender Bedeutung durch das Gewässer nicht führen durfte[247]. Die Lehre des geschlossenen Meeres wurde teilweise dahingehend modifiziert, daß unter Beibehaltung der Aufteilung in drei Grundtypen des geschlossenen Meeres auch bei Fehlen der geographischen Voraussetzungen durch historische und rechtliche Titel die Eigenschaft als geschlossenes

wandt. Vgl. dazu Bradshaw, a.a.O., S. 423-424. Eine Anwendung der Theorie auf andere nicht an das sowjetische Territorium angrenzende Gewässer wurde in der Sowjetunion nicht vertreten, vgl. Butler, The Law of Soviet territorial waters, S. 24; Šebek, a.a.O, S. 424.

242 Bereits im Jahre 1911 hatte der russische Jurist Uljanitskij eine Definition für ein geschlossenes Meer entwickelt. Ein solches Gewässer sollte vollständig von dem Gebiet nur eines Staates umgeben sein, weder ein See noch ein Meer sein, keine Verbindung zum Meer haben bzw. im Falle einer solchen Verbindung durfte diese nicht breiter als sechs Seemeilen sein. Der Nachweis bei Allonsius, a.a.O., S. 43. Im weiteren Gang der Entwicklung arbeiteten Dranov und Molodtsov an einer Definition eines geschlossenen Meeres. Vgl. Butler, The Law of Soviet territorial waters, S. 19-20. Die Differenzierung in drei verschiedene Typen geht auf Bachov zurück. Barabolja (Hrsg.) Voenno-morskoj meždunarodno-pravovoj spravočnik, 1956, S. 53.

243 So auch Tunkin, Meždunarodnoe pravo, 1 c.

244 Butler, The Soviet Union and the Law of the Sea, S. 123; Barabolja, a.a.O., S. 53.

245 Für diesen Typ des geschlossenen Meeres wurden die Ostsee und das Schwarze Meer angeführt. Vgl. Bradshaw, a.a.O., S. 421; Barabolja, a.a.O., S.53.

246 Als Beispiele nannte die sowjetische Literatur das Japanische Meer und das Meer von Ochotsk. Daneben bezog sich die sowjetische Doktrin des geschlossenen Meeres auf die Bering See, die Barent See, und das Kara, Laptev und das Ostsibirische Meer.

247 Barabolja, a.a.O. S. 53, 54; Tunkin, a.a.O., 1 c.; Malinin, a.a.O., S. 13-19.

Meer gegeben sein könne[248]. Dies hieß im Ergebnis, daß auch bei Gewässern, die die genannten geographischen Kriterien nicht erfüllten, sich die Geschlossenheit des Meeres gegebenenfalls aus historischen Ansprüchen herleiten ließ.

Das Kaspische Meer erfüllte mit seinen damals zwei Uferstaaten die Voraussetzung der Internationalität und wurde wegen seiner Abgeschlossenheit als Prototyp der ersten Variante eines geschlossenen Meeres angesehen[249].

An die Einordnung als geschlossenes Meer knüpfte man in der Sowjetunion verschiedene rechtliche Konsequenzen. So sollte nur den Anrainerstaaten das Recht zustehen, das rechtliche Regime des Gewässers festzulegen[250]. Die Kriegsschiffahrt auf geschlossenen Meeren sollte für die Anrainerstaaten nur außerhalb der Territorialgewässer der Uferstaaten zulässig sein. Für alle Nichtanrainerstaaten war die Kriegsschiffahrt verboten[251], während die Handelsschiffahrt zumindest in Friedenszeiten allen Staaten offenstehen sollte[252]. Auch das Recht zur Ausbeutung der natürlichen Ressourcen sollte allein den Anrainerstaaten zustehen[253]. Im Ergebnis lief dieser Ansatz auf eine nur beschränkte und durch die Anrainerstaaten festzulegende Freiheit des Meeres außerhalb der Territorialgewässer hinaus[254].

Man begründete die Lehre des geschlossenen Meeres zunächst mit sicherheitspolitischen Argumenten[255]. Aufgrund der nur geringen Größe der geschlos-

---

248 Butler sieht darin den Versuch, die Anwendung der Lehre des geschlossenen Meeres allein für die Sowjetunion zu sichern und andere Staaten davon auszuschließen. Butler, The Law of Soviet territorial waters, S. 22 f.

249 Durdenevskij/Krylov, International Textbook, S. 237, 309.

250 Symonides, GYIL 27 (1984), S. 315-333 (317); Darby, a.a.O., S. 690; Vukas, a.a.O., S. 175; Miljan, a.a.O., S. 104. Allen Nichtanrainern wurde das Recht abgesprochen, einen Anspruch auf Mitentscheidung bei den Fragen in diesen Gewässern zu erheben. Vgl. Barabolja, a.a.O., S. 54; Molodtsov, Meždunarodnoe pravo, S. 223.

251 Darby, a.a.O., S. 685; Butler, The Law of Soviet territorial waters, S. 21; Barabolja, a.a.O., S. 54. Vgl. zu diesem Ansatz auch Gelberg, der dies für die Ostsee unter dem Aspekt des Begriffes „Meer des Friedens“ vorschlägt. Gelberg, Rechtsprobleme der Ostsee, S. 137.

252 Die Freiheit der Handelsschiffahrt sollte damit im Grundsatz erhalten bleiben, vgl. Molodtsov, a.a.O., S. 312. Anders Siling, der selbst ein Verbot der Handelsschifffahrt von Nichtanrainerstaaten zulassen wollte. Siling, Morskoe Pravo 64 (1964).

253 Für die Nutzung der natürlichen Ressourcen in der Ostsee vgl. Art. 9 der Moskauer Erklärung vom 23.10.1968 von Polen, der DDR und UdSSR, abgedruckt in ILM 1968, S. 1393-1394.

254 Šebek, a.a.O., S. 451.

255 Vgl. Percoraro, a.a.O., S. 373. Dies leuchtet vor dem Hintergrund ein, daß sich die Doktrin des geschlossenen Meeres ausschließlich auf an das sowjetische Territorium angrenzende Gewässer bezog. Darby sieht darin die Expansionsbestrebungen der Sowjetmacht und die generelle Handhabung der Sowjetunion, die Regeln des

senen Meere müßten sich die Anrainerstaaten vor Nichtanrainern schützen[256]. Allein der Ausschluß der Nichtanrainer von diesen Gewässern würde zu einer größeren Stabilität führen und den internationalen Frieden bewahren[257]. Da Nichtanrainerstaaten im übrigen ohnehin keinen territorialen Besitz an geschlossenen Meeren hätten, beschränke sich die Lebenswichtigkeit des Gewässers auf seine Anrainer[258].

In der Völkerrechtspraxis der Sowjetunion versuchte man, das Konzept des geschlossenen Meeres in verschiedenen angrenzenden Gewässern durchzusetzen. So erhob die UdSSR den Anspruch, daß es sich bei der Ostsee um ein sogenanntes geschlossenes Meer handele[259]. Die Sowjetunion stützte ihre Haltung auf Verträge aus dem 17. und 18. Jahrhundert, in dem die Ostsee von den Anrainerstaaten als geschlossenes Meer bezeichnet wurde[260]. Darüber hinaus fand sich in diesen Dokumenten in Übereinstimmung mit dem sowjetischen Konzept des geschlossenen Meeres die Verpflichtung, die Ostsee frei von Kriegsschiffen der Nichtanrainer zu halten[261]. Der von der UdSSR erhobene Anspruch setzte sich

---

internationalen Rechts nach den politischen Zielen auszurichten, begründet. Darby, a.a.O., S. 686, 688-689.

256 Mahnke, a.a.O., S. 1182.

257 Šebek, a.a.O., S. 424.

258 v. Münch weist zu Recht darauf hin, daß Argumente der „Lebenswichtigkeit" nicht den Grundsatz der völkerrechtlich anerkannten Freiheit des Meeres auszuhebeln vermögen. Diesem Argument seien ansonsten keinerlei Grenzen mehr gesetzt und jeder Staat könne mit dem Hinweis auf die Lebensnotwendigkeit und seine Interessen ein Gewässer als geschlossenes Meer für sich in Anspruch nehmen. Diese Gefahr bestehe dann auch bei Weltmeeren. v. Münch, AöR 103 (1978), S. 523-565 (528).

259 Die sowjetische Regierung forderte am 19.10.1920 in einer Note an Großbritannien, daß zur Konfliktvermeidung in der Ostsee (und auch im Schwarzen Meer) sich die Kriegsschiffe von Nichtanrainern aus den Gewässern zurückziehen sollten. Dokumenty vneschnej politiki SSSR Bd. 3, S. 285 ff. Auf der Abrüstungskonferenz vom 14.-25.02.1924 in Rom verlangte die Sowjetunion die einvernehmliche Anerkennung der Ostsee (und des Schwarzen Meeres) als geschlossenes Meer. Auch in der sowjetischen Völkerrechtslehre definierte man die Ostsee als geschlossenes Meer. Völkerrechtslehrbuch der Akademie der Wissenschaften der UdSSR 1960, S. 234.

260 „Liga der bewaffneten Neutralität", bestehend aus Rußland, Dänemark und Schweden, von 1780. Preußen und Österreich traten im Jahre 1782, Portugal im Jahre 1783 bei. In den Geheimartikeln der bewaffneten Neutralität erklärten Rußland, Norwegen und Dänemark die Ostsee für eine „perpetually closed sea". Dazu vgl. Colombos, a.a.O., § 199, S. 193.

261 Friedensvertrag zwischen Schweden und Dänemark von 1658, in dem die Ostsee als *dominio maris baltici* bezeichnet wurde. Außer für schwedische und dänische Kriegsschiffe sollte die Kriegsschiffahrt verboten sein. Gleiches sieht der Vertrag zwischen Rußland und Schweden von 1759 vor.

allerdings in der Ostsee nicht durch. Er scheiterte am politischen Widerstand anderer Anrainer, insbesondere der NATO-Mitglieder, die eine übermächtige Stellung der Sowjetunion mit den damit verbundenen Kontroll- und Einflußmöglichkeiten in der Ostsee verhindern wollten[262].

Als Anrainer des Schwarzen Meeres propagierte die Sowjetunion auch hier die Anwendung des Konzeptes des geschlossenen Meeres und versuchte, die Sperrung dieses Gewässers für Kriegsschiffe von Drittstaaten zu erreichen. Ihr völkerrechtlicher Ansatz war ähnlich wie bei der Ostsee historischer Natur: Das Schwarze Meer sei unter der Herrschaft des ottomanischen Reiches geschlossen gewesen. Dies habe sich auch dann nicht geändert, als Rußland einen Teil des an das Schwarze Meer angrenzenden Territoriums erworben hatte. Denn das in der Folgezeit zwischen Rußland und der Türkei unterzeichnete Abkommen sah ausdrücklich die Beschränkung der Kriegsschiffahrt im Schwarzen Meer vor.

Der Versuch der UdSSR, die Schließung des Schwarzen Meeres für Nichtanrainer zu erreichen, war ebenso wenig wie in der Ostsee erfolgreich. Die Meerengen, die das Schwarze Meer mir dem Mittelmeer verbinden, waren für die westliche Staatengemeinschaft strategisch und politisch von solch überragender Bedeutung, daß sie sich von der Kriegsschiffahrt auf diesem Meer nicht ausschließen lassen wollten. Man hielt der UdSSR deshalb entgegen, daß die historischen Argumente insoweit nicht überzeugen können, als die genannten Verträge ersetzt worden seien. So bestimme die Konvention von Montreux von 1936[263], daß das Schwarze Meer ein offenes Meer ist. Weiterhin lege die Konvention fest, daß es Nichtanrainerstaaten erlaubt sei, mit bestimmten Kriegsschiffen auf dem Schwarzen Meer zu fahren[264]. Der im Jahre 1946 von der Sowjetunion eingebrachte Vorschlag, die Konvention von Montreux dahingehend abzuändern, daß die Kriegsschiffahrt den Anrainern vorbehalten bleiben soll, blieb unbeachtet[265], so daß der Versuch der Sowjetunion, das Konzept des geschlossenen Meeres im

262 Bereits gegen die Abkommen für eine Neutralität wandten sich einige Staaten, darunter Großbritannien, Holland und Frankreich.

263 LNTS 173, S. 213 (engl. Fassung). Delbrück, Friedensdokumente aus 5 Jahrhunderten 184, S. 1005-1013 (deutsche Fassung).

264 Art. 10 und 14 der Konvention.

265 Stalin schlug vor, die Konvention dahingehend abzuändern, daß 1. die Meerengen jederzeit für die Durchfahrt aller Handelsschiffe offenstehen; 2. die Meerengen jederzeit für die Kriegsschiffe aller Mächte am Schwarzen Meer offenstehen; 3. die Durchfahrt für Kriegsschiffe von Nichtanrainern außer in Spezialfällen nicht erlaubt ist; 4. die Erstellung eines rechtlichen Regimes im Schwarzen Meer in die Kompetenz der Anrainer fällt und 5. die Türkei und die Sowjetunion eine gemeinsame Verteidigungsstrategie für die Meerengen organisieren sollen. Vergleiche dazu Darby, a.a.O., S. 692.

Schwarzen Meer durchzusetzen, als insgesamt gescheitert angesehen werden kann.

Ein weiterer Versuch, den Status eines geschlossenen Meeres für ein Gewässer durchzusetzen, erfolgte auf der Friedenskonferenz von San Francisco im Jahre 1951[266]. Gegenstand der sowjetischen Bemühungen war das Meer von Ochotsk. Die Sowjetunion versuchte in erster Linie, das Recht der Kriegsschiffahrt auf diesem Gewässer auf die Anrainerstaaten zu beschränken. Die USA und weitere alliierte Staaten verwarfen diesen Vorschlag, worauf die russischen Delegierten die Friedenskonferenz ohne Unterzeichnung des Friedensvertrages mit Japan verließen[267].

Ordnet man das Kaspische Meer in die Gewässerkategorie der Meere und speziell der umschlossenen Meere ein, so zeigt ein Blick in die Zeit vor dem Ende der Sowjetunion, daß in diesem Gewässer die Sowjetunion ihren Anspruch auf die Geschlossenheit des Meeres durchzusetzen vermochte. In den zwischen dem Iran und der UdSSR geschlossenen Verträgen war die Kriegsschiffahrt durch Nichtanrainerstaaten auf dem Kaspischen Meer verboten. Das Recht, mit eigenen Kriegsschiffen auf dem Kaspischen Meer zu fahren, war ausdrücklich der Sowjetunion und Persien vorbehalten.

Insgesamt läßt sich feststellen, daß sich das sowjetische Konzept des geschlossenen Meeres wegen des erheblichen Widerstandes der übrigen Staatengemeinschaft in der Praxis nicht durchzusetzen vermochte[268]. Vor diesem Hintergrund ist auch nachvollziehbar, daß die Lehre vom geschlossenen Meer auf der dritten Seerechtskonferenz von der Sowjetunion nur noch vereinzelt und eher zurückhaltend vertreten wurde[269].

---

266 Den Vorschlag reichte der damalige Außenminister Gromyko ein. Das Japanische Meer und das Meer von Ochotsk sollte für die Kriegsschiffahrt von Nichtanrainern verschlossen bleiben.

267 Diese Situation hält bis heute an, da noch immer kein Frieden zwischen Japan und Rußland geschlossen worden ist.

268 Auch unter den westlichen Völkerrechtlern hat das Konzept des geschlossenen Meeres keine Zustimmung gefunden. Darby bezeichnet diese Doktrin als ungewöhnlichen und widersprüchlich einseitigen Anspruch und als inakzeptabel für die Seestreitkräfte der Freien Welt. Darby, a.a.O., S. 697, 690. Hartingh geht weiter und hält diesen Ansatz für eine erhebliche Gefahr für die Freiheit der Meere. Hartingh a.a.O., S. 30; zustimmend Butler, The law of Soviet territorial waters, S. 24.

269 Darby sieht den Grund dafür in der Verbesserung der sowjetisch-amerikanischen Beziehungen und der Stärkung der sowjetischen Fischereiflotte und militärischen Präsenz auf den Ozeanen. Durch diese gestärkte Position sei die Notwendigkeit einer strategischen Übersicherung der angrenzenden Gewässer in der Sowjetunion in den Hintergrund getreten. Darby, a.a.O., S. 698; ebenso Percoraro, a.a.O., S. 373.

2. Der Begriff der (halb-)umschlossenen Meere bis zur dritten Seerechtskonferenz in der westlichen Lehre

Vor der ersten Konferenz der Vereinten Nationen zur Schaffung einer Seerechtskonvention wurde das Problem der (halb-)umschlossenen Meere außerhalb des wissenschaftlichen Bereichs nur eingeschränkt diskutiert. Der Begriff der (halb-) umschlossenen Meere war umstritten, bereits die Terminologie war nicht einheitlich[270].

In der völkerrechtlichen Theorie gab es zahlreiche Ansätze zur Definition von (halb-)umschlossenen Meeren[271]. So sollten nur Gewässer mit einer Mindestfläche von 50.000 m^2 als (halb-)umschlossene Meere in Betracht kommen; das Gewässer müsse zu mindestens 50% von Land umgeben sein und mit mehr als 20% seines Umfangs an den Ozean angrenzen[272]. Ein halbumschlossenes Meer setze bereits begrifflich voraus, daß es sich in erster Linie um ein Meer handele, also nicht um einen Seitenarm eines anderen größeren halbumschlossenen Meeres. Nicht in diesem Definitionsversuch enthalten war zunächst das Kriterium der Internationalität des Gewässers[273]. Die Aufnahme dieses Merkmals erfolgte erst später[274].

Nach einer anderen Definition war unter dem Begriff "halbumschlossenes Meer" ein Gewässer zu verstehen, das auf dem Niveau des Meeresspiegels liegt und mit dem Ozean durch eine Meerenge von nicht mehr als 24 Seemeilen in der Breite verbunden ist[275]. Außerdem sollten an ein halbumschlossenes Meer nur eine geringe Anzahl von Staaten angrenzen.

---

270 Es wurde unter anderem auch die Bezeichnung „internal sea“, „land-locked sea“ und „regional sea“ verwendet.

271 So vor allem Alexander, ODIL 1974, S. 151-186. Daneben seien hier noch Sibert genannt, der in Posselt, Fn. 103 erwähnt wird m. w. N.

272 Diese Definition geht auf Alexander zurück, der diesen Ansatz auf der 8. Jahrestagung des Seerechtsinstituts der Universität Rhodes Island präsentierte. Die Konferenz fand vom 18.-21. Juni 1973 statt. Vgl. dazu King Gamble/ Pontecorvo (Hrsg.), Law of the sea: The emerging Regime of the Oceans, 193. Vgl. zu dem Definitionsansatz ausführlich: Alexander, ODIL 1974, 151-186 (155).

273 So zählte Alexander zu den (halb-)umschlossenen Meeren auch solche, die ausschließlich von einem Staat umgeben sind, beispielsweise die kanadische Hudson Bucht und der Golf von St. Lawrence, das von Rußland umgebene Kara Meer und das zu Papua Neuguinea gehörende Bismarck Meer. Die Ausdehnung auf diese Gewässer begründet Alexander damit, daß auch Gewässer, die von einem Staat umgeben sind, für die internationale Staatengemeinschaft von besonderem Interesse sein können. Vgl. Alexander, ODIL 1974, S. 157.

274 Alexander AJIL 71 (1977), S. 84-109 (90f.).

275 Staynov, a.a.O., S. 30.

Während der Verhandlungen zur ersten Seerechtskonferenz von 1958 in Genf wurde der Begriff des umschlossenen und halbumschlossenen Meeres erörtert. Ein von Rumänien und der Ukraine eingebrachter Vorschlag beruhte auf dem sowjetischen Konzept des geschlossenen Meeres[276] Darin schlugen die beiden Staaten vor, "*for certain seas a special regime of navigation may be established for historical reasons or by virtue of international agreement.*"[277]. Danach sollten spezielle Schiffahrtsregime auf (halb-)umschlossenen Meeren aus historischen Gründen erhalten bleiben. Diesen Vorschlag unterstützte vor allem die Sowjetunion. Als sich jedoch abzeichnete, daß der Vorschlag mit überwältigender Mehrheit von den übrigen Staaten abgelehnt würde, zogen Rumänien und die Ukraine ihn zurück[278]. Da weitere Vorschläge nicht eingebracht wurden, fanden die (halb-)umschlossenen Meere keinen Niederschlag in dem Entwurf der ersten Seerechtskonferenz.

Auf der zweiten Seerechtskonferenz einigten sich die Teilnehmer darüber, daß man Regelungen für die (halb-)umschlossenen Meere schaffen wolle.

Die (halb-)umschlossenen Meere waren schließlich im Vorfeld zur dritten Seerechtskonferenz wiederum Thema des Ausschusses der Vereinten Nationen zur Erforschung der friedlichen Nutzung des Meeresuntergrundes[279]. Gegenstand der Diskussion war der Ansatz, daß es sich als unerläßlich herausgestellt hatte, eine regionale Kooperation bei der Ausbeutung der biologischen und mineralischen Ressourcen zu gewährleisten. Diese Zusammenarbeit sei insbesondere bei der Ausbeutung des Meeresbodens in (halb-)umschlossenen Meeren erforderlich, da dort die gemeinsamen Interessen und Probleme der Anrainerstaaten noch zahlreicher sind und klarer zum Vorschein treten als in den Ozeanen[280]. Die von diesem Ausschuß erstellte Arbeitsliste bewirkte die Aufnahme des Themas in die Agenda der dritten Seerechtskonferenz[281].

---

276 Šebek sieht darin einen taktischen Schachzug der Sowjetunion. Zu diesem Zeitpunkt verfolgte sie noch die Durchsetzung der Lehre des geschlossenen Meeres und nutzte die Möglichkeit, den ihr genehmen Vorschlag nicht selbst einbringen zu müssen. Šebek, a.a.O., S. 434.

277 Der Vorschlag wurde zur Änderung des Art. 26 (Definition der Hohen See) eingereicht. UN Doc. A/CONF. 13/C.2/L.26, UNCLOS, Official Records, vol. IV, 123.

278 Percoraro, a.a.O., S. 371; Darby, a.a.O., S. 697.

279 Committee on the Peaceful Uses of the Sea-bed and the Ocean Floor beyond the Limits of National Jurisdiction. Die Errichtung dieses Komitees wurde durch die Generalversammlung der Vereinten Nationen vom 17.12.1967 beschlossen, vgl. Resolution GA 2749 (XXV).

280 UN GA 1968, S. 18 § 59.

281 UN GA Resolution 2750 (XXV), 07.12.1970, Official records of the General Assembly, 26th session, supplement no. 21 (A/8421), 27th session, supp. No. 21 (A/8721), S. 5.

3. Die Entwicklung der (halb-)umschlossenen Meere auf der dritten Seerechtskonferenz der Vereinten Nationen

Auf der dritten Seerechtskonferenz der Vereinten Nationen[282] war das zweite Komitee mit der Schaffung von rechtlichen Regelungen für (halb)umschlossene Meere befaßt[283].

Auf der zweiten Sitzung in Caracas im Jahre 1974[284] wurde die Frage nach einer Regelung für (halb-)umschlossene Meere von den Staatenvertretern diskutiert[285]. Angeregt wurde diese Diskussion überwiegend von den Anrainerstaaten solcher Gewässer. So engagierten sich vor allem die Anrainerstaaten des Mittelmeers, der Ostsee und des Persischen Golfs[286]. Unterschiedliche Ansichten[287] bestanden zunächst bei der Frage, ob überhaupt Regelungen für (halb-)umschlossene Meere in die Seerechtskonvention aufgenommen oder ob nicht jeweils re-

282 Die dritte Seerechtskonferenz kam gemäß der Resolution der Vollversammlung der Vereinten Nationen 3067 (XXVIII) vom 16. November 1973 am 3. Dezember 1973 in New York zusammen.

283 Dieses zweite Komitee hatte sich mit den traditionellen Fragen des Seerechts zu beschäftigen, während das erste Komitee sich mit der Frage nach dem völkerrechtlichen Regime des Tiefseebodens außerhalb der nationalen Hoheitsgebiete befaßte. Die Hauptaufgaben des dritten Komitees waren die Verschmutzung der Meere sowie deren wissenschaftliche Erforschung. UN Doc. A/CONF. 62/29, in UNCLOS III, Official Records 3, S. 59 ff.

284 Die Sitzung fand vom 20. Juni bis zum 29. August 1974 statt.

285 Vgl. dazu die Diskussion auf dem 27. Treffen am 05.08.1974, Platzöder, UNCLOS III: Documents, Bd. 5, S. 409 ff.

286 Vgl. dazu Nandan/Rosenne, a.a.O., S. 357-359. Siehe auch Benchikh, RGDI 1984, S. 285-286.

287 Dabei fanden sich unter den Vertretern der einen wie auch der anderen Ansicht Anrainerstaaten von (halb-)umschlossenen Meeren. Gegen die Schaffung von Regelungen in der Seerechtskonvention und für regionale Lösungen sprachen sich der Iran, Finnland, Schweden, Dänemark, Frankreich, die Sowjetunion und Griechenland aus. Für die Standpunkte der einzelnen Staaten siehe: UNCLOS III, Official records Bd 1: Finnland, S. 130 § 41; Bd. 2: Iran, S. 115 § 6, S. 295; Dänemark, S. 274; Schweden, S. 275; Frankreich, S. 276; Sowjetunion, S. 277; Griechenland, S. 277. Begründet wurde diese Auffassung überwiegend damit, daß eine klare Definition dieser Gewässer nicht existiere und durch eine Aufnahme in die Seerechtskonvention die Gefahr bestehe, daß sich das Prinzip des *mare clausum* durchsetzen könnte. Die gegenteilige Ansicht vertraten der Irak, Algerien, Türkei, Jugoslawien, Thailand und die DDR. Die Aufnahme solcher Regelungen sei im Hinblick auf die Schiffahrt, die Prävention vor Umweltverschmutzungen sowie die Nutzung der biologischen Ressourcen unerläßlich. Siehe zu den einzelnen Standpunkten ibid, Bd. 1: Algerien, S. 136; Jugoslawien, S. 168; Bd. 2: Thailand, S. 275-276; DDR, S. 275; Türkei, S. 276. Siehe ausführlich zu den Ausführungen des Vorsitzenden der jugoslawischen Delegation Vukas, a.a.O., S. 178; Milan, a.a.O., S. 99.

gionale Abkommen für jedes einzelne Gewässer getroffen werden sollten[288]. Später sprach man sich allgemein für die Schaffung von Regelungen in der Seerechtskonvention aus[289].

Darüber hinaus wurde eingehend erörtert, inwieweit der Begriff des umschlossenen von dem des halbumschlossenen Meeres klar abgrenzbar definiert werden sollte. Ein vom Iran eingebrachter Vorschlag enthielt die folgende Definition[290]:

a) The term „enclosed sea" shall refer to a small body of inland water surrounded by two or more states which is connected to the open sea by a narrow outlet.
b) The term „semi-enclosed sea" shall refer to a sea basin located along the margins of the main ocean basins and enclosed by the land territories of two or more states.[291]

Dieser Vorschlag fand keine Zustimmung, vielmehr befürwortete man eine gemeinsame Definition für beide Gewässertypen.

Während der Sitzung in Caracas diskutierten die Staatenvertreter im übrigen darüber, ob und inwieweit die in den Ozeanen geltenden Grenzziehungen auf die (halb-)umschlossenen Meere übertragbar sind und ob Regelungen zur Grenzziehung in diesen Gewässern in die Seerechtskonvention aufgenommen werden sollten. Letzteres lehnte man überwiegend mit dem Argument ab, die weiteren Vorschriften der Seerechtskonvention seien auf die (halb-)umschlossenen Meere anwendbar und gewährleisteten eine lückenlose und zufriedenstellende Grenzzie-

---

288 Es wurde teilweise vorgeschlagen, für jedes einzelne halbumschlossene und umschlossene Meer eine den natürlichen und geographischen Besonderheiten Rechnung tragende Regelung für die Schiffahrt, die Verteilung der Ressourcen sowie die Erhaltung der Umwelt zu treffen. So der iranische Vertreter auf der Konferenz Parsi, UNCLOS III, Official records 2.

289 Trotzdem gingen in den Sitzungen immer wieder Vorschläge von Staaten ein, die Vorschriften über die (halb-)umschlossenen Meere aus der Seerechtskonvention zu streichen. Deutschland reichte beispielsweise einen solchen informellen Vorschlag noch während der 10. Sitzung im Jahre 1980 ein. Informal Proposal by the Federal Republic of Germany, Part IX. Enclosed and semi-enclosed seas." Delete Part IX (articles 122 and 123)". C. 2 Informal Meeting/61, 21st March 1980.

290 A/CONF.62/C.2/L.72.

291 Der Repräsentant des Iran führte dazu aus, daß der Begriff des „enclosed sea" nicht mit dem des „closed sea" verwechselt werden dürfe. Letzterer bezeichne Gewässer, die keinen Ausgang zum offenen Meer haben (als Beispiel nannte er dafür das Kaspische Meer), während „enclosed seas" zumindest einen schmalen Ausgang haben. 2nd Committee 43rd meeting, 1974, §§ 31, 32, off. Rec.

hung[292]. Die zweite Sitzung schloß mit einem Arbeitspapier am Ende der Sitzung ab[293].

Auf der nachfolgenden dritten Sitzung in Genf[294] wurde die Frage der (halb-) umschlossenen Meere wiederum im zweiten Komitee erörtert.[295] Auf Drängen der 55. Vollversammlung präsentierte der Vorsitzende einen Entwurf zur Regelung der (halb-)umschlossenen Meere in der Seerechtskonvention.[296] Dieser Entwurf lautete:

„For the purposes of this part, the term „enclosed or semi-enclosed sea" means a gulf, basin, or sea surrounded by two or more States and connected to the open sea by a narrow outlet or consisting entirely or primarily of the territorial seas and the exclusive economic zones of two or more Coastal States."

Auf der vierten Sitzung der Seerechtskonferenz[297] wurde der Text des Vertragsentwurfs diskutiert und ein überarbeiteter Vertragsentwurf vorgelegt[298]. Während der fünften Sitzung war die Frage nach der Regelung dieser Gewässer nur noch am Rande Gegenstand der Diskussionen, da die bereits erarbeitete Formulierung allgemein Zustimmung fand. Nachfolgend erarbeitete man einen informellen Regelungsentwurf[299], der sich nur geringfügig von den Entwürfen aus der dritten und vierten Sitzung unterschied: Lediglich die Formulierung „For the purposes of this part" ersetzte man durch die Worte „For the purposes of this

292 Vergleiche zu dieser Diskussion auch die Ausführungen von Nandan/Rosenne UNCLOS III, Art. 122, S. 343.
293 A/CONF.62/C.2/WP.1.
294 Die Sitzung fand vom 17. März bis zum 9. Mai 1975 statt.
295 A/CONF.62/C.2/L.89/Rev.1, §§ 8, 17.
296 Dies war ein informeller Regelungsentwurf, sogenannter ISNT (Informal Single Negotiating Text), abgedruckt in ILM 14, 1975, S. 682-780 (741).
Der ISNT enthielt darüber hinaus einen dritten Artikel zur Regelung der (halb-) umschlossenen Meere, der aber bereits in der Überarbeitung gestrichen wurde und auch in der Seerechtskonvention keinen Eingang fand. In diesem Artikel (Art. 135) des ISNT hieß es:
„The provisions of this part shall not affect the rights and duties of coastal or other States under other provisions of the present convention and shall be applied in a manner consistent with those provisions."
297 Die vierte Sitzung fand vom 15. März bis zum 7. Mai 1976 in New York statt.
298 Sogenannter RSNT (Revised Single Negotiating Text), abgedruckt in UNCLOS III, Official Records 5, S. 151-173 (172). Die Definition der (halb-) umschlossenen Meere war in diesem Entwurf in Art. 129 aufgenommen, während die Regelung zur zwischenstaatlichen Kooperation der Anrainer in Art. 130 enthalten war.
299 ICNT (Informal Composite Negotiating Text), A/CONF.62/WP.10.

Chapter". Diese Fassung wurde unverändert in den informellen Konventionstext[300] und schließlich unter Art. 122 in die Seerechtskonvention aufgenommen.

4. Die Regelung des Artikels 122 in der Seerechtskonvention von 1982

Die Legaldefinition[301] eines (halb-)umschlossenen Meeres in der Seerechtskonvention der Vereinten Nationen von 1982 lautet:

Art. 122
Im Sinne dieses Übereinkommens bedeutet „umschlossenes oder halbumschlossenes Meer" ein Meerbusen, ein Becken oder ein Meer, das von zwei oder mehr Staaten umgeben und mit einem anderen Meer oder dem Ozean durch einen engen Ausgang verbunden ist oder das ganz oder überwiegend aus den Küstenmeeren und den ausschließlichen Wirtschaftszonen von zwei oder mehr Küstenstaaten besteht.

a) Die Merkmale eines (halb-)umschlossenen Meeres

In dieser Definition sind verschiedene Begriffe und Kriterien genannt, die für die Einordnung eines Gewässers als (halb-)umschlossenes Meer ausschlaggebend sind. Der erste Teil der Definition beschränkt sich dabei auf die natürlichen und geographischen Besonderheiten des Gewässers, während im zweiten Teil der Definition durch die Begriffsverwendung des Küstenmeeres und der Ausschließlichen Wirtschaftszone Rechtsbegriffe aus der Seerechtskonvention genannt werden. Um den Inhalt und die Zielsetzung des Art. 122 nachvollziehen zu können, bedarf es zunächst der Auslegung seiner Tatbestandsmerkmale[302].

aa) Meerbusen, Becken oder Meer

Die in Art. 122 genannten Gewässertypen sind in der Seerechtskonvention nicht näher definiert. Unter einem Meerbusen versteht man grundsätzlich einen großen

---

300 Der informelle Konventionstext von 1980 ist abgedruckt in ILM 19 (1980), S. 1131-1252.

301 Die deutsche Fassung ist nicht authentisch. Die authentische englische Version lautet:
„For the purposes of this Convention, „enclosed or semi-enclosed Seas" means a gulf, basin, or sea surrounded by two or more States and connected to another sea or the ocean by a narrow outlet or consisting entirely or primarily of the territorial seas and exclusive economic zones of two or more coastal States."

302 Allonsius bezeichnet die Vorschrift des Art. 122 als „confuse et incomplète". Allonsius, Mer Caspienne, S. 48.

Küsteneinschnitt, der durch das Absenken des Festlandsockels oder durch das Ansteigen des Meeresspiegels verursacht wird[303]. Er zeichnet sich dadurch aus, daß er von drei Seiten von Land umgeben ist.

Ein Becken definiert sich als eine Vertiefung des Meeresbodens mehr oder weniger gleichmäßig in seiner Form und von variabler Ausdehnung[304]. Der Unterschied zwischen einem Becken und einem Meerbusen besteht darin, daß das Becken grundsätzlich kleiner ist als der Meerbusen. Festgelegte Größenangaben für die Einordnung als Becken bzw. Meerbusen bestehen indes nicht[305].

Für den Begriff des Meeres gibt es in der völkerrechtlichen Literatur unterschiedliche Definitionen. So ist ein Meer eine Unterabteilung, ein marginaler Teil eines bestimmten Ozeans[306]. Ein Meer soll aber auch ein großes von Land umgebenes Gewässer sein, das einen ozeanischen Ausgang hat[307].

bb) Internationalität des Gewässers

Art. 122 verlangt, daß ein (halb-)umschlossenes Meer von zwei oder mehr Staaten umgeben und damit ein internationales Gewässer ist. Der Begriff „Staat" soll dabei nicht eng ausgelegt und auf den Kreis der Vertragsstaaten der Seerechtskonvention beschränkt werden, sondern alle Staaten erfassen[308].

cc) Verbindungsmerkmal

Es wird in Art. 122 ein enger Ausgang gefordert, der das Gewässer mit dem Ozean oder einem anderen Meer verbindet. Bei der Interpretation des Begriffes „enger Ausgang" stellt sich zunächst die Frage nach der minimalen und maximalen Breite des Ausgangs. Dazu enthält die Seerechtskonvention keine Angaben. Vor

303 Nandan/Rosenne, UNCLOS III, vol. III, S. 352 mit Verweis auf Charton, Seas and Oceans (1989), The Ocean and Marine Dictionary (1979).

304 Siehe Posselt zur geomorphologischen Begriffsbestimmung im engeren Sinne. Posselt, Umweltschutz in (halb-)umschlossenen Gewässern, S. 49 m.w.N.

305 Posselt, a.a.O., S. 46. Nach Posselt sind Meerbusen marine Teilgebiete in Küstennähe, die weltweit anzutreffen sind.

306 So Nandan/Rosenne, a.a.O. Es soll danach eine Untergliederung bei Meeren geben. Zum einen gebe es die mediterranen Meere und zum anderen die angrenzenden Meere – erstere sind eine Gruppe von Meeren, die insgesamt von den Ozeanen als individuelle Meere getrennt sind; angrenzende sind solche, die an den Ozean angeschlossen sind.

307 Nach Posselt ist aus hydrographischer Sicht die Umschreibung eines Meeres sehr vage, so sollen die als Meer bezeichneten Gewässer in Bezug auf ihre räumliche Erstreckung beliebig definierbar sein. Posselt, a.a.O., S. 47.

308 Posselt, a.a.O., S. 87.

diesem Hintergrund wurde in jüngster Zeit vorgeschlagen, für die Bestimmung der Mindestbreite das Kriterium der Schiffbarkeit des Ausgangs heranzuziehen. Um der Breite der Küstenmeere der Anrainerstaaten Rechnung zu tragen, soll der Ausgang eine maximale Breite von 24 sm haben dürfen[309].

Darüber hinaus wird diskutiert, inwieweit ein (halb-)umschlossenes Meer mehr als einen Ausgang haben darf. Dabei stehen sich zwei Auffassungen gegenüber. Einerseits argumentiert man mit dem Wortlaut des Art. 122, der „einen engen Ausgang" nennt[310]. Andererseits führt man an, die Verbindung mit einem anderen Meer bzw. Ozean seien als Tatbestandsmerkmale nicht nur alternativ, sondern kumulativ zu verstehen. Insoweit sei ein Gewässer mit einem Ausgang zu einem anderen Meer sowie einem Ausgang zum Ozean auch ein (halb-) umschlossenes Meer. In der Konsequenz müsse dann auch ein Gewässer mit zwei Ausgängen zum Ozean bzw. zu einem anderen Meer ein (halb-)umschlossenes Meer sein. Diese Auslegung entspreche auch dem von der Staatengemeinschaft geäußerten Willen auf der dritten Seerechtskonferenz[311].

Schließlich stellt sich die Frage, ob der von Art. 122 geforderte Ausgang natürlicher Art sein muß oder ob auch ein künstlicher, von Menschenhand geschaffener Ausgang unter diesen Begriff fällt. Dieser Aspekt ist für das im Rahmen dieser Arbeit untersuchte Kaspische Meer von besonderer Bedeutung. Das Kaspische Meer verfügt lediglich über von Menschenhand geschaffene Kanalsysteme, die eine Verbindung zum offenen Meer schaffen. So verbindet der Wolga-Ostsee-Kanal das Kaspische Meer mit der Ostsee, der Wolga-Don-Kanal stellt eine künstliche Verbindung zum Schwarzen Meer her.

Bei der Frage nach der Art des Ausgangs haben sich zwei gegenläufige Auffassungen herausgebildet. So wird vertreten, daß das Kriterium des engen Ausgangs sowohl bei einem natürlichen Wasserlauf als auch bei einem künstlich angelegten Kanal erfüllt sei[312]. Für das Kaspische Meer würde das bedeuten, daß es trotz fehlender natürlicher Verbindung zu einem anderen Meer unter die Definition der (halb-)umschlossenen Meere fallen würde. Als Argument für diese Auslegung läßt sich anführen, daß der in den Verhandlungen zur Seerechtskonven-

---

309 Posselt, a.a.O., S. 103.

310 Dunlap bezieht diese Definition auf den Arktischen Ozean und sagt, daß ausdrücklich nur von „a narrow outlet" die Rede sei und man dieses Merkmal nicht einfach unberücksichtigt lassen könne. Gewässer mit mehreren Ausgängen sollen aus dem Anwendungsbereich des Art. 122 herausfallen. Dunlap, a.a.O., S. 107.

311 Siehe dazu Posselt, a.a.O., S. 95 f.

312 Nandan/Rosenne, a.a.O., S. 352: „The narrow outlet connecting an enclosed or semi-enclosed sea with another sea or the ocean could be a natural outlet such as a strait or a manmade such as a canal". Dieser Auffassung schließt sich auch Allonsius an, a.a.O., S. 55.

tion eingebrachte Vorschlag, den engen Ausgang als natürlichen Ausgang zu qualifizieren[313], keinen Niederschlag in der Regelung des Art. 122 gefunden hat. Daraus könnte man folgern, daß die Beschränkung auf natürliche Verbindungen zum offenen Meer keine Unterstützung bei der Mehrheit der Staatenvertreter fand, die das Merkmal des Ausgang extensiv auslegen wollten.

Überzeugender ist aber, die Nichtaufnahme des Wortes „natürlich" dahingehend auszulegen, daß man dies für überflüssig hielt. Man ging davon aus, daß der Begriff des Ausgangs naturgemäß die künstlichen Verbindungen ausschließen würde. Diese Interpretation wird durch einen Blick auf die Entstehungsgeschichte und die Systematik der Seerechtskonvention deutlich.

Für die Regelung des Art. 122 standen halbumschlossene und umschlossene Meere wie das Mittelmeer, die Ostsee und das Schwarze Meer Modell. Die Initiative zur Schaffung von Regelungen für (halb-) umschlossene Meere in der Seerechtskonvention ging von den Anrainerstaaten dieser Gewässer aus. All diese Wasserflächen besitzen zumindest einen natürlichen Ausgang zu einem anderen Meer oder zu einem Ozean[314]. Unter diesen Gewässern findet sich dagegen nicht eines, das überhaupt keinen oder nur einen künstlichen Verbindungskanal zu einem anderen Meer hat. Zu berücksichtigen ist weiterhin, daß Anrainerstaaten von in sich abgeschlossenen Gewässern sich nicht an der Diskussion und Schaffung dieser Regelungen beteiligten. Es wurde im Rahmen der Erarbeitung der Konvention nicht diskutiert, daß Binnengewässer ohne natürlichen Ausgang unter die Definition des Art. 122 fallen sollten. Im Ergebnis gingen die Vertragsstaaten der Seerechtskonvention davon aus, Regelungen für Gewässer mit natürlichem Verbindungskanal zu anderen Meeren zu schaffen.

Die Seerechtskonvention regelt die Handhabung von Meeren, während Binnengewässer von ihrem Anwendungsbereich ausgeschlossen sind. Bereits die Präambel der Seerechtskonvention enthält diesen Hinweis, indem sie als Sinn und Zweck für die Schaffung der Seerechtskonvention das Motiv nennt, eine Rechtsordnung für Meere und Ozeane schaffen zu wollen.

Das Meer ist nach allgemeinem Verständnis die auf der Erdoberfläche zusammenhängende Wasserfläche. Die (halb-)umschlossenen Meere sind vom Geltungsbereich der Seerechtskonvention erfaßt, weil sie Teil dieser zusammenhängenden Wasserfläche sind. Dies setzt aber bereits denklogisch voraus, daß sie als Bestandteil der Weltmeere mit diesen auf natürliche Weise verbunden sind. Binnengewässer sind dagegen in sich abgeschlossene, vollständig von Land um-

313 Der Vorschlag kam von iranischer Seite. Nachweis bei Nandan/Rosenne, a.a.O., S. 350.

314 Beim Mittelmeer ist dies die Straße von Gibraltar sowie der Bosporus und die Dardanellen, bei der Ostsee der Kattegat und beim Schwarzen Meer wiederum der Bosporus und die Dardanellen sowie die Straße von Kertsch zum Asowschen Meer.

gebene Wasserflächen. Die Binnengewässer zeichnen sich insoweit dadurch aus, daß sie keinen Zugang zum Meer haben. Würde man aber Art. 122 dahingehend interpretieren, daß auch künstliche Verbindungen zum offenen Meer von dem Begriff des „engen Ausgangs“ umfaßt sind, so würde die Seerechtskonvention auf Gewässer Anwendung finden, die ausdrücklich von ihrem Geltungsbereich ausgeschlossen sind. Dies widerspricht dem Sinn und Zweck der Seerechtskonvention.

Schließlich spricht gegen eine weite Auslegung des Begriffs „Ausgang“, daß Art. 122 mit seiner Definition die Einordnung von – auch noch nicht bestimmten – Gewässern als (halb-)umschlossenes Meer ermöglichen soll. In dem ersten Teil der Definition ist mit der Voraussetzung eines „Ausgangs“ den geographischen Elementen der Vorrang gegeben worden. Geographische Besonderheiten sind die durch die Natur vorgegebenen Merkmale, die dem Objekt anhaften und seinen Charakter festlegen. Zwar können sich auch diese Gegebenheiten verändern. Grundsätzlich sind sie aber dauerhaft und bilden den Gegensatz zu den von Menschenhand mit technischer Hilfe vorgenommenen Eingriffe in die Natur. Ein künstlicher Kanal als ein von Menschenhand angelegtes Konstrukt ist kein durch die Natur vorgegebenes Charakteristikum eines Gewässers[315]. Ginge man davon aus, daß als enger Ausgang im Sinne des Art. 122 auch eine künstliche Verbindung gelten soll, so wäre eine abschließende Einordnung eines Gewässers nicht möglich, da sie sich – durch Schaffung einer Verbindung zum offenen Meer – verändern kann. Eine solche, Schwankungen unterworfene Bestimmung eines Gewässers als (halb-)umschlossenes Meer ist vor dem Hintergrund der Rechtssicherheit nicht mit dem Sinn und Zweck des Art. 122 zu vereinbaren.

Aus den vorstehend genannten Gründen muß das in Art. 122 enthaltene Merkmal des „durch einen engen Ausgang“ restriktiv ausgelegt werden. Unter diesen Begriff fallen nur natürliche Verbindungen zu anderen Meeren, nicht aber künstliche Verbindungen[316].

dd) „nur aus Küstenmeer und Ausschließlicher Wirtschaftszone bestehend“

Als alternatives Kriterium zur Einordnung eines Gewässers als (halb-) umschlossenes Meer bestimmt Art. 122, daß (halb-)umschlossene Meere „ganz oder überwiegend aus den Küstenmeeren und den Ausschließlichen Wirtschaftszonen“ bestehen. Die Begriffe des Küstenmeers und der Ausschließlichen Wirtschaftszone

---

315 So auch Dabiri, AALLC Bulletin 1998, S. 12-37 (23).

316 Meese, RGDIP 1999, S. 405-423 (409); im Ergebnis so auch Leanza, der dies zwar nicht ausdrücklich schreibt, aber erklärt, daß Gewässer ganz ohne (natürliche) Verbindung wie das Kaspische und Tote Meer von dem Geltungsbereich der Artt. 122 und 123 der Seerechtskonvention ausgenommen sind. Leanza, RdC 1992, S. 142.

sind in der Seerechtskonvention selbst definiert[317]. Im Gegensatz zu dem natürlichen Ausgang der ersten Definitionsalternative ist der Verweis auf das Küstenmeer und die Ausschließliche Wirtschaftszone rechtlicher Natur.

b) Beispiele für (halb-)umschlossene Meere

Um die Definition des Art. 122 der Seerechtskonvention verständlich zu machen, werden nachfolgend Beispiele für (halb-)umschlossene Meere mit ihren geographischen Besonderheiten dargestellt und unter die Voraussetzungen des Art. 122 der Seerechtskonvention subsumiert.

aa) Ostsee

Im Norden des europäischen Kontinents gelegen reicht die Ostsee bis an den Arktischen Kreis heran. Umgeben ist die Ostsee von den skandinavischen Staaten Dänemark, Finnland und Schweden, des weiteren grenzen Deutschland und Polen an[318]. Seit dem Zerfall der UdSSR ist die Ostsee auf dem ehemaligen sowjetischen Territorium von der Russischen Föderation sowie den Baltischen Staaten Litauen, Lettland und Estland begrenzt. Die Ostsee hat eine Fläche von insgesamt 385.000 km² und ist mit dem Atlantischen Ozean über die Nordsee durch den Kattegat verbunden.

Das Kriterium der Internationalität erfüllt die Ostsee mit ihren neun Anrainerstaaten problemlos. Auch hat sie einen natürlichen Ausgang zu einem anderen Meer und erfüllt somit die Voraussetzungen des Art. 122. Die Ostsee ist als halbumschlossenes Meer einzuordnen[319].

bb) Schwarzes Meer

Das Schwarze Meer liegt mit einer Fläche von rund 402.300 km² im südöstlichen Teil Europas und wird von der Türkei, Rumänien, Bulgarien, der Russischen Föderation sowie der Ukraine und Georgien begrenzt[320]. Mit dem Mittelmeer ist das

---

317 Siehe dazu bereits unter 2. II.1. und 2.

318 Für einen Überblick über die bestehenden regionalen Abkommen zwischen den Anrainerstaaten vergleiche Gelberg, a.a.O., S. 130 ff. v. Münch, AöR 103 (1987), S. 522-565.

319 Lagoni EPIL 1 (1992), S. 312-328 m. w. N. Siehe auch die Ausführungen v. Münchs, der bereits während der Verhandlungen der dritten Seerechtskonferenz für die Einordnung der Ostsee als halbumschlossenes Meer plädierte. v. Münch, AöR 103 (1978), S. 523-565 (527).

320 Das Schwarze Meer behandelt Darby ausführlich. Darby, a.a.O., S. 691 ff.

Schwarze Meer indirekt über das Marmara-Meer durch den Bosporus und die Dardanellen verbunden. Die Straße von Kertsch verbindet das Schwarze Meer mit dem Asowschen Meer. Durch die Begrenzung durch mehrere Staaten erfüllt das Schwarzen Meer das Kriterium der Internationalität. Mit seinen natürlichen Verbindungen zum Mittelmeer und zum Asowschen Meer hat das Schwarze Meer zwar nicht nur einen engen Ausgang, nach den obigen Ausführungen kann ein halbumschlossenes Meer auch mehrere Ausgänge besitzen. Auch das Schwarze Meer ist damit ein halbumschlossenes Meer.

cc) Mittelmeer

Das Mittelmeer, das von einer Vielzahl von Staaten begrenzt ist[321], hat eine Verbindung zum Atlantischen Ozean durch die Straße von Gibraltar[322]. Die Dardanellen und der Bosporus verbinden das Mittelmeer über das Marmara-Meer mit dem Schwarzen Meer. Eine weitere Verbindung hat das Mittelmeer durch den Suezkanal, der eine, wenn auch künstliche Verbindung zum Roten Meer herstellt. Auch das Mittelmeer mit seiner Umgebenheit von mehreren Staaten und seinen natürlichen Ausgängen zum Atlantik und zum Schwarzen Meer ist ein Beispiel für ein halbumschlossenes Meer[323].

c) Rechtliche Behandlung der (halb-)umschlossenen Meere nach der Seerechtskonvention

Nachdem der Geltungsbereich des Art. 122 der Seerechtskonvention durch einschlägige Beispiele veranschaulicht wurde, gilt es nun, die von der Seerechtskonvention für diese Gewässer vorgesehene rechtliche Regelung näher zu beleuchten.

---

321 Im Norden ist das Mittelmeer durch Spanien, Frankreich, Gibraltar, Monaco, Italien, Slowenien, Kroatien, Bosnien und Herzegowina, Montenegro, Albanien, Griechenland und die Türkei begrenzt. Anrainerstaaten am östlichen Ufer des Mittelmeeres sind Syrien, der Libanon, Israel und der Gazastreifen, im Süden Ägypten, Libyen, Tunesien, Algerien und Marokko sowie die spanischen Exklaven Ceuta und Melilla.

322 Vergleiche die Ausführungen zum Mittelmeer von Percoraro, a.a.O., S. 380-382.

323 Staynov ist anderer Ansicht. Für ihn ist das Mittelmeer aufgrund seiner Verbindungen zum offenen Meer kein halbumschlossenes Meer. Zudem spreche gegen die Einordnung als halbumschlossenes Meer die Tatsache, daß das Mittelmeer von zu vielen Anrainerstaaten begrenzt sei. In der Konsequenz sei das Mittelmeer wie die hohe See zu behandeln. Staynov, a.a.O., S. 30.

aa) Die Regelung des Art. 123

In der Seerechtskonvention ist mit Art. 123 eine Vorschrift über die Zusammenarbeit der Anrainerstaaten von (halb-)umschlossenen Meeren enthalten[324]. Aufgrund der geographischen Besonderheiten dieser Gewässer, insbesondere ihres oft einzigartigen ökologischen Systems und ihrer Abgeschlossenheit enthält Art. 123 die Aufforderung an die Uferstaaten, auf dem Gebiet der Nutzung der biologischen Ressourcen, des Umweltschutzes und der Forschung zusammenzuarbeiten[325].

Art. 123 regelt indes nicht, welche Rechte und Pflichten den Anrainerstaaten eines (halb)-umschlossenen Meeres zustehen. Es fehlt insbesondere eine Regelung für die Handels- und die Kriegsschiffahrt sowie für die Nutzung der mineralischen Ressourcen durch die Anrainerstaaten. Darüber hinaus läßt Art. 123 offen, ob und wie in (halb)-umschlossenen Meeren zwischen den Anrainerstaaten die Grenze gezogen werden soll[326]. Es ist insoweit zu prüfen, nach welchen Vorschriften die Grenzziehung und die Nutzung eines solchen Gewässers zu erfolgen hat.

---

324 In Art. 123 heißt es:
Zusammenarbeit der Anliegerstaaten von umschlossenen oder halbumschlossenen Meeren
Die Anrainerstaaten eines umschlossenen oder halbumschlossenen Meeres sollen bei der Ausübung ihrer Rechte und der Erfüllung ihrer Pflichten aus diesem Übereinkommen zusammenarbeiten. Zu diesem Zweck bemühen sie sich, unmittelbar oder im Rahmen einer geeigneten Organisation,
a) die Bewirtschaftung, Erhaltung, Erforschung und Ausbeutung der lebenden Ressourcen des Meeres zu koordinieren;
b) eine Ausübung ihrer Rechte und die Erfüllung ihrer Pflichten hinsichtlich des Schutzes und der Bewahrung der Meeresumwelt zu koordinieren;
c) ihre wissenschaftliche Forschungspolitik zu koordinieren und gegebenenfalls gemeinsame wissenschaftliche Forschungsprojekte in diesem Gebiet durchzuführen;
d) andere interessierte Staaten oder internationale Organisationen gegebenenfalls aufzufordern, mit ihnen bei der Verwirklichung der Bestimmungen dieses Artikels zusammenzuarbeiten.

325 Zu den Verhandlungen zu Art. 123 sowie zu seiner Auslegung vgl. Dunlap, a.a.O., S. 108 f. Die Regelung erkenne die Abhängigkeit der Anrainerstaaten dieser Gewässer untereinander an. Symonides, a.a.O., S. 326 ff. Der Autor widmet sich des weiteren der Frage, inwieweit Art. 123 eine rechtliche Verpflichtung zur Kooperation ausspricht.

326 Auf dieses Problem weist auch Darby hin. Darby, a.a.O., S. 697.

bb) Grenzziehung, Schiffahrt und Nutzung der mineralischen Ressourcen

Da Art. 123 die vorstehenden Nutzungsbereiche von (halb-) umschlossenen Meeren nicht regelt, ist zu prüfen, ob zur Schließung dieser Lücke die allgemeinen Prinzipien der Seerechtskonvention zu diesen Fragen Anwendung finden. Aufschluß darüber gibt ein Blick auf die Diskussion zu dieser Frage auf der dritten Seerechtskonferenz. Zu den Verhandlungen brachten einige Staaten Vorschläge ein, die die Aufnahme von Vorschriften über die Grenzziehung in (halb-) umschlossenen Meeren in die Konvention vorsahen. So argumentierte man von iranischer Seite, die Abgrenzung der verschiedenen Hoheitsbereiche solle auf dem Prinzip der Gleichheit, Gerechtigkeit und auf dem Äquidistanzprinzip beruhen. Unter dem Äquidistanzprinzip versteht man die Aufteilung eines Gewässers entlang der Mittellinie, die vom Wasser aus gesehen von beiden Ufern gleich weit entfernt ist. Thailand schlug ebenfalls vor, das Äquidistanzprinzip anzuwenden. Allein in Fällen, in denen dies zu einer ungerechten Aufteilung führen würde, solle dieses Prinzip keine Anwendung finden. Der Vorschlag, eine Vorschrift für die Grenzziehung in diesen Gewässern aufzunehmen, die die Grundregeln der Seerechtskonvention für anwendbar erklärt, fand in der Staatengemeinschaft jedoch nicht ausreichend Unterstützung. Der ursprünglich im informellen Regelungsentwurf vorgesehene Art. 135, der die Geltung der allgemeinen Prinzipien neben den speziellen Regeln für (halb-)umschlossene Meere vorsah, wurde später gestrichen und fand keinen Eingang in die Seerechtskonvention.

Ein Grund für die fehlende Unterstützung dieses Vorschlags war die Auffassung, daß eine solche Regelung überflüssig sei: Die Grundprinzipien der Seerechtskonvention kämen automatisch überall dort zur Anwendung, wo eine Lücke zu schließen sei. Bereits in der Präambel der Seerechtskonvention sei die Geltung der Grundprinzipien zur Lückenschließung vorgesehen. Sie stellt somit ein weiteres Indiz dafür dar, daß die Anwendbarkeit dieser Grundsätze gewollt war[327].

Im Hinblick auf die Begrenzung der Hoheitsgebiete der Anrainerstaaten eines (halb-)umschlossenen Meeres kommen daher die Regelungen über das Küstenmeer, die Ausschließliche Wirtschaftszone und den Festlandsockel zur Anwendung[328]. Es kann folglich jeder Anrainerstaat das Küstenmeer und die Ausschließliche Wirtschaftszone für sich in Anspruch nehmen. Dies gilt auch dann, wenn wegen der nur geringen Größe eines (halb-)umschlossenen Meeres beispielsweise die Beanspruchung und Einrichtung einer Ausschließlichen Wirtschaftszone in ihrer maximalen Ausdehnung nicht möglich ist. In Gewässern, die eine geringere Breite als 400 sm haben, stoßen die Ausschließlichen Wirtschafts-

327 Dunlap, a.a.O., S. 112.
328 Nandan/Rosenne, a.a.O., S. 345.

zonen der Anrainerstaaten aneinander und verkleinern sich entsprechend. In diesem Fall bildet die Mittellinie die Grenze zwischen den sich gegenüberliegenden Uferstaaten[329]. Ist ein (halb-)umschlossenes Meer dagegen groß genug, gelten hinsichtlich des sich an die von den Anrainerstaaten beanspruchte Ausschließliche Wirtschaftszone die Vorschriften über die hohe See und damit die Freiheit des Meeres.

Aus der vorstehenden Untersuchung ergibt sich, daß sich das sowjetische Konzept des geschlossenen Meeres bei der Handhabung (halb-) umschlossener Meere nicht durchgesetzt hat. Im Gegenteil gilt auch auf (halb-)umschlossenen Meeren der Grundsatz der Freiheit der Meere. Die nach der sowjetischen Lehre vertretene generelle Schließung dieser Gewässer für Nichtanrainer hat in der Seerechtskonvention keinen Niederschlag gefunden. Auch die von der sowjetischen Lehre favorisierte Beschränkung der Kriegsschiffahrt auf diesen Gewässern gilt nach den Regelungen der Seerechtskonvention nicht. Vielmehr ist – bis auf den 12 sm-Streifen des Küstenmeeres eines Anrainerstaates – die Kriegsschiffahrt auf diesen Gewässern frei[330].

5. Ergebnis

Die Notwendigkeit der Schaffung von speziellen Regelungen für (halb-) umschlossene Meere mündete in die Verhandlungen zur dritten Seerechtskonferenz und schließlich in der Seerechtskonvention von 1982. Das Prinzip des geschlossenen Meeres konnte sich dabei nicht durchsetzen, vielmehr sind die gefundenen Regeln Ausfluß der westlichen Doktrin über die Handhabung von (halb-)umschlossenen Meeren. Mit der Seerechtskonvention wurde eine Regelung erschaffen, die für die Bestimmung dieser Gewässer einige hilfreiche Kriterien aufstellt. So setzt sie für die Einordnung als (halb-)umschlossenes Meer die Internationalität, die Art des Gewässers und das Bestehen eines engen natürlichen Ausgangs voraus. Auf dem Gebiet des Umweltschutzes und der Nutzung der natürlichen Ressourcen sind die Anrainerstaaten dazu angehalten zusammenzuarbeiten, während die Nutzung der mineralischen Ressourcen sowie die Schiffahrt und die Grenzziehung in diesen Gewässern den allgemeinen Regeln der Seerechtskonvention folgen.

Wollte man das Kaspische Meer als (halb-)umschlossenes Meer einordnen, so ergäbe sich aus den obigen Ausführungen für das Kaspische Meer sowie für seine Nutzung das folgende Bild:

---

329 Seidl-Hohenfeldern, Rn. 1246.
330 v. Münch, AöR 103 (1978), S. 522-565 (534).

Allen fünf Anrainerstaaten stünde ein Streifen von 12 sm als Küstenmeer zu, in dem sie ungeteilte Gebietshoheit besitzen. Die Schiffahrt sowie die Ausbeutung der in diesem Bereich vorhandenen Ressourcen dürfte der jeweilige Anrainer exklusiv betreiben. Darüber hinaus stünde es jedem Anrainerstaat offen, eine Ausschließliche Wirtschaftszone für sich zu beanspruchen und in diesem Bereich die mineralischen Ressourcen in eigener Regie auszubeuten. Im Kaspischen Meer würden die Ausschließlichen Wirtschaftszonen aufgrund der geringen Breite des Gewässers aneinanderstoßen, so daß die Mittellinie zwischen den Anrainerstaaten die Grenze bilden müßte. Die Ölfelder Guneshli, Chirag und Aseri lägen danach in der Ausschließlichen Wirtschaftszone Aserbaidschans, während andere vielversprechende Vorkommen in der Zone Kasachstan lägen. Mit dieser Aufteilung könnten weder die Russische Föderation noch der Iran über die zukunftsträchtigen Öl- oder Gasvorkommen in ihrem Sektor verfügen. Dagegen stünden die Schiffahrt auf dem Kaspischen Meer – jedenfalls außerhalb des Küstenmeeres – allen Anrainerstaaten und auch der Staatengemeinschaft uneingeschränkt offen. Der Ausbeutung der lebenden Ressourcen stünde den Anrainern im Küstenmeer ausschließlich, in der Ausschließlichen Wirtschaftszone mit den bereits dargestellten Einschränkungen zu. Ungeachtet der vorstehend genannten durch die Einrichtung des Küstenmeeres und einer Ausschließlichen Wirtschaftszone für die Anrainerstaaten geschaffenen Befugnisse, wären sie allerdings gemäß Art. 123 gehalten, auf dem Gebiet der Bewirtschaftung, Erforschung, Erhaltung und Ausbeutung der lebenden Ressourcen sowie beim Umweltschutz zusammenzuarbeiten.

IV. Internationale Seen

Neben den (halb-)umschlossenen Meeren gibt es sogenannte internationale Seen. Die geographischen Besonderheiten dieser Gewässer werden nachfolgend dargestellt. Auf dieser Grundlage ist dann eine abschließende völkerrechtliche Einordnung des Kaspischen Meeres möglich.

1. Internationalität des Gewässers

Die Internationalität eines Sees ergibt sich wiederum aus seiner geographischen Lage, er muß von zwei oder mehr Staaten umgrenzt sein[331]. Ein See, der hinge-

331 Pondaven unterscheidet zwischen grenzüberschreitenden See und internationalen Seen. Danach sind die Grenzseen immer internationale Seen, während internationale Seen nicht zwingend grenzüberschreitend sein müssen. Pondaven, a.a.O., S.6

gen innerhalb des Territoriums nur eines Staates liegt, ist ein nationaler See, er gehört zum Hoheitsgebiet des ihn umgebenden Staates.

2. Begriffsbestimmung „See"

Welche natürlichen Charakteristika ein See typischerweise aufweist, wird insgesamt nicht einheitlich beantwortet. Bei der Definition des Gewässertyps See besteht das Problem, daß es keine der Seerechtskonvention entsprechenden Dokumente der gesamten Staatengemeinschaft gibt, die den Begriff des Sees definieren. Die Convention on the non-navigational use of transboundary waters beschränkt sich auf die Begriffsbestimmung von „transboundary waters" und enthält keine gesonderte Definition für den Begriff „See".

Nach allgemeinem Verständnis ist ein See der wassererfüllte Teil einer Hohlform der Landoberfläche, die keine unmittelbare Verbindung zum Meer hat[332].

In der völkerrechtlichen Literatur hat es zahlreiche Ansätze gegeben, die natürlichen Eigenheiten eines Sees[333] zu bestimmen. Nicht selten knüpft man zu diesem Zweck an die Unterschiede zwischen Seen und anderen Gewässern an. So unterscheide sich ein See von einem Fluß dadurch, daß er ein stehendes Gewässer ist[334]. Zwischen Seen und Meeren zog man in Zeiten, in denen die technische Entwicklung noch nicht so weit fortgeschritten war, die Größe eines Gewässers als Abgrenzungskriterium heran. Die Einordnung als See hing damals davon ab, ob man Objekte am anderen Ufer des Gewässers noch mit bloßem Auge erkennen konnte[335]. Andernfalls sollte das Gewässer als Meer anzusehen sein. Aller-

---

332 Die Definition im Brockhaus lautet: „größeres stehendes Binnengewässer natürlicher oder künstlicher Herkunft". Brockhaus, Bd. 10 (1956), S. 595.

333 Vergleiche zu den hydrographischen Eigenheiten von Seen: Schöniger/Dietrich, www.hydroskript.de/html/hykp0902.html, Stand: 18.01.2003. Die Klassifizierung von Seen wird darin nach ihrer Entstehung vorgenommen. Es wird unter anderem unterschieden zwischen vulkanogenen, tektogenen (Tanganyikasee), glazialen und Endseen (Aralsee und Kaspisches Meer).

334 Schröter AFDI 1994, S. 911, Hoenninger, Der Bodensee im Völkerrecht, S. 17.

335 Interessant ist in diesem Kontext das Beispiel der Großen Seen Nordamerikas, deren Zuordnung zum Gewässertyp „See" heute unumstritten ist. Ein im Jahre 1893 mit der Frage nach der Einordnung dieser Gewässer beschäftigtes US-amerikanisches Gericht entschied, daß die Großen Seen sämtliche Charakteristika eines Meeres aufwiesen. Es führte dazu aus:
„The Great Lakes possess every essential characteristic of seas. They are of large extent in length and breadth; they are navigable the whole distance in either direction by the largest vessels known to commerce; objects are not distinguishable from the opposite shores; they separate, in many instances, States, in some instances constitute the boundary between independent nations; and their waters, after passing

dings unterblieb eine genaue Festlegung, welche Mindestgröße ein Gewässer haben mußte, um als Meer und nicht mehr als See zu gelten. Später zog man als Unterscheidungsmerkmal die Salzhaltigkeit des Wassers heran. Ein Gewässer mit salzhaltigem Wasser sollte ein Meer sein, ein Süßwasser führendes Gewässer ein See[336]. Schließlich solle auch der Name eines Gewässers Indizcharakter bei der Einordnung als See oder als Meer haben können. Auch argumentierte man teilweise damit, daß sich Meer und See durch die Gezeiten unterscheiden[337].

Charakteristisch für einen See solle ferner sein, daß sein Abflußvolumen meist marginal ist und mengenmäßig unterhalb der einfließenden Wassermenge liegt[338]. Daneben argumentierte man, daß Seen im Unterschied zu den Meeren nicht auf dem Niveau des Meeresspiegels liegen[339], sondern vielmehr entweder darüber oder darunter[340]. Eng mit diesem Kriterium ist das Merkmal der natürlichen Verbindung zum offenen Meer verknüpft. Ein See solle zum offenen Meer keine natürliche Verbindung haben[341], während sich ein Meer gerade durch einen solchen natürlichen Ausgang zum ozeanographischen Netzwerk auszeichne[342]. Die fehlende Verbindung von Seen zum offenen Meer erkläre es, daß sie nicht auf Meeresspiegelniveau lägen. Ein Meer dagegen, das mit anderen Meeren in direkter Kommunikation steht, liege denklogisch auch auf dem Niveau des Meeresspiegels. Folglich lasse sich anhand dieser beiden Kriterien die Einordnung eines Gewässers als Meer oder als See vornehmen: Ein mit dem Meer durch einen natürlichen Ausgang verbundenes Gewässer auf dem Niveau des Meeresspiegels sei ein Meer. Sei eines dieser beiden Kriterien nicht erfüllt, handele es sich um einen See. Mit anderen Worten sei ein Gewässer dann ein See, wenn es unterhalb oder oberhalb des Meeresspiegels liege, selbst wenn es mit dem Meer durch einen Fluß oder anderen natürlichen Ausgang verbunden ist. Auch dann, wenn einem Gewässer die natürliche Verbindung zum Meer fehle, sei es, selbst wenn es genau auf der Höhe des Meeresspiegels liege, ein See. Sei weder das ei-

long distances, debouch into the ocean. The fact that their waters are fresh and not subject to tides does not affect their essential character as seas. Many seas are tideless, and the waters of some are saline in a very slight degree." United States vs. Rogers (1893), 150 U.S. 249, 256, 14 S. Ct. 109.

336 Gidel, Droit international public de la mer 1932-34 Bd. 2 S. 10, der ausführt, daß die Salzhaltigkeit oder deren Fehlen gleichsam ein Element sei, das dazu Anlaß gebe, ein Gewässer als Meer anzusehen oder eben nicht.

337 Jayewardene, a.a.O., S. 237.

338 Pondaven, a.a.O., S. 14.

339 Pondaven, a.a.a.O., S. 13.

340 Staynov, a.a.O., S. 29; Schröter, AFDI 1994, S. 911.

341 Dipla, a.a.O., S. 248

342 Dussart, Limnologie, S. 134 : «entendue d'eau séparée des oceans».

ne noch das andere Kriterium bei einem Gewässer erfüllt, handele es sich ebenfalls um einen See.

Inwieweit die vorstehend beschriebenen Definitionskriterien für die Einordnung eines Gewässers als See tauglich und vor allem verläßlich sind, läßt sich nur anhand einer Untersuchung der auf der Erdoberfläche vorhandenen Seen mit den ihn eigenen Charakteristika feststellen.

Bei dieser Analyse zeigt sich, daß der Name eines Gewässers als Kriterium für dessen Einordnung zu einem bestimmten Gewässertyp nicht ausschlaggebend sein kann. Die Gründe für die jeweilige Namensgebung, die häufig nicht einmal mehr zeitlich genau bestimmt werden kann, sind überwiegend nicht mehr nachvollziehbar. Die Namensgebung ist zudem oftmals willkürlich und wird nicht unter Berücksichtigung aller geographischen Daten und Besonderheiten eines Gewässers getroffen[343]. Auch wenn viele der bekannten Seen als solche bezeichnet sind, gibt es doch Ausnahmen, wie beispielsweise das Steinhuder Meer, welches trotz seiner Bezeichnung als Meer ein Binnensee ist und die Ostsee, die – wie vorstehend erörtert – dem Gewässertyp der halbumschlossenen Meere zuzuordnen ist.

Bei der Salzhaltigkeit von Gewässern läßt sich feststellen, daß zwar die Mehrheit der nachstehend untersuchten internationalen Seen (und auch viele der nationalen Seen) Süßwasser führen. Allerdings existieren auch zahlreiche Seen mit erheblicher Salzkonzentration im Wasser[344]. Der wohl bekannteste dieser Seen ist der Utahsee in den USA[345], dessen Wasser eine Salzkonzentration von bis zu 27% aufweist[346]. Den Seen mit erhöhter Salzkonzentration im Wasser stehen Meere gegenüber, deren Wasser einen verschwindend geringen Salzgehalt aufweist. Dies gilt insbesondere für die Ostsee, deren Wasser eine Salzkonzentration von nur 0,6% bis 1,2% hat[347]. Auch das Schwarze Meer hat einen Salzgehalt von nur 1,75-1,85% in der Mitte, an den Ufern lediglich 0,3%[348]. Trotz ihrer

343 So auch Dunlap, International Boundaries and Environmental Security, S. 105 ff. (107). Vgl. dazu auch Oxman, a.a.O., der als Beispiel den deutschen Begriff „See" anführt und seine Verwendung für Meere wie die Nordsee und zum anderen für Seen wie den Starnberger See. Butler weist darauf hin, daß es sich bei dem Kaspischen Meer um einen See handelt, der allein aus historischen Gründen die Bezeichnung Meer trägt. Butler, 63 AJIL (1969), S. 106.

344 Die Salzhaltigkeit von Seen hängt häufig von der Verdunstungsrate und dem Einfließen von salzhaltigen Flüssen ab.

345 Daneben gibt es unzählige andere Salzseen. Beispielhaft seien hier die australischen Salzseen Lake Eyre, Lake Torrens und Lake Gairdner genannt.

346 Brockhaus, Bd. 10 (1956), S. 236.

347 Brockhaus, Bd. 16 (1991), S. 368.

348 Rumpf, EPIL 1 (1996), S. 407-408 (407). Hintergrund für die geringe Salzhaltigkeit ist, daß das Schwarze Meer ursprünglich ein weit unterhalb des Meeresspiegels ge-

geringen Salzhaltigkeit werden diese beiden Gewässer im Völkerrecht als Meer angesehen. Angesichts der vorstehend beschriebenen Ausnahmen kann die Einordnung eines Gewässers allein anhand der Salzhaltigkeit seines Wassers nicht vorgenommen werden[349]. Der Salzgehalt sollte vielmehr als Indiz und im Zusammenwirken mit anderen Kriterien zur Einordnung eines Gewässers herangezogen werden.

Allein der Größe eines Gewässers bei der Abgrenzung zwischen dem Gewässertyp See und Meer ausschlaggebende Bedeutung beizumessen, erscheint angesichts der signifikanten Größenunterschiede der nachfolgend untersuchten Seen und einem Vergleich zu den bereits dargestellten Meeren bedenklich. Der größte bekannte See, der Obere See, ist mit einer Fläche von 144.691 km^2 doppelt so groß wie der zweitgrößte See, der Victoriasee mit einer Fläche von rund 68.000 km^2. Insoweit könnte man auch an der Einordnung des Oberen Sees als internationaler See zweifeln. Bei dem Oberen See gibt es eine solche Diskussion um den völkerrechtlichen Status dieses Gewässers aber nicht[350]. Es existieren dagegen Meere wie beispielsweise das Tote Meer, welches mit einer Größe von 1.050 km^2 sehr viel kleiner ist als viele internationale Seen. Die Fläche eines Gewässers sollte deshalb allenfalls als Indiz bei der Einordnung in eine bestimmte Gewässerkategorie gewertet werden[351].

Bei dem Kriterium des fehlenden Ausgangs zum Meer läßt sich feststellen, daß bei der Mehrheit der nachfolgend untersuchten Seen keine natürliche Verbindung existiert[352]. Dagegen sind sämtliche der als (halb-)umschlossen zu klassifizierende Gewässer mit einem anderen Meer oder dem Ozean verbunden.

Die nachfolgend auf ihre Grenzregelungen untersuchten internationalen Seen liegen ohne Ausnahme nicht auf einer Ebene mit dem Meeresspiegel. Überwiegend ist zu beobachten, daß diese Gewässer oberhalb des Meeresspiegels liegen.

---

legenes Binnengewässer war. Durch die Abschmelzungen der letzten Eiszeit kam es zu einem Ansteigen des Meeresspiegels des Mittelmeeres und des Marmarameeres. In der Folge bildete sich ein breiter reißender Strom, der den Bosporus in seiner heutigen Form schuf.

349 So im Ergebnis auch Dipla, a.a.O., S. 249

350 Genauer gesagt, es gibt sie nicht mehr. Ende des 19. Jahrhunderts hatte noch ein amerikanisches Gericht die Großen Seen Nordamerikas wegen ihrer Größe und der Schiffbarkeit als Hohe See eingestuft.

351 So auch Miller, Environmental Affairs 2 (1972), S. 191-204 (191). Vinogradov/Wouters argumentieren dagegen mit der Größe des Kaspischen Meeres dahingehend, daß es sich aufgrund seiner Ausdehnung nicht um einen typischen See handele. 9 LJIL 1996, S. 95.

352 Dies gilt ausnahmslos für die afrikanischen und die europäischen Seen. Dagegen erfüllen dieses Kriterium nicht die Großen Seen und der Mirim See, welcher allerdings auch oftmals als Lagune bezeichnet wird.

Teilweise, wie das Beispiel des Tiberias Sees zeigt, kommt es aber auch vor, daß ein See unterhalb des Meeresspiegels liegt. Auf Meeresspiegelniveau liegt allein der Mirim See, der allerdings wegen seiner natürlichen Charakteristika auch als Lagune[353] bezeichnet wird.

Es zeigt sich, daß die Begriffsbestimmung „See" erhebliche Schwierigkeiten in sich birgt, da es kaum ein Kriterium gibt, welches ausnahmslos auf alle nationalen und internationalen Seen zutrifft. Insbesondere der Name und die Salzhaltigkeit eines Gewässers scheinen keine besonders verläßlichen Kriterien zur Begriffsbestimmung zu sein. Allerdings wird auch deutlich, daß einige Merkmale – wenn nicht bei allen – dann doch bei einer überragenden Mehrheit der auf der Erdoberfläche befindlichen Seen festzustellen ist. Dies gilt insbesondere für die geographische Lage von Seen unter oder oberhalb des Meeresspiegels und die fehlende Verbindung zu einem anderen Meer.

Vor diesem Hintergrund bietet sich zur Klassifizierung eines Gewässers eine Zusammenschau sämtlicher Abgrenzungskriterien an, wobei den Kriterien der Salzhaltigkeit des Wassers und des Namens weniger Bedeutung beigemessen werden sollte als der geographischen Lage des Gewässers und dem Fehlen bzw. der Existenz eines natürlichen Ausgangs. Nach diesem Verfahren sollte dementsprechend auch die Einordnung des Kaspischen Meeres vorgenommen werden.

V. Haltung der Anrainerstaaten

Die vorstehenden Kriterien zur Bestimmung eines Gewässers werden auch von den Anrainerstaaten des Kaspischen Meeres herangezogen, um die von ihnen favorisierte völkerrechtliche Einordnung des Gewässers zu belegen[354]. Allerdings ist die Haltung der einzelnen Uferstaaten vor dem Hintergrund ihrer jeweiligen politischen sowie wirtschaftlichen Motive zu sehen. Auch wenn die nachfolgend dargestellten Anschauungen der kaspischen Anrainer eine objektive völkerrechtliche Einordnung des Kaspischen Meeres in eine der genannten Gewässerkategorien nicht vorgeben oder widerlegen können, so zeigen sie doch, inwieweit eine konsensfähige Basis zwischen den Anrainern bezüglich der Einordnung des Kaspischen Meeres besteht.

---

353 Dieser Begriff beschreibt ein Gewässer, welches vom offenen Meer durch Sandbänke oder eine ähnliche natürliche Barriere abgetrennt ist.

354 Vergleiche dazu unter anderem die Diskussionen auf der Jahrestagung der Russischen Vereinigung für Völkerrecht vom 1.-3. Februar 1995. Eine Zusammenfassung dazu findet sich bei Tscherbakova, Gosudarstvo i Pravo 1995, Bd. 2, S. 145 ff.

1. Russische Föderation

Die Haltung Rußlands[355] zeichnet sich durch einen ständigen Wandel in seiner Position in bezug auf die völkerrechtliche Einordnung des Kaspischen Meeres aus.

Zu Zeiten der Sowjetunion vertraten die UdSSR wie auch die sowjetischen Völkerrechtler die These, das Kaspische Meer sei ein See, der historisch bedingt als Meer bezeichnet werde[356]. Nach dem Ende der Sowjetunion war die Russische Föderation vorübergehend der Ansicht, das Kaspische Meer sei ein Meer. Sobald sie die rechtlichen Konsequenzen dieser Einordnung – die Aufteilung des Gewässers nach dem Äquidistanzprinzip entlang der Mittellinie nach der Seerechtskonvention– realisiert hatte, schwenkte sie in ihrer Position wiederum zu der Einordnung als internationaler See um[357]. Das Kaspische Meer sei aus völkerrechtlicher Sicht als See[358] einzuordnen, weil es vollständig von Land umgeben und nicht mit den Weltmeeren verbunden ist[359]. Rechtliche Konsequenz der Einordnung als internationaler See war nach Auffassung der Russischen Föderation, daß das Gewässer im Gemeinschaftseigentum und damit unter der gemeinsamen Herrschaft aller Anrainer stünde[360]. Die Nutzung der biologischen wie mineralischen Ressourcen könne nur von allen Uferstaaten gemeinsam beschlossen und durchgeführt werden[361], es stehe jedem Staat in diesen Bereichen ein Veto-

---

355 Zur russischen Haltung in dieser Frage siehe insbesondere Akimov, www.cpss.org/casianw.akim; Shoumikhin, www.cpss.org/casianw/novpers.html, Stand: 14.05.1999; Bundy, RECIEL 5 (1996); S. 122-129. Halliday, The World Today 51(1995), S. 220-223.

356 Butler, AJIL 63 (1969), S. 1906 m.w.N.

357 Siehe Gökçek unter geocities.com/gokcek/docs/thesisbody.htm, Stand: 21.11.2001.

358 Es sei hier erwähnt, daß es zu dieser Zeit auch Stimmen gab, die das Kaspische Meer weder für einen See noch für ein Meer hielten, sondern für ein einzigartiges Gewässer.

359 So in einer Note der Russischen Föderation an die Vereinten Nationen aus dem Jahre 1994. A/49/475 vom 05.10.1995.

360 So, wie das Kaspische Meer zu Sowjetzeiten in der diplomatischen Note zum Vertrag von 1940 als „sowjetisch-iranisches Meer“ bezeichnet worden sei, sei es nach dem Niedergang der UdSSR und dem Erscheinen von neuen Staaten an den Ufern des Kaspischen Meeres gleichsam zu einem kasachisch-aserbaidschanisch-turkmenisch-russisch-iranischen Gewässer geworden. Vgl. zu diesem Gedanken Kovalev, Meždunarodnaja Žisn 4 (1998), 33-39 (33). Im Jahre 1995 erklärten die Russische Föderation und der Iran in einem gemeinsamen Kommuniqué, daß das Kaspische Meer als einzigartige geographische Region allen Anrainerstaaten gehöre. Vgl. dazu Vinogradov/Wouters, 9 LJIL 1996, S. 96.

361 Matveev, le courrier des pays de l'Est 411 (1996), S. 55-61 (56), der aber darauf hinweist, daß mangels entsprechender Regelungen die Ausbeutung der mineralischen Ressourcen des Kaspischen Meeres ohne Einschränkung allen Anrainern of-

recht bei entsprechenden Vorhaben eines oder mehrerer Anrainer zu[362]. Im Kaspischen Meer gebe es zwei Zonen, eine Uferzone von 45 sm[363], die unter der ausschließlichen Souveränität des jeweiligen Anrainers stehe und die dahinterliegende Gewässerfläche, die Gemeinschaftseigentum aller Anrainerstaaten sei. Wegen seiner Eigenschaft als internationaler See sei eine Anwendung der Seerechtskonvention von 1982 und eine damit einhergehende Aufteilung des Gewässers ausgeschlossen. Die Hintergründe für diese Position werden von russischer Seite zum großen Teil als Interessen auf dem Gebiet des Umweltschutzes angegeben, sind aber vor allem machtpolitischer und wirtschaftlicher Art[364]. Denn bei der Anwendung der Vorschriften der Seerechtskonvention könnte jeder Anrainerstaat eine Ausschließliche Wirtschaftszone von bis zu 200 sm beanspruchen und in dieser Zone den Abbau der mineralischen Ressourcen exklusiv betreiben. Die an Öl- und Gasvorräten reichen Vorkommen im Kaspischen Meer liegen zwischen der kasachischen und der aserbaidschanischen Küste. Im Falle der Anwendung der Seerechtskonvention würde die Russische Föderation keinen Anteil an den Vorkommen erhalten[365]. Die exklusiven Ausbeutungsrechte würden den Staaten Aserbaidschan, Kasachstan und Turkmenistan vorbehalten bleiben. Allein bei der von der Russischen Föderation vertretenen Auffassung der Einordnung des Kaspischen Meeres als See und dem daraus von ihr gefolgerten Ge-

---

fenstehe. Vgl. die Note der Russischen Föderation an die britische Botschaft vom 28.04.1994 mit dem Inhalt, daß das Kaspische Meer ein einzigartiges ökologisches System besitze und ein Objekt gemeinsamer Nutzung sei. Financial Times vom 31.05.1994.

362 Momtaz weist zu Recht darauf hin, daß dieser Ansatz der Russischen Föderation in vollständigem Widerspruch zu ihrem Verhalten zu Sowjetzeiten steht. Damals hatte die UdSSR ohne Rücksicht auf eine Zustimmung des Iran die Ressourcen des Kaspischen Meeres ausgebeutet und insoweit dem von der Russischen Föderation nunmehr vertretenen Gemeinschaftseigentum zuwider gehandelt. Momtaz, unter www.ipis.org/pub/amudarya/amu2/momtaz.html, Stand: 20.05.1999.

363 Die Breite dieses Küstenstreifens hat in der russischen Position ebenfalls variiert, so schlug die Russische Föderation zunächst eine Breite von 12 sm, später von 45 sm vor. Vgl. dazu Fedorov, Expert 18 (1998), S. 28-33 (32); Helmer, www.rferl.org/nca/features/1997/10/F.RU.971001135025.htm, Stand: 27.01.1999.

364 Für diese Einschätzung auch Horton „International Law Ownership of the Caspian Seabed“, S. 3.

365 Für eine ausführliche Analyse der russischen Position vergleiche Razuvaev, Die russischen Interessen im Kaspiraum unter Berücksichtigung der Energiefrage, S. 25 ff. Yakemtchouk schätzt, daß der Anteil der Russischen Föderation an den kaspischen Öl- und Gasvorkommen insgesamt nur bei ca. 10% liegen würde. Yakemtchouk, Les hydrocarbures de la Caspienne, S. 60. Siehe auch Horton, a.a.O., S. 4.

meinschaftseigentum hätte sie einen (Gemeinschafts-)Anspruch auf die existierenden Reserven[366].

Die von ihr vertretene Auffassung versuchte die Russische Föderation in der Vergangenheit, vehement und unter Androhung militärischer Gewalt durchzusetzen[367]. Darüber hinaus drohte sie mehrfach zu diesem Zweck, die Verbindung über das Wasserstraßennetz zur Ostsee für die Handelsschiffe der anderen Anrainerstaaten zu sperren.

Angesichts dieser Vehemenz überraschte der spätere erneute Wandel in der russischen Position. Nunmehr vertrat die Russische Föderation die These, bei dem Kaspischen Meer handele es sich weder um ein Meer noch um einen See, sondern um ein Gewässer *sui generis*, auf das die allgemeinen Regeln des Seevölkerrechts keine Anwendung finden[368]. Die Russische Föderation wehrte sich plötzlich nicht mehr vehement gegen die teilweise Aufteilung des Kaspischen Meeres. Dies ist beachtlich, da noch im Jahre 1993 der vom russischen Energieministerium mit Aserbaidschan unterzeichnete Vertrag über die Ölausbeutung wegen der darin enthaltenen Formulierung „aserbaidschanische Sektor des Kaspischen Meeres" von der russischen Regierung nicht akzeptiert worden war[369]. Der Wandel in der Position der Russischen Föderation zeigte sich deutlich im Juli 1998, als sie sich mit Kasachstan in einem bilateralen Vertrag über die Aufteilung des nördlichen Meeresbodens des Kaspischen Meeres einigte.

---

366 Fedorov, Expert 18 (1998), 28-33 (32); Fadin deutet an, daß die Russische Föderation zur Sicherung ihrer Interessen sogar den armenisch-aserbaidschanischen Konflikt in Nagorny-Karabach geschürt hat. Fadin, Wostok 4 (1997), S. 37.

367 In Übereinstimmung mit dieser Linie erklärte die Russische Föderation, daß einseitige Maßnahmen eines Anrainerstaates bei der Nutzung und Ausbeutung der Ressourcen gegen Völkerrecht verstoßen und von ihr nicht akzeptiert würden. So der Mitarbeiter des russischen Außenministeriums Karasin nach der Unterzeichnung des „Jahrhundertvertrages" zwischen Aserbaidschan und westlichen Ölfirmen am 20. September 1994. „Aliyev: Azerbaijan to develop relations with neighbours" ITAR-TASS vom 20.09.1994. Unterstrichen wurde diese Position weiter durch die Note an den Generalsekretär der Vereinten Nationen aus dem Jahre 1994 (A\49475 vom 05.10.1994). Darin spricht die russische Regierung eine deutliche Warnung an die übrigen Anrainerstaaten aus, daß die Russische Föderation bei einseitiger Vorgehensweise die notwendigen Maßnahmen zur Wiederherstellung der Rechtsordnung auf dem Kaspischen Meer ergreifen werde. Auch der russische Botschafter in Aserbaidschan Shonia kündigte „unpleasant consequences" für den Fall an, daß die Russische Föderation aus ihrer Position verdrängt werden sollte. „Russian pressure on Azerbaijan", Foreign report, Economist Newspaper Limited, 14. Juli 1994, S. 2.

368 Fedorov, Expert, S. 32.

369 Nach Matveev war dieser Vertrag schon allein deshalb nichtig, weil er in aller Eile abgeschlossen wurde und die Regierung ihr Einverständnis dazu nicht erteilt hatte. Matveev, le courrier des pays de l'Est 411 (1996), S. 55-61 (58).

Allerdings blieb es in der Folgezeit bei der Ablehnung der Aufteilung der Wasseroberfläche sowie der Wassersäule durch die Russische Föderation. Sie beharrt weiterhin darauf, daß diese im Gemeinschaftseigentum aller Anrainerstaaten stehen und nur in gemeinsamer Vorgehensweise ausgebeutet werden können[370]. Die Russische Föderation bringt zur Unterstützung ihrer jüngsten Position ökologische Argumente vor: Nur in gemeinsamer Vorgehensweise sei die Sicherung des ökologischen Gleichgewichts und die Erfüllung der durch den Umweltschutz bedingten Auflagen möglich[371].

2. Aserbaidschan

In Aserbaidschan wird die Einordnung des Kaspischen Meeres nicht einheitlich beurteilt. Auf der einen Seite wird die Auffassung vertreten, das Kaspische Meer sei ein Meer[372], auf der anderen Seite finden sich aber auch offizielle Dokumente, die das Gewässer als internationalen See[373] oder als Gewässer *sui generis*[374] bezeichnen. Hintergrund für diese uneinheitliche Haltung ist, daß man in Aserbaidschan generell der Auffassung ist, daß die völkerrechtliche Einordnung des Gewässers auf die vorzunehmende Grenzziehung keinen Einfluß habe. Die

370 Der Hintergrund für das Umschwenken vom neoimperialistischen zu einem pragmatischen Ansatz wird vielfach darin gesehen, daß auf Druck der Russischen Föderation die staatlichen russischen Ölgesellschaften an den westlichen Konsortien beteiligt wurden. Vgl. Dadwa, www.idsa-india-org/an-aug8-6.html, Stand: 04.07.2000. Hansen sieht als wesentlichen Grund für den Wandel in der Position der Russischen Föderation die Entdeckung vielversprechender Ölvorkommen im „russischen" Sektor an. Vgl. Hansen, Pipeline Politics, S. 32.

371 So Boris Pastukhov, damaliger erster stellvertretender Außenminister auf einer Verhandlung zwischen Aserbaidschan und der Russischen Föderation zum Status des Kaspischen Meeres in Baku am 27.03.1998, Meldung Itar-Tass vom 27.03.1998, www.asbarez.com/archives/1998/980327it.html, Stand: 27.01.1999. In diesem Zusammenhang sei erwähnt, daß die Russische Föderation derzeit der mit Abstand größte Einleiter von Schadstoffen in das Kaspische Meer ist.

372 Yusifzade behandelt die Problematik der Differenzierung zwar nicht ausdrücklich, bezeichnet das Kaspische Meer aber fortlaufend als Meer und nimmt auf die Regelungen der Seerechtskonvention bezug. Yusifzade, www.azer.com/AIWeb/categories/Mag...folder/24.articles/24.statuscaspian.html, Stand: 12.06.2003.

373 So vor allem die aserbaidschanische Verfassung, die im November 1995 ratifiziert wurde. Dort heißt es in Art. 11: „(1) The territory of the Azerbaijan Republic shall be united, inviolable and indivisible. (2) The Azerbaijan Republic territory shall include the Azerbaijan Republic inner waters, the Caspian Sea (Lake) sector relating to the Azerbaijan Republic, air space over the Azerbaijan Republic." Der Text findet sich unter www.uni-wuerzburg.de/law/aj00000_.html, Stand: 21.11.2001.

374 Seek/Mirzoyev/Nasibov/Mamedova, JENRL 13 (1995), S. 147-162 (158).

Rechtsfolgen der Einordnung als Meer oder als See seien identisch. So würde das Kaspische Meer als internationaler See – entsprechend der vorherrschenden Praxis in anderen internationalen Seen – in nationale Sektoren aufgeteilt. Jeder Staat dürfe folglich über seinen Anteil am Gewässer und am Meeresboden und am Luftraum in vollständiger Souveränität frei verfügen[375].

Bei der Einordnung des Kaspischen Meeres als Meer folge aus der Seerechtskonvention, daß das Küstenmeer von bis zu 12 sm unter der ausschließlichen Souveränität des jeweiligen Anrainerstaates stehe. Im Hinblick auf die Ausbeutung der Ressourcen dürfe jeder Staat eine Ausschließliche Wirtschaftszone von bis zu 200 sm für sich beanspruchen und in diesem Bereich exklusiv die dort vorhandenen Ressourcen ausbeuten. Angesichts der Tatsache, daß das Kaspische Meer lediglich eine Breite von etwa 200 sm habe, müsse sich die Ausschließliche Wirtschaftszone des jeweiligen Anrainers verkleinern. Dies bedeute faktisch eine Aufteilung des Gewässers nach dem Äquidistanzprinzip.

In der aserbaidschanischen Verfassung wurde zur Unterstreichung dieser Ansicht ein Artikel aufgenommen, der den „aserbaidschanischen Sektor" des Kaspischen Meeres dem aserbaidschanischen Staatsgebiet unterstellt[376].

Die Regierung Aserbaidschans versucht, die von ihr favorisierte Aufteilung des Kaspischen Meeres historisch zu belegen: Das Gewässer sei bereits seit fast 20 Jahren auf diese Weise aufgeteilt gewesen. So habe man in der Sowjetunion Wirtschaftsregionen zur Ausbeutung der mineralischen Ressourcen festgelegt und diese Grenzziehung sei von allen Unionsrepubliken akzeptiert worden[377].

Die aserbaidschanische Haltung ist wiederum vor dem Hintergrund ihrer wirtschaftlichen Interessen zu sehen. So sehr die Russische Föderation für ein Gemeinschaftseigentum am Kaspischen Meer zur Sicherung ihres Anteils an den vorhandenen Mineralressourcen eingetreten ist, so sehr verfolgt Aserbaidschan die sektorale Aufteilung des Kaspischen Meeres, um sich die alleinige Ausbeutung der vor seiner Küste gelegenen Ölfelder zu sichern[378].

---

375 So der Sprecher des aserbaidschanischen Parlaments Guliev, Nachweis bei Akimov, a.a.O., S. 2.

376 Art. 11 der Verfassung. Siehe dazu bereits oben.

377 Vgl. Yusifzade, a.a.O., S. 2.

378 Diese Einschätzung vertritt auch Horton, International law and ownership of the Caspian seabed, S. 3.

3. Kasachstan

Die kasachische Haltung hinsichtlich der Einordnung des Kaspischen Meeres in eine der genannten Gewässerkategorien ähnelt der Auffassung Aserbaidschans. Von kasachischer Seite wird teilweise vertreten, es handele sich bei dem Kaspischen Meer um ein halbumschlossenes Meer[379], auf das die Vorschriften der Seerechtskonvention über das Küstenmeer und die Ausschließliche Wirtschaftszone Anwendung finden. Dadurch sei das Kaspische Meer faktisch nach dem Äquidistanzprinzip aufzuteilen. Für diese Position führt man an, die Seerechtskonvention enthalte keine Liste von Gewässern, auf die sie anwendbar sei. Ausdrücklich sei das Kaspische Meer daher auch nicht vom Anwendungsbereich der Seerechtskonvention ausgenommen[380].

Teilweise wird das Kaspische Meer von kasachischer Seite aber auch als internationaler See angesehen[381]. Dieser sei nach dem in internationalen Seen vorherrschenden Grundsatz der Realteilung an seiner Mittellinie in nationale Sektoren aufzuteilen[382].

Ebenso wie aus aserbaidschanischer Sicht hat nach Auffassung Kasachstans die Einordnung eines Gewässers in die vorhandenen Gewässerkategorien (halb-) umschlossenes Meer/internationaler See folglich keinen Einfluß auf die Grenzziehung in dem Gewässer.

4. Turkmenistan

Bei der Frage nach der rechtlichen Einordnung des Kaspischen Meeres und den sich daraus ergebenden Konsequenzen hielt sich Turkmenistan zunächst mit seiner Meinung im Hintergrund. Dabei tendierte es eher zu einer Unterstützung der russischen und iranischen Position, das Kaspische Meer als internationalen See einzustufen und es dem Gemeinschaftseigentum aller Anrainerstaaten zu unterstellen. Allerdings ist die Position Turkmenistans in diesem Punkt keineswegs eindeutig und wohl eher von der Zielsetzung beherrscht, eine den turkmenischen Interessen entsprechende Lösung der kaspischen Frage zu erreichen. Das Interesse Turkmenistans am Kaspischen Meer liegt auf dem Gebiet der Gewinnung von Gas. Hintergrund sind die vor der Küste Turkmenistans angesiedelten Gasvorkommen, die sowohl im Falle einer Aufteilung des Gewässers in nationale Sekto-

---

379 Gizzatov, caspianstudies.com/seminars/19990615.htm, Stand: 04.07.2000; Salimgerei, a.a.O., S. 69.

380 ibid.

381 Vergleiche dazu Giroux, le courrier des pays de l'Est 423 (1997), S. 5-15 (7).

382 Giroux in Matveev, le courrier des pays de l'Est 411 (1996), S. 55-61 (59).

ren als auch bei einer Aufteilung des Gewässers nach dem Äquidistanzprinzip exklusiv von Turkmenistan ausgebeutet würden. Das am 1. Oktober 1993 verabschiedete turkmenische Gesetz über die Staatsgrenze legt einen 12 sm breiten Streifen als turkmenisches Küstenmeer fest und deutet eher auf die Einordnung als umschlossenes Meer hin. Dagegen kann man das in der von Turkmenistan und Kasachstan abgegebenen Gemeinsamen Erklärung bekräftigte Ziel, die Grenzziehung im Kaspischen Meer entlang der Mittellinie vorzunehmen[383], als Indiz für die Einordnung als internationaler See bewerten.

5. Iran

Der Iran vertritt seit jeher die Auffassung, bei dem Kaspischen Meer handele es sich um ein Gewässer, das im Gemeinschaftseigentum der Anrainerstaaten stehe[384]. Teilweise wird darauf abgestellt, das Kaspische Meer sei ein See[385], so daß sich eine Aufteilung in nationale Sektoren verbiete. Teilweise wird es aufgrund seiner natürlichen und geographischen Eigenheiten als Gewässer *sui generis* qualifiziert[386], auf das die Seerechtskonvention mit ihren Regelungen über die Grenzziehung in Meeren keine Anwendung finden könne[387]. Bei der Nutzung der

---

383 Gemeinsame Erklärung Kasachstans und Turkmenistans vom 27. Februar 1997. Dazu Gizzatov. Aus russischer Sicht wird deshalb auch die Haltung Turkmenistans als widersprüchlich bewertet. Matveev, le courrier des pays de l'Est 411 (1996), S. 55-61 (59).

384 Noch im Juli 1998 erklärte der Iran, daß das Regime der gemeinsamen Nutzung bis zur Schaffung einer neuen vertraglichen Regelung für das Kaspische Meer bestehen bleibe. Nachweis bei Mojtahed-Zadeh unter www.echoiran.com/bulletin/web%20 bulletin/caspian_sea_legal_regime.htm, Stand: 31.10.2001. Eine ausführliche Untersuchung zur iranischen Position findet man bei Afrasiabi unter www.caspianstudies.com/article/kave,%20afrasyabi.htm, Stand: 10.07.2003 und bei Maleki unter www.caspianstudies.com/article/Maleki-legal.htm, Stand: 10.07.2003.

385 So bezeichnete der iranische Präsident Mohammad Chatami das Kaspische Meer auf der Konferenz der Organisation der wirtschaftlichen Kooperation im Mai 1998.

386 Vgl. dazu den offiziellen Brief an die Vollversammlung der Vereinten Nationen vom 8. September 1997, UN GA Doc. A\52\324. Darin heißt es:
„The Caspian Sea is a body of water with a unique character that is of vital importance to its coastal states. Those States bear a common responsibility regarding its proper utilization, the development of its natural resources and the preservation of the environment.
[...] any measure adopted by the coastal States in contravention of the existing legal regime or any action taken without the agreement of all coastal states shall not be acceptable to the Islamic Republic of Iran."

387 Der iranische Außenminister: „Due to its size, geographical situation, environmental condition, and the presence of littoral states, the Caspian Sea is quite a special

biologischen Ressourcen sei allein eine gemeinsame Vorgehensweise aller Uferstaaten zulässig. Jedem Staat stehe bei den Entscheidungen bezüglich des Kaspischen Meeres ein Vetorecht zu, die Stimmrechte jedes einzelnen Staates seien gleich und nicht nach der Größe des jeweiligen Uferanteils zu gewichten. Ebenso wie bei den übrigen Anrainerstaaten läßt sich auch der Iran bei der völkerrechtlichen Einordnung des Kaspischen Meeres von wirtschaftlichen Motiven leiten. Im Falle einer Aufteilung des Kaspischen Meeres in nationale Sektoren besäße der Iran in seiner Zone keine nennenswerten Ölvorkommen[388]. Darüber hinaus dürfte auch das Interesse des Iran eine Rolle spielen, den Einfluß der USA in der kaspischen Region zurückzudrängen, der bei einer Aufteilung des Gewässers in nationale Sektoren droht, wenn und soweit die nunmehr unabhängigen ehemaligen Unionsrepubliken bei der Ausbeutung ihrer Vorkommen die finanzielle Unterstützung der USA in Anspruch nehmen[389].

In jüngster Vergangenheit ist in der iranischen Position ein leichter Wandel zu bemerken. So soll nunmehr dann für den Iran eine Aufteilung des Kaspischen Meeres in Betracht kommen, wenn jeder Anrainerstaat einen gleichen Anteil an dem Gewässer und seinen Ressourcen erhalte[390]. Dies würde dem Iran einen Anteil von 20% des Gewässers sichern, während bei einer Aufteilung entlang der Mittellinie nur ein Anteil von knapp 10% auf den Iran entfallen würde[391]. Dagegen lehnt der Iran bis heute die Verlegung von Ölpipelines auf dem Meeresboden des Kaspischen Meeres unter Hinweis auf das gemeinschaftliche Eigentum am Meeresboden ab[392].

---

and unique sea; thus, the usual international legal practices do not completely correspond to the needs of the area.“

388 Yakemtchouk fragt deshalb auch, ob der Iran seine Position auch dann beibehalten würde, wenn vor der iranischen Küste im Kaspischen Meer plötzlich vielversprechende Ölvorkommen gefunden würden. Yakemtchouk, „Les hydrocarbures de la Caspienne“, S. 106.

389 Salimgerei auf dem Bergedorf-Forum, 113. Konferenz vom 27.-28. Juni 1998 in Baku. Bergedorf-Forum 1998.

390 So der iranische Außenminister Kharazzi im Mai 1998, vgl. Financial Times vom 07.07.1998. Im Juni 1999 wiederholte der Iran seinen Anspruch auf eine gleichmäßige Aufteilung der kaspischen Ressourcen auf einer internationalen Konferenz in Teheran am 23. Juni 1999. Dazu Lelyveld, unter www.rferl.org/nca/features/1999/06/F.RU.990629125537.html, Stand: 12.07.1999.

391 Kritisch dazu Mojtahed-Zadeh, der angesichts der geographischen Ausformung des Kaspischen Meeres eine gleichmäßige Aufteilung nicht für möglich hält. www.echoiran.com/bulletin/web%20bulletin/caspian_sea_legal_regime.htm, Stand: 31.10.2001.

392 Der Sprecher des iranischen Außenministeriums Rachmanin erklärte nach der Unterzeichnung des Vertrages vom 06.07.1998 zwischen der Russischen Föderation und Kasachstan über die Aufteilung des nördlichen Meeresbodens des Kaspischen

VI. Kaspisches Meer: umschlossenes Meer oder internationaler See?

Anhand der oben genannten Kriterien für (halb-)umschlossene Meere und internationale Seen ist für das Kaspische Meer zu entscheiden, welcher Gewässerkategorie es unterfällt. In Betracht kommt hier sowohl die Einordnung als internationaler See als auch als umschlossenes Meer[393]. Beiden Gewässertypen ist gemeinsam, daß sie eine Internationalität des Gewässers, also mindestens zwei Anrainerstaaten voraussetzen[394]. Dieses Kriterium erfüllt das Kaspische Meer mit seinen fünf Anrainerstaaten ohne weiteres.

Für die Einordnung des Kaspischen Meeres als Meer läßt sich zunächst seine Größe anführen[395]. Mit einer Oberfläche von 371.000 km² ist das Kaspische Meer das größte Binnengewässer der Welt. Der größte bekannte internationale See ist der Obere See der Großen Seen Nordamerikas mit einer Fläche von 144.691 km², dessen Fläche das Kaspische Meer um mehr als das Doppelte übersteigt. Sogar die Gesamtfläche der Großen Seen Nordamerikas reicht nicht an die Größe des Kaspischen Meeres heran, welches fast doppelt so groß ist. Mit seiner Oberflächenausdehnung ähnelt das Kaspische Meer vielmehr Gewässern wie der Ostsee und dem Schwarzen Meer, die wie das Kaspische Meer eine Größe von rund 400.000 km² haben. Diese Gewässer gehören zu den (halb-)umschlossenen Meeren.

Darüber hinaus spricht auch die Bezeichnung des Kaspischen Meeres als „Meer" für seine Einordnung als Meer[396]. Der Begriff „Meer" findet sich in den Sprachen aller Anrainerstaaten[397] und wird auch in den europäischen Sprachen verwendet. Allerdings wird das Kaspische Meer zuweilen auch als „Caspischer

---

Meeres, daß der Iran die vorgenommene Aufteilung nicht anerkennen werde. Vgl. dazu The Iranian vom 21.07.1998, iranian.com/News/July98/caspian.html, Stand: 12.07.1999.

393 Meese führt die Möglichkeit der Einordnung des Kaspischen Meeres als Fluß an, was aber nicht nachzuvollziehen ist. Meese, RGDIP 1999, S. 405-423 (408).

394 Die Internationalität des Kaspischen Meeres spricht entgegen Oxmans Auffassung nicht grundsätzlich gegen die Einordnung als See. Oxman, ourworld.compuserve.com/homepages/usazerb/141.htm, Stand: 27.01.1999.

395 Zu dem Abgrenzungskriterium der Größe eines Gewässers vergleiche auch Alexandrov, Meždunarodnaja Žisn (10) 1997, S. 87.

396 So auch Sciolino, www.mtholyoke.edu/acad/intrel/caspoil.html, Stand: 20.05.1999. Vgl. aber auch die Bezeichnung als „Caspischer See" bei Strupp, Wörterbuch des Völkerrechts und der Diplomatie, Bd. 1, S. 187.

397 Früher wurde das Kaspische Meer als „Mare Caspium" bezeichnet. Sowohl in den russisch-sprachigen Anrainerstaaten als auch in der arabischen bzw. aserischen Sprache wird der Begriff Meer („Kaspijskoe Morje", „Darya-e Khazar", „Xazar denizi") verwendet.

See“[398] oder- so vor allem in jüngster Zeit auch durch die Anrainerstaaten selbst – als „Kaspisee“ bezeichnet[399].

Auch die hohe Salzhaltigkeit des Kaspischen Meeres spricht für die Einordnung als Meer. Im Kaspischen Meer kommen auf 100 Teile Wasser 15 Teile Salz. Im Vergleich dazu liegt das Verhältnis im Atlantischen Ozean bei 100 zu 42. Für einen See hätte das Kaspische Meer ein sehr hohen Salzgehalt.

Allerdings sprechen die bedeutsameren Argumente für die Einordnung des Kaspischen Meeres unter den Gewässertyp See[400]. Neben dem fehlenden natürlichen Ausgang zu einem anderen Meer[401] und der geographischen Lage unterhalb des Meeresspiegels ist hier die Tatsache zu nennen, daß das Abflußvolumen im Kaspischen Meer geringer ist als das Einflußvolumen, für die Klassifizierung als internationaler See.

Wie bereits dargelegt, geht die Seerechtskonvention davon aus, daß zur Einordnung eines Gewässers als (halb-)umschlossenes Meer eine natürliche Verbindung zu einem anderen Meer vorhanden sein muß. Das Kaspische Meer besitzt einen solchen natürlichen Zugang nicht. Zum Schwarzen Meer ist es durch den Wolga-Don-Kanal verbunden, die Verbindung zur Ostsee schafft auf einem Teilstück der Wolga-Ostsee-Kanal. Diese Zugänge sind künstlich erschaffen und erfüllen damit nicht das Kriterium der natürlichen Verbindung in Art. 122 der Seerechtskonvention[402].

Auch das Niveau des Wasserspiegels spricht für die Einordnung des Kaspischen Meeres als See. Ein Gewässer auf dem Niveau des Meeresspiegels ist in der Regel ein Meer, während ein Gewässer unterhalb oder oberhalb des Meeresspiegels unter den Begriff des Sees zu fassen ist. Die nachfolgende eingehende Untersuchung der internationalen Seen wird zeigen, daß ausnahmslos alle internationalen Seen vom Niveau des Meeresspiegels abweichen. So liegen die untersuchten Seen meist oberhalb des Meeresspiegels. Dabei variieren die Höhenunterschiede von mindestens 76 m bis zu über 1.000 m. Diejenigen Gewässer, die dagegen als Meere im Sinne der Seerechtskonvention zu qualifizieren sind, liegen auf der Höhe des Meeresspiegels. Die ausnahmslos sich bei Seen zeigende Abweichung vom Niveau des Meeresspiegels findet sich auch beim Kaspischen

398 Strupp, Wörterbuch des Völkerrechts und der Diplomatie, Bd. 1, S. 187.

399 www.russische-botschaft.de/information/moskau.htm, www.botschaft-kasachstan.de/Information%20fuer%20Touristen.htm, jeweils Stand: 17.1.2003.

400 Veiter, ArchdVR 28 (1990), 458 ff. (459); Mizzi, CJIELP 7 (1996), S. 483-504 (498); Dabiri, AALCC Bulletin (1998), S. 12-37 (21); Birjukov, Meždunarodnoe pravo, S. 84.

401 So auch Matveev, le courrier des pays de l'Est 411 (1996), S. 55-61 (56); Blum, a.a.O., S. 7; ebenso Churchill, The law of the sea, S. 60.

402 So im Ergebnis auch Horton, a.a.O., S. 4.

Meer, das 28 m unterhalb des Meeresniveaus liegt. Diese geographische Eigenheit qualifiziert das Kaspische Meer ebenfalls als See.

Des weiteren läßt sich das Kriterium des geringen Abflußvolumens für die Einordnung des Kaspischen Meeres als See anführen. Dieses Argument hängt mit dem Fehlen eines natürlichen Ausgangs zu einem anderen Meer zusammen. Ein See, der zwar durch Flüsse gespeist wird, aber keinen natürlichen Abfluß zu einem anderen Meer hat, hat nach den natürlichen Gegebenheiten ein höheres Ein- als Abflußvolumen. Das einfließende Wasser verdunstet. Durch das Einfließen der Flüsse Wolga, Terek, Ural und Kura in das Kaspische Meer gelangt Wasser in das Kaspische Meer, das nicht aus dem Gewässer abfließen kann. Die Menge des einfließenden Wassers übersteigt deshalb auch im Kaspischen Meer die des abfließenden Wassers.

Das Kaspische Meer weist damit insgesamt drei Merkmale auf, die zu den signifikanten geographischen Besonderheiten eines Sees zählen. Wie im Rahmen der Begriffsbestimmung See erörtert, zählen insbesondere die Frage einer natürlichen Verbindung zum offenen Meer, das Verhältnis zwischen Ein- und Abflußvolumen und das Niveau eines Gewässers zu den verläßlichen Abgrenzungskriterien zwischen einem See und einem Meer. Die Merkmale des Kaspischen Meeres, die es mit (halb-)umschlossenen Meeren vergleichbar machen (insbesondere der Name, die Salzkonzentration im Wasser und die Größe), sind dagegen Abgrenzungskriterien, die längst nicht bei allen Seen bzw. Meeren einheitlich vorhanden sind bzw. fehlen. Die überzeugenderen Argumente sprechen dafür, das Kaspische Meer als See einzuordnen.

Allerdings scheint die Studie der Intergovernmental Oceanographic Comission gegen eine solche Klassifizierung des Kaspischen Meeres zu sprechen. Danach soll das Kaspische Meer aus ozeanographischer Sicht aufgrund der Zusammensetzung seines Wassers sowie der Eigenheiten der Flora und Fauna als Meer eingeordnet werden[403]. Dies stellt aber nur auf den ersten Blick einen Widerspruch zur völkerrechtlichen Einordnung des Gewässers als See dar. Denn eine Betrachtung der Entstehungsgeschichte des Kaspischen Meeres zeigt, daß es zu Urzeiten mit dem Aralsee und zeitweise mit dem Schwarzen Meer verbunden war. Die ursprüngliche Verbindung erklärt die auch im Schwarzen Meer anzutreffenden Merkmals eines Meeres im Kaspischen Meer. Aufgrund natürlicher Vorgänge hat sich später das Kaspische Meer zwar von dem Aralsee und dem

403 Intergovernmental Oceanographic Commission of the United Nations Scientific an Cultural Organization. Darin heißt es: „from an oceanographic point of view (composition of water, flora and fauna) the Caspian Sea should be considered as a sea. In fact, the Caspian Sea is a relict of a marine basin“. Nachweis bei Vinogradov/Wouters, 9 LJIL (1996), S. 90.

Schwarzen Meer räumlich getrennt, spezifische Merkmale aus der Zeit der Verbundenheit sind aber im Kaspischen Meer verblieben.

Aus der Einordnung des Kaspischen Meeres als internationaler See folgt, daß auch die zweite Definitionsalternative des Art. 122 für umschlossene Meere keine Anwendung auf das Kaspische Meer finden kann. Auch wenn von den Ausmaßen des Kaspischen Meeres eine solche Anwendung denkbar wäre, scheitert sie daran, daß Art. 122 insgesamt als Gewässer ein Meer voraussetzt[404]. Daran fehlt es gerade bei dem Kaspischen Meer.

VII. Ergebnis

Die vorstehende Untersuchung hat gezeigt, daß das Kaspische Meer als internationaler See einzuordnen ist. Dieses Ergebnis stimmt mit der zunächst von der Russischen Föderation vertretenen Position überein. Eine davon unabhängige Frage ist allerdings, welche rechtlichen Konsequenzen sich an die Einordnung als internationaler See knüpfen. So ist im weiteren zu prüfen, inwieweit die von der Russischen Föderation vertretene Position, aus der Einordnung als internationaler See folge automatisch das Gemeinschaftseigentum der Anrainerstaaten über das Gewässer, mit der Rechtslage übereinstimmt.

404 Abgesehen davon spricht auch einiges dafür, diese Tatbestandsalternative nur dann als erfüllt anzusehen, wenn die Anrainerstaaten tatsächlich diese Zonen für sich in Anspruch nehmen. Darauf deutet die Entstehungsgeschichte der Vorschrift hin. In den Diskussionen über die Vorschrift des Art. 122 wurden von verschiedenen Staaten informelle Vorschläge eingebracht, die folgenden Wortlaut vorsahen: „[...] or consisting entirely or primarily of the territorial seas and exclusive economic zones of two or more coastal states, whether established or not." Dieser Vorschlag fand keinen Niederschlag in der Seerechtskonvention. Die Regelungen der Seerechtskonvention für das Küstenmeer und die Ausschließliche Wirtschaftszone sehen vor, daß die Staaten eine solche bis zu einer Ausdehnung von 12 Seemeilen in Anspruch nehmen können, nicht aber müssen. Bis zur Inanspruchnahme fehlt es dementsprechend an der Existenz des Küstenmeeres und der Ausschließlichen Wirtschaftszone. Die Anrainerstaaten des Kaspischen Meeres haben bislang diese Zonen nicht für sich in Anspruch genommen.

3. Kapitel: Rechtliche Konsequenzen aus der Einordnung des Kaspischen Meeres als Internationaler See

Die vorstehende Untersuchung hat gezeigt, daß die vor der Auflösung des Sowjetreiches geschlossenen Verträge von 1921 und 1940 keine Regelungen für einen Grenzverlauf auf dem Kaspischen Meer beinhalten. Das Kaspische Meer kann daher als unbegrenzter Raum angesehen werden. Es wurde weiter festgestellt, daß die Verträge von 1921 und 1940 eine Grenzziehung auf dem Kaspischen Meer nicht überflüssig machen, da sie die Nutzung des Kaspischen Meeres und die Befugnisse der Anrainerstaaten auf diesem Gewässer nur lückenhaft regeln und damit der Streit zwischen den Anrainern insbesondere über die Rechte an den mineralischen Ressourcen des Kaspischen Meeres fortbesteht. Aus diesem Grunde ist zu untersuchen, ob aus der Einordnung des Kaspischen Meeres als internationaler See eine bestimmte Grenzziehung folgt. Dazu ist es erforderlich herauszufinden, ob und gegebenenfalls welche Art der Delimitation auf internationalen Seen üblich ist.

I. Grenzverlauf in internationalen Seen

Ein See, der ausschließlich von dem Gebiet eines einzigen Staates umgeben ist, gehört zu dessen sogenannten Eigengewässern. Diese sind Teil seines Hoheitsgebietes und stehen unter seiner ausschließlichen Souveränität[405]. Ein internationaler See ist ein Gewässer, das durch zwei oder mehrere Staaten begrenzt ist[406]. Treffen zwei oder mehr Staaten mit ihrem Staatsgebiet aufeinander, stellt sich wie auch an Land die Frage nach dem Grenzverlauf zwischen den Staaten[407]. In der Staatenpraxis wird eine Festlegung der Grenzlinie zwischen zwei Staaten ge-

405 Oppenheim, International Law, Bd. 1, S. 245. Diese Seen seien innere Gewässer, über das der umgebende Staat das absolute und ausschließliche Recht besitze und den Zugang und die Nutzung des Sees bestimmen könne. Moore, a.a.O., S. 669; Jayewardene, The regime of islands in international law, S. 238.

406 Jayewardene, a.a.O., S. 237.

407 Nach Ansicht von Cohen handelt es sich bei der Frage der Grenzziehung in internationalen Gewässern und den daraus entstehenden Konflikten um ein sehr altes Problem des Völkerrechts. Cohen, RdC, 1975, S. 227-292 (230).

nerell für erforderlich gehalten[408]. Uneingeschränkt gilt dies zumindest für die Grenzziehung an Land.

Bei internationalen Gewässern könnte dieser Grundsatz vor dem Hintergrund eingeschränkt sein, daß alle angrenzenden Staaten ein Interesse daran haben, das Gewässer zu nutzen und von seinen biologischen und mineralischen Ressourcen zu profitieren. Ebenso könnte man die Notwendigkeit einer Grenzziehung auf einem internationalen Gewässer angesichts der von den Anrainerstaaten betriebenen Schiffahrt auf der gesamten Ausdehnung des Gewässers bezweifeln.

Zu der Frage, wie die Grenze in internationalen Seen verläuft, haben sich in der völkerrechtlichen Theorie verschiedene Ansätze herausgebildet, die nachfolgend zu untersuchen sind. Ob sich eine dieser völkerrechtlichen Theorien in der Praxis durchgesetzt hat, zeigt die anschließende Untersuchung der Grenzziehung in internationalen Seen weltweit.

II. Völkerrechtliche Theorien

1. Meerestheorie

Die inzwischen veraltete und heute nicht mehr vertretene Meerestheorie[409] ging davon aus, daß zwischen den internationalen Seen und den Weltmeeren eine erhebliche Ähnlichkeit bestehe, da beide Gewässerarten in ihren Ausmaßen nicht überschaubar seien[410]. In der Konsequenz fehle es an einer realen Beherrschungsmöglichkeit dieser Gewässer, so daß die Freiheit der Meere sowohl auf Meere als auch auf internationale Seen Anwendung finde[411]. Der Zugang und die

---

408 „Der Mensch ist ein grenzsetzendes Wesen." So bereits Graf zu Krockow, Schweizerische Monatshefte 48 (1968), S. 107. Die Grenze stellt eine Linie dar, die zur Abgrenzung der Hoheitsgebiete zwischen Staaten dient. Die Erforderlichkeit der Grenzziehung beruht auf dem Gedanken, daß das Völkerrecht keine sogenannten Wanderstaaten kennt und akzeptiert. Hoenninger, Der Bodensee im Völkerrecht, S. 103. Zur Funktion und dem Konzept von Grenzen vergleiche Brownlie, African boundaries, S. 3 ff.

409 Vergleiche Hoenninger, Der Bodensee im Völkerrecht, S. 19; Schweiger, BayVwBl. 1995, S. 65-71 (66); Doka, Der Bodensee im internationalen Recht, S. 18. Veiter lehnt die Meerestheorie mit dem lapidaren Hinweis ab, daß die Grundsätze über die Meere für einen innerkontinentalen See, mag er auch noch so groß sein, nicht in Betracht kommen. Das Seerecht und die Rechtsverhältnisse auf Seen zwischen Staaten ließen sich in keiner Weise miteinander vergleichen. Veiter, ArchVR 28 (1990), S. 458 – 472 (460).

410 Siehe Schweiger, BayVwBl. 1995, S. 65-71 (66).

411 Siehe Hoenninger noch für den Bodensee. Hoenninger, Der Bodensee im Völkerrecht, S. 12. Entsprechend für die Großen Seen Nordamerikas vgl. die Entscheidung

Nutzung stünden damit nicht nur den Anrainerstaaten offen, sondern der gesamten Staatengemeinschaft[412]. Lediglich ein schmaler Küstenstreifen sei der Souveränität des jeweiligen Uferstaates unterstellt. Der Ausgangspunkt der Meerestheorie, internationale Seen seien nicht beherrschbar, ist angesichts des heutigen technischen Fortschritts und der daraus folgenden Möglichkeiten, ein Gewässer tatsächlich zu beherrschen, überholt[413].

Auch wenn die Meerestheorie in ihrer Herleitung und Begründung heute veraltet ist und nicht mehr vertreten wird, kann sie dennoch in ihrer Rechtsfolge weitergedacht werden. Die Meerestheorie würde heute zu einer – zumindest analogen – Anwendung der Seerechtskonvention von 1982 auf internationale Seen führen. Für internationale Seen würden danach die Regelungen für das Küstenmeer, die Ausschließliche Wirtschaftszone und den Festlandsockel zur Anwendung kommen. Welche Auswirkungen die Anwendung dieser Vorschriften auf das Kaspische Meer hätte, wurde bereits veranschaulicht[414]. Im Ergebnis liefe eine entsprechende Anwendung der Seerechtskonvention auf eine nach dem Äquidistanzprinzip vorgenommene Aufteilung des Kaspischen Meeres hinaus.

---

in dem Rechtsstreit U.S. vs. Rodger (1893) 150 US 249, 256. Darin befand das Gericht:

„The Great Lakes possess very essential characteristics of seas. They are of large extent of length and breadth; they are navigable the whole distance in either direction by the largest vessels known to commerce; objects are not distinguishable from the opposite shores; they separate in many instances states and in some instances constitute the boundaries between independent nations and their waters after passing long distances debouch into the ocean. The fact that their waters are fresh and not subject to the tides does not affect their essential character as sea. Many seas are tideless, and the waters of some are saline only in a very slight degree."

412 Moore, Digest of international law, S. 476-477. Ein See sei als *res communis omnium* zu behandeln, vergleiche dazu Mayer in Stengels Wörterbuch des deutschen Staats- und Verwaltungsrechts, 1911, Bd. 1, S. 482 ff. Eine Anwendung dieser Theorie auf den Titicacasee findet sich bei Ulloa y Sotomayor, der in der Konsequenz diesen Ansatz aber ablehnt. Ulloa y Sotomayor, Derecho Internacional Público, S. 361.

413 Eine ähnliche Entwicklung läßt sich auch bei den Weltmeeren beobachten. Je weiter die technischen Neuerungen fortschreiten, desto lauter und vehementer wurde die Verbreiterung des unter der ausschließlichen Souveränität des Anrainerstaates stehenden Küstenstreifens gefordert und durchgesetzt. Ipsen, Völkerrecht, S. 670.

414 Siehe dazu bereits unter 2.III.5.

2. Kondominatstheorie

Die Theorie des Kondominiums[415] geht auf das Zivilrecht zurück und überträgt die Grundsätze der „gesamten Hand“ auf das Völkerrecht[416]. Ein Kondominium ist ein Gebiet oder ein Gebietsteil – unabhängig ob an Land oder auf dem Wasser –, das zwei oder mehreren Staaten gemeinschaftlich gehört[417].

Nach dieser Theorie verläuft die Grenze in einem internationalen See am Ufer des Gewässers. Die dahinter liegende Wasserfläche wird nicht in nationale Abschnitte aufgeteilt, sondern steht unter der gemeinsamen Herrschaftsgewalt aller Anrainerstaaten[418]. Jeder Anrainerstaat erhebt über die gesamte Seefläche seinen Gebietshoheitsanspruch, schraubt diesen aber aus Rücksicht auf die Souveränitätsansprüche der anderen Anrainer in den Fragen der Nutzung zugunsten einer gemeinsamen Ausbeutung zurück. Mangels anderweitiger Vereinbarung zwischen den Anrainerstaaten bedarf nach dieser Theorie jede Handlung, sei sie zur Erhaltung, Veränderung oder Verbesserung des Sees, der Zustimmung aller Uferstaaten[419]. Eine einzelstaatliche Nutzung des Raumes ist nicht möglich, die Kondominatstheorie verlangt grundsätzlich ein einvernehmliches gemeinschaftliches Handeln[420]. Vorteil dieser Handhabung sei, eine den Interessen aller Anrainerstaaten entsprechende Nutzung und Erhaltung des Gewässers zu ermöglichen. So können beispielsweise bei der Fischerei allgemein gültige Fangquoten von allen

---

415 Vertreter dieser Theorie sind Rettich, Die völker- und staatsrechtlichen Verhältnisse des Bodensees, historisch und juristisch untersucht“; Caratheodory, Das Stromgebiet und die internationale Flußschiffahrt, Handbuch des Völkerrechts. Kritik an diesem Ansatz übt unter anderem Huber, der meint, daß diese Theorie nicht ausreichend zwischen Gebietshoheit und Nutzungsverhältnissen unterscheidet. Huber, SchwJIL 21 (1965), S. 401 ff.; vergleiche dazu auch Graf-Schelling/Schenk, a.a.O., S. 104 ff.

416 Doka, Der Bodensee im internationalen Recht, S. 21.

417 Sogenanntes *Condominium pro indiviso* oder ideelles Miteigentum. Ein solches Kondominium wurde durch die Entscheidung des Internationalen Gerichtshofes für den Golf von Fonseca begründet. Da dieses Gewässer ursprünglich einem einzigen Staat gehört hatte – Spanien – und stets einheitlich genutzt worden war, entschied das Gericht, daß auch zwischen den nunmehr unabhängigen ehemaligen Kolonien El Salvador, Honduras und Nicaragua Gemeinschaftseigentum am Golf bestehen sollte.

418 Hoenninger, Der Bodensee im Völkerrecht, S. 15. Für den entsprechenden Ansatz bei Flüssen vergleiche Bouchez, der die Bezeichnung „*coimperium*“ verwendet. Bouchez, ICLQ 12, S. 790.

419 Ausnahmen werden nur für Maßnahmen zugelassen, die ein Staat zur Abwendung von Gefahr in Verzug ergreift. In diesen Fällen wird die Zustimmung der anderen Anrainerstaaten unterstellt.

420 Veiter, ArchVR 28 (1990), S. 458 ff. (472).

Anrainerstaaten festgelegt und auch überwacht werden, so dass eine Überfischung des Gewässers vermieden werden würde.

3. Realteilungstheorie

Ein See ist real geteilt, wenn er in verschiedene Sektoren unterteilt ist, die unter der ausschließlichen Gebietshoheit des jeweiligen Uferstaates stehen[421]. Die Grenze verläuft dann entlang der jeweilig festgelegten Sektorenabgrenzung[422].

Im Gegensatz zu der Meerestheorie und dem Konzept des Kondominiums halten die Vertreter der Realteilungstheorie eine Grenzziehung zwischen zwei Staaten auf dem Wasser für ebenso wichtig und erforderlich wie die Abgrenzung von Hoheitsgebieten an Land[423]. Der Grund dafür scheint die Annahme zu sein, daß allein eine klar definierte Abgrenzung von Herrschaftssphären zwischenstaatliche Konflikte und Kompetenzstreitigkeiten zu vermeiden vermag. Die Art der Grenzziehung geht teilweise auf die Annahme zurück, daß ein See lediglich ein stillgelegter und in seinen Ausmaßen verbreiterter Fluß sei[424], bei dem die Grenze prinzipiell entlang der Mitte oder des schiffbaren Kanals verläuft.

Ein See kann auf unterschiedliche Art und Weise in verschiedene Hoheitsgebiete aufgeteilt werden. Denkbar ist zunächst, daß die Grenze an einem Ufer des Sees verläuft[425]. Das Ufer wird bei Gewässern, die den Gezeiten unterliegen, als das Festland beschrieben, das zwischen dem Wasserstand bei Ebbe und dem bei

---

421 Vertreter der Realteilungstheorie sind unter anderem Doka, Der Bodensee im internationalen Recht, S. 21 f. und Hoenninger, der die Aufteilung in nationale Sektoren an der Mittellinie indes als „modifizierte Flußrechtstheorie" oder „Bodenseetheorie" bezeichnet. Hoenninger, Der Bodensee im Völkerrecht, S. 31 und 33; Brintzinger, a.a.O., S. 479; Moore hält die Realteilungstheorie jedenfalls dann für anwendbar, wenn anderweitige vertragliche Vereinbarungen der Anrainerstaaten fehlen. Moore, a.a.O., S. 669.

422 Kritisch zu der Realteilung von Gewässern Holtzendorff, der dieses Prinzip dann für unanwendbar hält, wenn an einen See mehr als zwei Anrainerstaaten grenzen. Siehe dazu bei Brintzinger, a.a.O., S. 451 ff.

423 Brintzinger, a.a.O., S. 453. Rousseau betont: „La délimitation d´une frontiere est une opération de paix, un signe d´indépendence et un élément de sécurité". Rousseau, Droit International Public, Bd. 3, S. 235.

424 Sogenannte Flußrechtstheorie; Vattel, Le droit des gents ou principes de la loi naturelle, Bd. 1, S. 239; Oppenheim, International Law, S. 373. Dagegen wird jedoch teilweise eingewandt, daß es auch sogenannte Reliktseen gebe, die aus ehemaligen Meeren entstanden sind. Schweiger, BayVwBl. 1995, S. 65-71 (66).

425 Diese Grenzziehung wird auch teilweise bei internationalen Flüssen herangezogen. Vergleiche dazu Bouchez, a.a.O., S 791; Oppenheim, International Law, S. 271.

Flut liegt[426]. Nimmt man als Beispiel einen internationalen See mit zwei Anrainerstaaten, so stellt sich diese Art der Grenzziehung in der Konsequenz derart dar, daß sich das Hoheitsgebiet eines Staates über den gesamten See erstreckt und am anderen Ufer des Sees – dort, wo das Festland des anderen Staates beginnt – endet. Der andere Staat ist damit vollständig vom Zugang zum See ausgeschlossen[427]. Diese Art der Grenzziehung in Seen war vor allem in der Kolonialzeit weit verbreitet. Der Entdeckerstaat errichtete seine Herrschaft über einen See nach den Grundsätzen der Okkupation, solange auf der anderen Seite des Sees ein anderer Staat sich noch nicht das Territorium einverleibt hatte[428].

Nach dem Vorbild in schiffbaren internationalen Flüssen kann die Grenze in einem See auch entlang des Thalweges gezogen werden[429]. Der Thalweg ist der schiffbare Weg in einem Gewässer, der nicht notwendig entlang dessen Mittellinie verläuft. Die Grenze stellt dabei nicht den gesamten schiffbaren Kanal dar, sondern eine zu ermittelnde Mittellinie in der Schiffahrtsrinne[430]. Die Übertragung dieser Art der Grenzziehung auf internationale Seen erscheint vor allem in flachen Gewässern sinnvoll, da der Grenzverlauf in der Mitte eines flachen Sees den Ausschluß eines oder mehrerer Anrainer des Sees von der Schiffahrt bewirken könnte, wenn und soweit der schiffbare Kanal bei Teilung auf der Mitte des Sees vollständig innerhalb eines Sektors läge. Wird dagegen auf dem Thalweg die Grenze gezogen, wird gewährleistet, daß alle Anrainerstaaten auf dem Gewässer Schiffahrt betreiben können[431].

Die Grenzziehung in einem See kann auch durch geometrische Linien erfolgen. Es werden dabei durch gerade Linien und Breiten- und Längengrade, Kreise und Bögen oder Parallellinien zum Ufer die Grenzen gezogen. Die Bestimmung des Grenzverlaufs anhand dieser Methode wurde überwiegend zu Zeiten vorge-

426 McEwen, International boundaries, S. 99.

427 Schröter, AFDI 1994, 912. Nach Ansicht von Schröter war im Kaspischen Meer durch den Vertrag von Gulestan von 1813 sowie durch den Vertrag von Turkmantschai von 1828 zwar nicht ausdrücklich, wohl aber faktisch eine Grenzziehung am Ufer Persiens vorgenommen worden. Rußland hatte nach Meinung von Schröter durch die Verträge das gesamte Gewässer beschlagnahmt. Schröter, a.a.O., S. 916.

428 Für die entsprechende Anwendung dieser Aufteilung in internationalen Flüssen führt Bouchez aus, daß dies häufig dann vorkam, wenn einer der Anrainerstaaten gegenüber dem anderen übermächtig oder der Fluß für einen der Anrainer nur von geringen Interesse war. Bouchez, ICLQ 12 (1963), S. 790 ff. (791).

429 So Staynov, der zumindest bei langgestreckten flußähnlichen Seen die Grenzziehung in Flüssen auf Seen übertragen will. Staynov, Studies on international law, S. 30.

430 Ansonsten würde dem allgemein geltenden Prinzip widersprochen, daß eine Grenze kein Gebiet, sondern eine exakt zu ermittelnde Linie ist.

431 So auch Jayewardene, a.a.O., S. 249. Doka, Der Bodensee im internationalen Recht, S. 26.

nommen, in denen genaue geographische Kenntnisse über die Ausdehnung des Gewässers und seinen Uferlauf fehlten[432]. Hintergrund für die Anwendung dieser Methode war die weitgehend einfache Bestimmung der Linien anhand von Landkarten.

Schließlich kann die Grenze in einem See entlang der Mittellinie festgelegt werden[433]. Dies führt dazu, daß das Gewässer an seiner Mitte in nationale Sektoren geteilt ist, über die jeder Anrainerstaat die ausschließliche Souveränität besitzt.

Für die Bestimmung der Mittellinie in einem See – der sogenannten Demarkation[434] – sind in der Vergangenheit verschiedene Ansatzpunkte entwickelt worden[435]. So ermittelte man teilweise diejenige Linie, die in allen ihren Punkten immer gleich weit bzw. nah von den Ufern des Sees entfernt ist[436]. Teilweise stellte man auf eine den Uferlinien folgende Mittellinie ab und schließlich wurde zur Ermittlung der Mittellinie diejenige Linie herangezogen, die die Fahrrinne in gleiche Teile teilt[437]. Diese drei Definitionsansätze erwiesen sich jedoch bald als problematisch, da bei mehrmaliger Anwendung ein und derselben Methode unterschiedliche Grenzverläufe ermittelt wurden. Dadurch war die Brauchbarkeit dieser Methoden für die Demarkation erheblich eingeschränkt.

Aus diesem Grund wird heute weitgehend die von *Boggs* entwickelte Methode zur Bestimmung der Mittellinie als vorzugswürdig angesehen. *Boggs* bestimmt die Mittellinie nach dem sogenannten Äquidistanzprinzip. Danach ist diejenige Linie zu ermitteln, die von den jeweils nächsten Punkten an den Ufern gleich weit entfernt ist[438]. Die Entfernung von den gegenüberliegenden Ufern wird nach *Boggs* vom Standpunkt eines Beobachters an Bord eines Schiffes ermittelt. Vorteil dieser Methode ist, daß jedermann vom Schiff aus feststellen

---

432 Cukwurah, a.a.O., S. 23.

433 Vergleiche dazu die ausführlichen Anmerkungen von Boggs, International boundaries, S. 178 ff.; Fenwick, a.a.O., S. 442 und Brintzinger, a.a.O., S. 453. Kritik an dieser Grenzziehung wird wegen Problemen tatsächlicher Art geübt, die dann entstehen, wenn ein internationaler See sehr unregelmäßige Uferlinien hat und dementsprechend auch die Grenzlinie im „zick-zack“ verläuft. Sei ein solcher See dazu noch schiffbar, sei die Grenzziehung an der Mittellinie weitgehend untauglich.

434 Im Völkerrecht wird allgemein zwischen Delimitation – die rechtliche Bestimmung des Grenzverlaufs – und der Demarkation – das tatsächliche und eigentliche Festlegen der Grenzlinie auf der Erdoberfläche – unterschieden.

435 Für einen Überblick siehe Boggs, a.a.O., S. 178 ff.

436 Der sogenannte „Landman´s median“. Boggs, a.a.O., S. 179.

437 Kritisch dazu Boggs, der diese Methode als nicht geeignet für die Bestimmung der Mittellinie ansieht. Dieses Prinzip ist seiner Ansicht nach mit der Grenzziehung entlang des Thalweges identisch. Boggs, a.a.O., S. 180.

438 Boggs, a.a.O., S. 179 f.

kann, auf wessen Hoheitsgebiet er sich zu dem jeweiligen Zeitpunkt befindet. Dieses Prinzip ist heute als die präziseste der Definitionen anerkannt, da nach dieser Methode nur eine einzige Grenzlinie ermittelt werden kann.

Ob eine Teilung und welche Art der Grenzziehung für einen See sinnvoll und passend ist, wird unterschiedlich beantwortet. So wird teilweise vertreten, daß die Mittellinie als Grenzlinie bei Seen angewendet werden soll, die zwischen zwei Staaten liegen und eine lange und schmale Form haben[439]. Auch wird vertreten, daß die Mittellinie vor allem bei besonders tiefen Seen als Grenzlinie zur Anwendung kommen sollte[440].

Eine Untersuchung der Staatenpraxis zu dieser Frage wird veranschaulichen, ob und welche der genannten Theorien bzw. Delimitationsmethoden sich bei der Grenzziehung durchgesetzt hat.

III. Staatenpraxis

1. Die Großen Seen Nordamerikas

Die Großen Seen[441] liegen auf der Grenze zwischen Kanada und den Vereinigten Staaten von Amerika[442]. Zu dieser Seenplatte gehören der Eriesee, Ontario See, Michigansee, Huronsee und der Obere See. Insgesamt nehmen die Großen Seen eine Wasseroberfläche von etwa 246.500 km² ein[443]. Die Besonderheit und der große Stellenwert dieser Seenplatte ergeben sich aus ihrer Eigenschaft als größtes Frischwasserreservat der Welt.

Der Verlauf der Grenze in den Großen Seen[444] war Gegenstand des Friedensvertrages von Paris zwischen England und den USA vom 3. September 1783, in dem die Grenze zwischen den beiden Staaten an der Mittellinie der Großen Seen

---

439 Adami, a.a.O., S. 38.

440 Jones, a.a.O., S. 136-138.

441 Siehe Annex, Abb. 2

442 Zu den Großen Seen vergleiche die Abhandlungen von Piper, The International law of the Great Lakes; Dipla, a.a.O., S. 259 ff.

443 Der größte dieser Seen ist der am weitesten westlich gelegene Obere See mit einer Länge von circa 617 km und einer Breite von 257 km. An zweiter Stelle steht der Huron See, der etwa 332 km lang und bis zu 295 km breit ist. Ihm folgt der Michigansee mit Ausmaßen von bis zu 494 km in der Länge und bis zu 190 km in der Breite. Der Eriesee mißt 388 km in der Länge und 90 km in der Breite. Der kleinste der Großen Seen ist der Ontariosee mit einer Länge von 310 km und einer Breite von 85 km.

444 Die Grenze durch die Großen Seen mißt insgesamt 2.073,80 km.

festgelegt wurde[445]. Der Michigansee war nicht Gegenstand dieses Vertrages, da er ausschließlich von US-amerikanischem Territorium umgeben ist und folglich zum Hoheitsgebiet der USA gehört. Auch für den Oberen See fehlte im Vertrag von Paris eine Festlegung der Grenze. Der Friedensvertrag von Paris war für die Anrainerstaaten der Großen Seen in der Folge die Grundlage für alle Modifikationen und Verhandlungen über eine neue Grenzziehung in den Seen[446].

Es stellte sich später heraus, daß die durch den Vertrag festgelegten Grenzen aufgrund der Verwendung unpräziser Karten nicht in allen Abschnitten des Grenzverlaufs zufriedenstellend und häufig nur ungenau bestimmt waren[447]. Der Vertrag von Ghent von 1814 wies ausdrücklich auf die Defizite bei der bisherigen Grenzziehung und die Notwendigkeit einer Modifikation hin. Die durch den

---

445 Zuvor war die Grenzfrage bereits Gegenstand eines vorläufigen Vertrages, der unmittelbar nach dem Ende des Unabhängigkeitskrieges im Jahre 1782 ausgehandelt wurde. Die dort formulierten Regelungen sind in den endgültigen Friedensvertrag von Paris übernommen worden. Der Vertrag ist abgedruckt in Parry, CTS 48, S. 487. In Art. 2 des Vertrages heißt es:
„Thence along the middle of said River into Lake Ontario; through the Middle of said Lake until it strikes the Communication by Water between that Lake & Lake Erie; Thence along the Middle of said Communication into Lake Erie; through the Middle of said Lake, until it arrives at the Water Communication between that Lake and Lake Huron; Thence along the Middle of said Water Communication into the Lake Huron, thence through the Middle of said Lake to the Water Communication between that Lake and Lake Superior, thence through the Lake Superior Northward of the Isles Royal & Phelipeaux to the Long Lake [...]"
Die Grenzziehung an der Mittellinie erfolgte trotz heftigen Widerstandes Großbritanniens. Die britische Krone hatte versucht, eine Grenzziehung am Südufer durchzusetzen, wodurch die USA von der Gebietshoheit über die Großen Seen ausgeschlossen gewesen wären.

446 Siehe Dipla, a.a.O., S. 259.

447 Die Unzulänglichkeiten stellten sich vor allem bei Konflikten der Anrainer auf dem Gewässer heraus. Dies äußerte sich beispielsweise darin, daß sich Großbritannien nicht an die in dem Vertrag gezogenen Grenzen hielt und britische Kaufleute auch weiterhin die Großen Seen in ihrer gesamten Ausdehnung bis zum Südufer für sich in Anspruch nahmen, so daß es im Jahre 1812 zum Krieg zwischen den USA und Großbritannien kam. Siehe dazu Bédard, Le regime juridique des Grands Lacs de l'Amérique du Nord et du Saint-Laurent, S. 13. Zudem bemerkte man, daß die Existenz von zahlreichen Inseln in den Großen Seen bei der Grenzziehung nicht in ausreichendem Maß berücksichtigt worden war. Dipla, a.a.O., S. 259. Boggs illustriert die Ungenauigkeiten anhand von Kartenmaterial. Boggs, International boundaries, S. 51 f.

Vertrag von Ghent[448] eingesetzte Kommission[449] präzisierte deshalb die Wassergrenze in den Großen Seen an der Mittellinie. Jedoch konnten die Differenzen bezüglich des Grenzverlaufs im Oberen See zwischen den Kommissaren nicht vollständig ausgeräumt werden. Die exakte Grenze durch den Oberen See wurde erst durch den Webster-Ashburton-Vertrag im Jahre 1842 bestimmt[450]. Auf den dem Vertrag von Ghent zugrundegelegten Karten wurde der beschlossene Grenzverlauf durch den Oberen See eingetragen und als Annex dem Vertrag beigefügt. Eine abschließende Modifizierung der Grenze zwischen Kanada und den USA erfolgte durch die International Waterways Comission, die durch den Vertrag von 1908[451] eingesetzt wurde[452]. Seit diesem Zeitpunkt ist der Grenzverlauf in den Großen Seen unverändert geblieben. Es folgten lediglich völkerrechtliche Verträge zwischen Kanada und den USA, die die Nutzung der Großen Seen regelten[453].

Die kanadisch-US-amerikanische Grenze durch die Großen Seen verläuft noch heute entlang der Mittellinie. Die Erhaltung und Kontrolle der Wassergrenze zwischen Kanada und den Vereinigten Staaten von Amerika obliegt der International Boundary Commission[454].

2. Südamerikanische Seen

Die heutigen Grenzen der südamerikanischen Staaten sind in erheblichem Umfang durch die von den Kolonialmächten Spanien und Portugal gezogenen Grenzlinien geprägt. Nach dem Ende der Kolonialzeit wandten die inzwischen unabhängigen ehemaligen Kolonien bei der Frage der Grenzziehung sowohl zu Lande als auch auf den Gewässern häufig das sogenannte uti-possidetis-Prin-

---

448 Der Vertrag ist abgedruckt in Miller, Treaties, Bd. 2, S. 574-582.

449 Insgesamt wurden durch den Vertrag von Ghent drei Kommissionen eingesetzt. Mit der Präzisierung des Grenzverlaufes beschäftigte sich die dritte Kommission, die aus einem amerikanischen und einem britischen Vertreter bestand.

450 Der Vertragstext findet sich in Encyclopedia of international boundaries, S. 143.

451 Vertrag vom 11. April 1908.

452 Dipla, a.a.O., S. 265.

453 Auch die im Jahre 1909 abgeschlossene Boundary Waters Treaty veränderte den Grenzverlauf nicht. Vielmehr heißt es darin ausdrücklich:
„Nothing in this treaty alters the status of boundary waters as part of the respective territories of the riparian states. Their sovereignty is limited only in the sense that certain activities within boundary waters require permission."

454 Diese Kommission wurde durch den Vertrag vom 24. Februar 1925 ins Leben gerufen. 43 LNTS 23.

zip[455] an. Dieses heute als Völkergewohnheitsrecht anerkannte Prinzip geht zurück auf das römische Recht[456]. Heute wird die uti-possidetis-Doktrin allgemein als die Bestandsgarantie der Grenzen eines Staates angesehen[457]. Nach der Unabhängigkeit verpflichteten sich die ehemaligen Kolonialgebiete zu gegenseitigem Respekt hinsichtlich ihres Gebietsstatus[458] und zu einem Verzicht auf das Recht der Eroberung[459]. Das Prinzip der Respektierung der Grenzen fand seine Ausprägung auch bei den in Südamerika gelegenen internationalen Seen, dem Titicacasee und dem Mirim See.

a) Titicacasee

Der Titicacasee[460] liegt im südöstlichen Teil Perus und im westlichen Teil von Bolivien zwischen den Küstenkodillieren und den bolivianischen Anden. Er ist bis zu 196 km lang, etwa 60 km breit und bis zu 281 m tief. Mit einer Oberfläche von 8.100 km² ist er der größte See Südamerikas.

---

455 „*Uti possidetis, ita possideatis*". Dies gilt indes nach überwiegender Auffassung nur für die Grenzen zwischen den ehemaligen spanischen Kolonien, die sich zur Respektierung der durch das spanische Königreich gezogenen Distriktgrenzen verpflichteten. Siehe dazu ausführlich de Aréchaga, EPIL 1 (1996), S. 449-453; Hummer, EPIL 1 (1996), S. 464-472; Simmler, Das uti-possidetis-Prinzip zur Grenzziehung zwischen neu entstandenen Staaten; Sorel/Mehdi, AFDI 1994, S. 11-40; Bernstein, Delimitation of international boundaries, S. 182 ff. Mit dem Verhältnis zwischen dem uti-possidetis-Prinzip setzt sich eingehend Weber, a.a.O., S. 71 ff., auseinander.

456 Dieses Prinzip traf Regelungen für den Besitzschutz an Immobilien im Rahmen von Streitigkeiten über das Besitzrecht einer Person. Danach sollte dem Besitzer einer Immobilie – unabhängig davon, ob er den Besitz auf widerrechtliche Weise erlangt hatte – der Besitz an der Sache erhalten bleiben, solange der Rechtsstreit über die in Streit befindlichen Besitzrechte noch nicht entschieden war. Das römische uti-possidetis-Prinzip beseitigte damit einen Schwebezustand bis zum Abschluß des gerichtlichen Verfahrens. Der Unterschied zur Anwendung dieses Prinzips auf die Entkolonialisierung auf dem südamerikanischen Kontinent wird vielfach darin gesehen, daß nicht zeitlich begrenzte Regelungen für einen Schwebezustand geschaffen werden, sondern daß konfliktträchtige unsichere Zustände für die Zukunft und für immer beseitigt werden sollten. Vergleiche de Aréchaga, EPIL 1 (1996), S. 449-453.

457 Dieses Prinzip ist eine besondere Ausformung des Effektivitätsprinzips. Ipsen, Völkerrecht, § 23 Rn. 72.

458 Damit sollte der durch die Kolonialmächte geschaffene *status quo* erhalten werden.

459 Konfliktfrei war die Anwendung dieses Prinzips aber nicht, da Spanien als Kolonialmacht nicht das gesamte Gebiet erkundet hatte und Grenzen dadurch unpräzise und entgegen der natürlichen Gegebenheiten festgelegt worden waren. Vgl. dazu Guatemala-Honduras Arbitral Award RIAA, Bd. 2, S. 1325.

460 Siehe Annex, Abb. 3

Die einzige ehemalige Kolonialmacht auf dem Gebiet Perus und Boliviens war Spanien[461]. Während der Kolonialzeit unterblieb eine Grenzziehung zwischen den beiden Staaten. Erste Delimitationsversuche begannen im Jahre 1826, nachdem Bolivien seine Unabhängigkeit erlangt hatte[462]. Bolivien trug der Regierung in Peru den Abschluß eines Vertrages an, der zwar die Teilung des Titicacasees an der Mittellinie, in Art. 3 aber eine Grenzziehung in dem Anschlußsee Vinamarcasee vorsah, die diesen unter die ausschließliche Souveränität Boliviens stellte[463]. Fischerei und Schiffahrt sollte beiden Staaten offenstehen[464]. Wegen seines fehlenden Zugangsrechts zum Vinamarcasee verweigerte Peru die Ratifikation des Vertrages[465]. Nachdem der Grenzverlauf im Titicacasee insbesondere wegen der Lösung über den Vinamarcasee zwischen den beiden Anrainern über hundert Jahre ein nicht zu lösender Streitpunkt war, legte die von beiden Staaten im Jahre 1925 ins Leben gerufene Kommission[466] aus Vertretern beider Staaten die Grenze am 19. Dezember 1929 an der Mittellinie des Titicacasees und des Vinamarcasees fest[467]. Zur Bestimmung dieser Linie wurden astronomische Punkte verwendet[468].

---

461 Sowohl Bolivien als auch Peru waren Gliedstaaten des spanischen Vizekönigs des kolonialen Lima.

462 Bolivien erlangte seine Unabhängigkeit im Jahre 1825, Peru wurde bereits im Jahre 1824 unabhängig.

463 Art. 3 lautete: „[...] en donde continuará la línea por la costa del Oeste de la parte de dicha laguna, que llaman de Vinamarca hasta el estrecho de Tiquina, que es el lugar que divide esta laguna, de la de Titicaca [...] de tal suerte que quede a Perú el pueblo de Copacabana y su territorio, la laguna de Titicaca con todas sus islas; y a Bolivia la de Vinamarca con todas las de su comprension [...]". Der Vertragstext ist abgedruckt in Aranda, Tratados de Perú, 1890, Bd. 2, S. 165 ff.

464 Ebenfalls in Art. 3 des Vertrages geregelt.

465 Vergleiche dazu die diplomatische Note des peruanischen Außenministeriums vom 18. Dezember 1826, abgedruckt in Aranda, a.a.O., S. 168 ff. Darin heißt es: „[...] sus deberes le dictan el desagradable partido de no ratificarlos en su presente forma. [...] Las estipulaciones del Tratado de límites son exclusivamente ventajosas para Bolivia."

466 Der Entschluß zur Errichtung einer solchen Kommission wurde in dem Protokoll vom 2. Juni 1925 in La Paz von beiden Staaten gefaßt. Ireland, Boundaries, possessions and conflicts in South America, S. 108. Bereits zuvor war die Errichtung einer solchen Kommission zu verschiedenen Gelegenheiten angeregt worden. Vergleiche dazu Pondaven, a.a.O., S. 64.

467 Diese mündliche Abrede wurde sodann durch das Protokoll von La Paz vom 15. Februar 1932 bestätigt. Der Text ist abgedruckt in Tratados, convenciones y acuerdos vigentes entre el Perú y otros estados, Bd. 1, S. 125.

468 Diese Grenzziehung ist nach Ansicht von Pondaven exakter ausgefallen als im Genfer See oder im Albertsee, da hier auch die zahlreichen Inseln im Titicacasee in ausreichendem Maß berücksichtigt wurden. Pondaven, a.a.O., S. 89.

b) Mirim See

Der Mirim See[469] liegt auf der Grenze zwischen Brasilien und Uruguay und hat eine Fläche von 5.570 km^2[470].

Bereits die Kolonialmächte Spanien und Portugal[471] kamen in dem Vertrag von San Ildefonso vom 1. Oktober 1777 überein, daß die Schiffahrt und der Zugang zum Mirim See ausschließlich Portugal zustehen und sich Portugals Hoheitsgebiet bis zum südlichen Ufer des Sees erstrecken sollte. Spanien war damit von der Herrschaft über den Mirim See ausgeschlossen. Die Uferlinie des Sees wurde mit dem höchsten Wasserstand festgelegt. Diese Grenzziehung wurde nach der Entkolonialisierung Brasiliens und Uruguays im Jahre 1851 bestätigt[472]. Der See stand damit unter der ausschließlichen Souveränität Brasiliens, während Uruguay von der Herrschaft über das Gewässer ausgeschlossen war.

Eine Änderung dieser Ufergrenzziehung erfolgte erst im Jahre 1909[473]. In dem Vertrag vom 30. Oktober 1909 trat Brasilien einen Teil seines Seeterritoriums an Uruguay ab. Die Grenze sollte nunmehr auf dem See verlaufen und beide Anrainerstaaten erhielten einen ihrer Souveränität unterstehenden territorialen Sektor zugeteilt. Bei der Grenzziehung wurde der Besonderheit Rechnung getragen, daß in dem ansonsten sehr flachen Mirim See ein schiffbarer Kanal existiert[474]: Die Grenze wurde entlang der Mittellinie des Mirim Sees festgelegt; an

469 Siehe Annex, Abb. 4.

470 Für einen allgemeinen historischen Überblick über die Grenzkonflikte in dieser Region siehe Ireland, a.a.O., S. 130-138.

471 Das spanische Königreich war auf dem Gebiet Uruguays Kolonialherr, während das Gebiet des heutigen Brasiliens portugiesisch war.

472 Art. 2 des Grenzvertrages vom 12. Oktober 1851 in Rio de Janeiro, abgedruckt in Parry, CTS, Bd. 106 (1851), S. 350. Diesem Vertrag waren heftige Diskussionen zwischen Brasilien und Uruguay vorangegangen, in denen Brasilien sich auf den Standpunkt stellte, der Vertrag von San Ildefonso sei durch den Krieg zwischen Spanien und Frankreich auf der einen und Portugal auf der anderen Seite unwirksam geworden. In diesem Krieg hatte Portugal erhebliche Besitzgewinne verzeichnen können. In dem Friedensvertrag von Badajoz vom 6. Juni 1801 sei nicht der im Vertrag von San Ildefonso festgelegte Zustand wiederhergestellt worden, sondern Portugals Gebiet habe sich auf die kriegerisch okkupierten Gebiete ausgeweitet. Siehe dazu ausführlich de Aréchaga, EPIL 1(1996), S. 449-453 (452).

473 Der Vertrag ist abgedruckt in: Nouveau Recueil Général des Traités, 3e serie, Bd. 6, S. 858.

474 Siehe Ireland, a.a.O., S. 136.
„The new frontier should cross longitudinally Lake Mirim [...] by a broken line composed of as many straight lines as necessary to preserve the median distance between the principal points on the two shores or, if depth should be scanty, of as many straight lines as necessary to follow the principal channel of the lake“.

Stellen, an denen bei Grenzziehung auf der Mittellinie wegen der fehlenden Tiefe des Sees einer der Anrainer hätte keine Schiffahrt betreiben können, einigte man sich auf eine Grenzziehung auf der Mittellinie des schiffbaren Kanals. Diese Grenzziehung wird bis heute von beiden Anrainerstaaten weitgehend akzeptiert.

3. Afrikanische Seen

Die afrikanischen internationalen Seen waren im 19. Jahrhundert Gegenstand der Expansionsbestrebungen der europäischen Kolonialmächte. Neben der Sicherung von großen Landmassen waren diese Seen insbesondere als Wasserreservat und aufgrund ihrer besonderen geographischen Lage häufig als weitere Etappe für die Bildung einer durchgängigen einzelstaatlichen Achse durch Afrika für die Kolonialmächte von besonderem Interesse[475]. Nach dem Ende der Kolonialzeit wurde im Jahre 1964 von vielen der inzwischen unabhängigen Staaten die Resolution der afrikanischen Staatsoberhäupter unterzeichnet, in der sich die Staaten zur Respektierung der bestehenden Grenzen verpflichteten[476].

a) Tschadsee

Der Tschadsee[477] liegt südlich der Sahara auf der Grenze zwischen Kamerun, Tschad, Niger und Nigeria[478]. Die Oberfläche des Tschadsees beträgt 10.000 – 25.000 km². Die Größe des Sees hängt von den Jahreszeiten ab[479]. Gespeist wird

475 Die Expansionsbestrebungen führten weitgehend zu einer willkürlichen Grenzziehung ohne Rücksicht auf die Besiedlung durch zusammengehörende oder befeindete ethnische Gruppen oder geographische Besonderheiten. Siehe dazu Jimenez, National and International Boundaries, S. 757-767.

476 In der Resolution heißt es:
„The assembly of Heads of State and Government meeting in its First ordinary session in Cairo, UAR, from 17 to 21 July 1964 [...] solemnly declares that all Member States pledge themselves to respect the borders existing on their achievement of national independence.“
Brownlie stellt die These auf, daß generell die heute noch bestehenden Grenzen mit den ehemaligen Kolonialgrenzen identisch sind. Brownlie, African boundaries, S. 6.

477 Siehe Annex, Abb.5.

478 Siehe zu diesem internationalen See ausführlich Sand, ZaöRV 1974, S. 52-82; Einzelheiten zu den Vorkommnissen während der Kolonialzeit bei Pondaven, a.a.O., S. 30 ff.

479 Wegen dieser erheblichen Schwankungen des Wasserstands erläutert Jones anhand des Tschadsees die Wichtigkeit der Grenzziehung unter Angabe eines bestimmten Wasserlevels. Jones, a.a.O., S. 138.

der See durch den Schari Fluß. Der Tschadsee ist ein flacher See, er ist bis zu 10 m tief, im Nordwesten erreicht er aber eine Tiefe von nur 1 m. Eine Verbindung zum offenen Meer fehlt dem Tschadsee.

Zu Kolonialzeiten waren Großbritannien – das Nigeria kontrollierte –, Frankreich als Kolonialmacht von Niger und Tschad sowie das Deutsche Reich auf dem Territorium des heutigen Kameruns[480] Imperialmächte in der Region um den Tschadsee. Es waren diese drei Kolonialmächte, die durch Abkommen untereinander die Grenzen auf dem Tschadsee festlegten[481]. Sie teilten den See in diesen

---

480 Im Jahre 1884 annektierte das Deutsche Reich das Gebiet des heutigen Kameruns. Nach dem ersten Weltkrieg fielen durch den Vertrag von Versaille das Kolonialgebiet des Deutschen Reichs vom Tschadsee bis zum Golf von Guinea als Völkerbundmandate an Frankreich (Ost-Kamerun mit ca. 80% der Fläche) und Großbritannien (West-Kamerun). Diese beiden Staaten legten in der Milner-Simon Declaration im Jahre 1919 den Grenzverlauf fest. Nach dem zweiten Weltkrieg löste am 13.12.1946 eine Treuhand der Vereinten Nationen das britische und französische Mandat in Kamerun ab. Im Jahre 1960 erklärten das ehemals französische Mandatsgebiet Ost-Kamerun und Nigeria ihre Unabhängigkeit. Mit dem von den Vereinten Nationen in die Wege geleiteten Referendum vom 11./12.2.1961 entschied der nördliche Teil des britischen West-Kamerun, sich Nigeria anzuschließen, während das südliche Kamerun dem Staat Ost-Kamerun beitrat und mit diesem zusammen die Republik Kamerun bildete.

481 Die Grenzen wurden in zahlreichen bilateralen Abkommen festgelegt, deren ausführliche Analyse den Rahmen dieser Arbeit sprengen würde. Der Vollständigkeit halber sind jedoch die maßgeblichen Abkommen über die Grenzziehung zu nennen. Zwischen Großbritannien und Deutschland wurden die nachfolgenden Abkommen geschlossen:
- Übereinkommen über die Abgrenzung von Einflußsphären im Golf von Guinea vom 15. November 1893 in Berlin, Hertslet, a.a.O., Bd. 3, S. 913;
- Abkommen über die Respektierung der Grenze von Yola zum Tschadsee vom 12. Dezember 1902 in London, Hertslet, a.a.O., Bd. 3, S. 930;
- Abkommen über die Respektierung der Grenze von Yola zum Tschadsee vom 19. März 1906 in London nebst Notenaustausch vom 16. Juli 1906, Hertslet, a.a.O., Bd. 3, S. 937;
- Protokoll für einen Überblick über die Grenze von Yola zum Tschadsee vom 24. Februar 1904 in Ullgo, Hertslet, a.a.O., Bd. 3, S. 933;
- Protokolle zur Bestimmung der Grenzen von Yola zum Tschadsee vom 12. Februar und 11. März 1907 in Kofa nebst Notenaustausch vom 22. Februar und 5. März 1909, Hertslet, a.a.O., Bd. 1, S. 86;

Zwischen Deutschland und Frankreich:
- Konvention zur Präzisierung der Grenzen zwischen den Kolonien Kamerun und Französisch Kongo und zur Errichtung der Abgrenzungslinie der Einflußzonen der beiden Staaten in der Tschadsee-Region vom 15. März 1894 in Berlin nebst Austausch der Ratifikationsurkunden vom 10. August 1894, Hertslet, a.a.O., Bd. 2, S. 657;

Abkommen in nationale Sektoren auf, so daß jeder Anrainerstaat ausschließliche Souveränität über den ihm zugewiesenen Anteil des Sees hatte. Die Grenze ermittelte man durch Festlegung von astronomischen und geometrischen Punkten und deren Verbindung durch gerade Linien.

Diese von den Kolonialmächten geschaffenen Grenzen übernahmen die ehemaligen Kolonien nach ihrer Unabhängigkeit durch eine gemeinsame Erklärung aller vier Staatschefs im Jahre 1962[482], so daß der Tschadsee auch heute noch real in vier nationale Sektoren aufgeteilt ist[483].

- Konvention zur Präzisierung der Grenzen zwischen Kamerun und Französisch Kongo vom 18. April 1908 in Berlin nebst Austausch der Ratifikationsurkunden vom 28. Juli 1908, Hertslet, a.a.O., Bd. 3, S. 1215.

Zwischen Großbritannien und Frankreich:

- Konvention betreffend Neufundland, West und Zentralafrika vom 8. April 1904 in London nebst Austausch der Ratifikationsurkunden vom 8. Dezember 1904, Hertslet, a.a.O., Bd. 2, S. 816;
- Konvention zur Grenzziehung östlich des Niger vom 29. Mai 1906 in London nebst Austausch der Ratifikationsurkunden vom 29. August 1906, Hertslet, a.a.O., Bd. 2, S. 843;
- Abkommen zur Respektierung der Grenzziehung zwischen den Besitzungen östlich des Niger vom 19. Februar 1910 in London nebst Notenaustausch vom 11. Mai und 1. Juli 1911, British and Foreign State Papers, Bd. 103, S. 260;
- Erklärung zur Respektierung der Grenze zwischen den Kamerun Mandatsgebieten vom 10. Juli 1919 in London (Milner-Simon Declaration), British and Foreign State Papers, Bd. 116, S. 829 und Bd. 118, S. 887;
- Notenaustausch über die Respektierung der Grenze zwischen den britischen und französischen Sphären in den Kamerun Mandatsgebieten vom 9. Januar 1931 („Fleuriau-Henderson Exchange of Notes"), British and Foreign State Papers, Bd. 134, S. 238.

482 Erklärung vom 21. Dezember 1962 auf der Konferenz der Regierungschefs in Fort Lamy. Vergleiche dazu Agoro, ICLQ 15 (1966), S. 542-550 (542). Teilweise wird dieses Verhalten als Respektierung des auch von den nach der Dekolonisation unabhängig gewordenen lateinamerikanischen Staaten angewandten uti-possidetis-Prinzips bewertet. Sand, ZaöRV 1974, S. 52-82 (68). Diese Bewertung ist indes nicht unumstritten. Eine kritische Haltung nimmt dazu McEwen ein, der den gravierenden Unterschied zwischen der Dekolonisation in Afrika und Lateinamerika darin sieht, daß in Lateinamerika lediglich zwei Kolonialmächte herrschten und es dort eine Vielzahl von Gebieten gab, bei denen eine exakte Grenzziehung nicht existierte. Die dekolonisierten Gebiete folgten dem uti-possidetis-Prinzip, um Konflikte zu vermeiden. In Afrika hingegen waren durch den Umstand einer Vielzahl von Kolonialmächten die Grenzen detailliert festgelegt, so daß sich eine Problematik der Grenzfestlegung wie in Südamerika nicht stellte. McEwen, International boundaries, S. 27 f.

483 Angesichts der zum großen Teil willkürlich und ohne Beachtung der ethnischen Zusammensetzung der Bevölkerung vorgenommenen Grenzziehung überraschte dieses Verhalten der Afrikanischen Staaten. Siehe dazu McEwen, International bounda-

In der Folgezeit blieben die festgelegten Grenzen von den Anrainerstaaten zunächst weitgehend unumstritten[484]. Allerdings entzündete sich Mitte der 90er Jahre zwischen Nigeria und Kamerun ein Konflikt über den Verlauf der Seegrenze. Hintergrund dieser Auseinandersetzung war die Besiedlung einiger seenaher Gebiete durch die nigerianische Bevölkerung, die bereits im Jahre 1987 begonnen hatte. Auf die fortschreitende Austrocknung und damit verbundene Verkleinerung des Tschadsees hatten nigerianische Fischer reagiert, indem sie dem Wasser hinterherzogen. Dabei ließen sie sich auf dem Gebiet Kameruns – unter anderem in der Ortschaft Darak – nieder. Nach und nach setzte Nigeria dort eigene Sicherheitskräfte ein und kontrollierte und verwaltete die Gegend bald ausschließlich. Am 11. April 1994 protestierte Kamerun offiziell gegenüber Nigeria gegen dieses Verhalten. Nigeria reagierte bereits drei Tage danach mit einer diplomatischen Note und stritt jeglichen Anspruch Kameruns auf dieses Gebiet ab und nahm die Herrschaft darüber für sich selbst in Anspruch[485]. Dies nahm Kamerun zum Anlaß, den Verlauf der Grenze durch den Internationalen Gerichtshof in Den Haag verbindlich klären zu lassen.

Seinen Antrag reichte Kamerun als „Additional Application" in dem bereits zwischen Kamerun und Nigeria anhängigen Rechtsstreit über die Frage der Souveränitätsrechte über die an Ölvorkommen reiche Halbinsel Bakassi im Golf von Guinea bei dem Internationalen Gerichtshof ein.

Kamerun war der Ansicht, daß die Grenze im Tschadsee in den von den Kolonialmächten abgeschlossenen Verträgen[486] verbindlich festgelegt worden sei

---

ries, S. 22 f. Sand führt aus, daß die Vereinbarung von Gemeinschaftseigentum am Tschadsee im Rahmen eines Kondominiums niemals ernsthaft in Betracht gekommen sei. Tschad kontrolliert und sichert seine Wassergrenzen heute mit Kriegsschiffen ab. Sand, ZaöRV 1974, S. 52-82 (70).

484 Ein kurzer militärischer Konflikt entzündete sich zwischen Tschad und Nigeria im Jahre 1998 um die Vorherrschaft über die im Tschadsee gelegene Tetewa-Insel. Allerdings erklärten beide Staaten kurze Zeit später, daß dieser Streitpunkt mittlerweile zwischen ihnen geklärt worden sei.

485 Die diplomatische Note vom 14.04.1994 lautete:
„It is both unfortunate and unacceptable that Darak which has always been part and parcel of Wulgo District of Ngala Local Government area of Borno State of Nigeria and which since time immemorial been administered as such is now being claimed as part of Cameroon territory."

486 Kamerun bezog sich dabei insbesondere auf die Milner-Simon Declaration vom 10. Juli 1919 sowie die Thomson-Marchand Declaration zwischen dem nigerianischen Gouverneur und dem Kommissar des Mandatsgebietes Kamerun vom 29.12.1929/ 31.01.1930, die durch den diplomatischen Notenaustausch vom 9.1.1931 („Fleuriau-Henderson-Exchange of Notes") bestätigt wurde.

und das von Nigeria besiedelte Territorium deshalb zu seinem Staatsgebiet gehöre. Nigeria stellte sich auf den Standpunkt, daß die von Kamerun genannten Verträge keine abschließende Grenzfestlegung enthielten. Maßgeblich sei, daß in der Vergangenheit Nigeria allein und von Seiten Kameruns unwidersprochen die effektive Herrschaftsmacht über diese Gebiete ausgeübt habe.

In seinem Urteil vom 10. Oktober 2002[487] entschied das Gericht, daß die Verträge aus der Kolonialzeit die Grenze im Tschadsee verbindlich und abschließend festlegten und die von Nigeria besiedelten Gebiete aus diesem Grund zum Hoheitsgebiet Kameruns gehören. Das Urteil sprach die Verpflichtung Nigerias aus, die besetzten Gebiete zu räumen.

Obwohl beide Staaten zunächst erklärt hatten, das Urteil des Gerichtshofes zu akzeptieren, lehnte Nigeria kurz nach deren Veröffentlichung die Gerichtsentscheidung ab[488]. Die Ablehnung Nigerias richtete sich dabei in erster Linie gegen die Entscheidung des Gerichts, die Bakassi Halbinsel gehöre zum Hoheitsgebiet Kameruns[489]. Inzwischen hat Nigeria allerdings begonnen, die von nigerianischer Bevölkerung besiedelten Gebiete an Kamerun zurückzugeben[490].

b) Viktoriasee

An den Viktoriasee[491] im Südosten Afrikas grenzen heute drei Staaten: im Norden liegt Uganda an den Ufern des Sees, im Osten Kenia und im Süden bildet Tansania mit seinem Gebiet die Landesgrenze des Victoriasees. Der See mißt in der Länge bis zu 337 km, in der Breite bis zu 240 km und ist mit einer Wasseroberfläche von 68.800 km² der größte See Afrikas. Er hat eine durchschnittliche Tiefe von 40 m.

---

487 Judgement concerning the Land and Maritime Boundary between Cameroon and Nigeria (Cameroon vs. Nigeria: Equatorial Guinea intervening) www.icj-cij.org/icjwww/idocket/icn/icnjudgment/icn_ijudgment_20021010.PDF Stand: 25.11.2002. Es heißt teilweise, das Urteil sei politisch motiviert gewesen und Kamerun habe über Frankreich – welches den Präsidenten des Gerichts gestellt habe – erheblichen Einfluß auf die anderen Richter und damit auch die endgültige Entscheidung des Gerichts genommen. Vgl. Ukhuegbge, „Bakassi at the bar of politics", allafrica.com/stories/printable/200211260348.html, Stand: 26.11.2002.

488 Siehe www.usafricaonline.com/chido.objbakassi.html, Stand: 28.11.2002.

489 Nach Zeitungsberichten ist Hintergrund dieses Verhaltens die Unzufriedenheit der nigerianischen Bevölkerung mit der Entscheidung und die im Jahr 2003 anstehenden Präsidentschaftswahlen.

490 Vergleiche www.africahome.com vom 19.12.2004.

491 Siehe Annex, Abb.6.

Die ursprüngliche Grenze auf dem See legten die damaligen Kolonialmächte Deutschland und Großbritannien fest[492]. Zwischen den Kolonialmächten wurden die Grenzen durch den Vertrag zur Abgrenzung ihrer Interessensphären aus dem Jahre 1890 etabliert. Sie verlief entlang des ersten Breitengrades südlich des Äquators. Zwischen dem heutigen Kenia und Uganda wurde die Ostgrenze auf dem See durch einen internen Akt Großbritanniens im Jahre 1926 festgelegt[493]. Die Grenzziehung gestaltete sich wegen der vielen Inseln als besonders schwierig. Im Viktoriasee findet sich ein gemischtes System des Grenzverlaufs, so teilt eine astronomische Linie den See in die Hoheitsgebiete Tansania und Uganda, während eine teilweise unterbrochene Linie die Grenze zwischen Kenia und Uganda sowie Kenia und Tansania festlegt. Die Anwendung der Mittellinie zur Teilung des Sees wurde hier nicht angewandt[494].

Die Grenze auf dem Viktoria See wird grundsätzlich von den Anrainerstaaten akzeptiert; Unstimmigkeiten bestehen allerdings hinsichtlich des Fischfangs im Viktoria See. In der Vergangenheit ist es immer wieder vorgekommen, daß Fischer die Grenze zum benachbarten Staat überschritten und unbefugt in den dortigen Gewässern des fischten[495].

c) Malawi See

Im südöstlichen Teil Afrikas liegt zwischen dem zehnten und dem fünfzehnten Breitengrad der Malawi See[496] zwischen Malawi im Westen und Tansania und

---

492 Tansania ist die ehemalige deutsche Kolonie Deutsch Ostafrika, die nach dem ersten Weltkrieg im Rahmen des Versailler Vertrages zu Tanganyika wurde. Tanganyika vereinigte sich im Juli 1964 mit Zanzibar zu Tansania. Großbritannien erklärte im Jahre 1894 Uganda zu seinem Protektorat. Aus Kenia wurde im darauffolgenden Jahr das britische Protektorat Ostafrika gemacht. Im Jahre 1920 wurde Ostafrika auf Initiative der dortigen Siedler in die Kolonie Kenia umgewandelt.

493 Dies wurde notwendig, weil sich Kenia im Jahre 1920 in eine Kolonie umgewandelt hatte. The Kenya Colony and Protectorate (boundaries) Order-in-Council 1926, Statutory Rules and Orders 1926/1733, zitiert in McEwen, International boundaries, S. 250.

494 Dipla, a.a.O., S. 272. Nach McEwen gab es bei dem Viktoriasee auch keinerlei Bestrebungen, eine gleiche Aufteilung zu erreichen. McEwen, International boundaries, S. 99.

495 Die Anrainerstaaten hatten im Jahre 1994 durch ein dreiseitiges Abkommen die Fragen des Fischfangs abschließend zu regeln. Vergleiche Convention for the establishment of the Lake Victoria fisheries organization vom 30. Juni 1994.

496 Siehe Annex, Abb. 7. Der Name des Sees ist bis heute umstritten. 1965 wurde der ehemals als Njassa See bezeichnete See von der Regierung in Malawi in Malawi See umbenannt, wobei diese Umbenennung von der tansanischen Regierung nicht

Mosambik im Osten[497]. Er hat eine Oberfläche von 30.500 km², wobei seine Länge bei etwa 580 km liegt und er sich auf einer Breite von bis zu 40 km erstreckt. Die Grenzziehung auf dem Malawi See ist bereits zu Kolonialzeiten Gegenstand erheblicher Auseinandersetzungen gewesen und bleibt bis heute umstritten.

Die erste Abgrenzung der deutschen und britischen Einflußsphären[498] erfolgte im Jahre 1890[499]. Die deutsche Sphäre endete nach diesem Abkommen an der Ostküste des Sees[500]. Damit gehörte der Malawi See nicht (auch nicht teilweise) zum Gebiet des Deutschen Reichs. Der deutschen Kolonialmacht gewährte man jedoch den Zugang zum See und ihr stand ebenso wie Großbritannien das Recht auf Handel, Schiffahrt und Durchfahrt zu[501]. Im darauffolgenden Jahr wurde im britisch-portugiesischen Vertrag ebenfalls eine Grenzregelung für den Malawi See getroffen[502]. Diese Regelung fiel wiederum zugunsten des britischen Königreichs aus. Die portugiesische Grenze legte man am Ostufer des Malawi Sees fest, so daß auch Portugal von der Herrschaft über das Gewässer ausgeschlossen war. Der gesamte See stand damit unter ausschließlicher britischer Hoheitsgewalt.

---

akzeptiert wurde. Vergleiche dazu die Ausführungen von Brownlie, EALR 1 (1968), S. 258-273.

497 Malawi ist die ehemalige britische Kolonie Nyassaland. Mozambique war ursprünglich portugiesisches Kolonialgebiet.

498 Für McEwen spielt es eine besondere Rolle, daß der Grenzverlauf im Rahmen einer Abgrenzung von Einflußsphären geregelt wurde. Seiner Ansicht nach handelte es sich deshalb nicht um eine eigentliche Grenzziehung. McEwen, International boundaries, S. 178 ff.

499 Abkommen über die Abtretung Helgolands vom 1. Juli 1890 in Berlin, abgedruckt in Hertslet, a.a.O., S. 899.

500 In Art. 2 des Abkommens heißt es:
„[...] until it reaches Lake Nyassa; thence striking northward, it follows the eastern, northern and western shores of the lake to the northern bank of the mouth of the River Songwe [...]".

501 McEwen sieht diesen Umstand als Grund dafür an, daß Deutschland sich auf eine derartige Grenzziehung einließ. Ein weiterer Grund ist für McEwen die Tatsache, daß Deutschland froh war, die „all-red route" der Engländer verhindert die Abtretung von Helgoland erreicht zu haben. McEwen, International boundaries, S. 179/180.

502 Vertrag vom 11. Juni 1891, abgedruckt in Parry, CTS, Bd. 175, S. 197. In Art. 2 heißt es:
„[...] a line which, starting from the abovementioned frontier on Lake Nyassa, follows the Eastern shore of the lake southwards as far as the parallel latitude 13°30 south [...]".

Eine Abänderung dieser einseitig begünstigenden Grenzziehung auf dem Malawi See erfolgte erst im Jahre 1954, als sich Portugal und Großbritannien auf Initiative Portugals auf eine Grenzziehung an der Mittellinie des Malawi Sees einigten [503]. Zwischen Deutschland und Großbritannien fehlt eine solche schriftlich fixierte Abänderung der Grenzziehung am Ostufer des Malawi Sees. Auch die unabhängigen Staaten Malawi und Tansania haben den Grenzverlauf auf dem Malawi See bis heute nicht vertraglich abgeändert[504]. Diese Situation führte zu erheblichen Meinungsverschiedenheiten zwischen den Anrainern Malawi und Tansania. Malawi ist bis heute der Auffassung, daß die Grenze am östlichen Ufer des Sees verläuft und bezieht sich dabei auf das Abkommen von 1890. Tansania fühlt sich an diesen Vertrag nicht gebunden und ist der Meinung, daß die Grenze entlang der Mittellinie des Malawi Sees verlaufe[505].

d) Albertsee und Eduardsee

Zwischen der heutigen Demokratischen Republik Kongo[506] und Uganda bilden der Albertsee[507] und der Eduardsee[508] die Grenze. Der Albertsee ist mit einer Oberfläche von 5.300 km² etwa doppelt so groß wie der Eduardsee. Der Albertsee mißt etwa 160 km in der Länge und maximal 35 km in der Breite. Die beiden Seen waren bereits zu Kolonialzeiten wegen ihrer Schiffbarkeit und ihrer Wasservorräte für die Entwicklung der interafrikanischen Wirtschaft und Kommunikation von besonderer Bedeutung.

Durch den Vertrag vom 12. Mai 1894 beschloß Großbritannien für sein Kolonialgebiet Uganda gemeinsam mit der Republik Kongo hinsichtlich der Grenzziehung in den Seen, daß der Albertsee unter ausschließlicher Souveränität

503 Portugiesisch-britischer Vertrag vom 18. November 1954, abgedruckt in Recueil des Traités, Nations Unies, Bd. 325, S. 320.

504 Malawi wurde erst im Jahre 1964 unabhängig.

505 Vergleiche dazu „Disputes – international" unter www.cia.gov/cia/publications/factbook/fields/disputes - international.html Stand: 20.10.2001.

506 Die Demokratische Republik Kongo ist die ursprünglich vom belgischen König Leopold II. im Jahre 1885 gegründete Kolonie Belgisch Kongo. Im Jahre 1960 wurde die Kolonie unabhängig und nannte sich von diesem Zeitpunkt an Republik Kongo. Im Jahre 1964 änderte sie ihren Namen in Demokratische Republik Kongo. Wenige Jahre später – 1971 – erfolgte eine erneute Namensänderung in Zaire. Nachdem die Truppen Kabilas im Jahre 1997 die über 30-jährige Herrschaft Mobutus beendet hatten, wurde das Land wiederum in Demokratische Republik Kongo umbenannt.

507 Auch Albert Nyanza oder Lake Mobutu Sese Seko genannt.

508 Siehe Annex, Abb.8.

Großbritanniens stehen sollte[509], während der Eduardsee zwischen den beiden Anrainern dem 30. Längengrad folgend aufgeteilt werden sollte. Dabei gingen die Parteien davon aus, daß der 30. Längengrad den See in zwei gleichgroße Sektoren aufteilen würde.

Eine 1902 ins Leben gerufene Kommission zur Demarkation des in dem Abkommen von 1894 getroffenen Grenzverlaufes stellte bei ihrer Arbeit fest, daß die zugrundegelegten Karten ungenau waren und bei einer Grenzfestlegung im Eduardsee entlang des 30. Längengrads der gesamte See unter der Herrschaft von Belgisch Kongo stehen würde. Großbritannien und Belgien kamen deshalb in der Folgezeit überein, daß beide Seen zu gleichen Teilen zwischen ihnen aufzuteilen seien. Die Internationale Kommission für Grenzfragen in Ostafrika nahm 1910 ihre Arbeit auf und legte noch im gleichen Jahr eine Konvention zur Grenzziehung im Albertsee und im Eduardsee vor[510]. Der Eduardsee war danach durch eine gerade Linie geteilt, die annähernd entlang der Mitte des Sees verläuft[511]. Auch den Albertsee, von dessen Herrschaft die Republik Kongo bis dato ausgeschlossen gewesen war, teilte man zwischen den Anrainern entlang der Mittellinie auf[512].

Diese Grenzziehung bestätigte im Jahre 1915 das britisch-belgische Abkommen[513]. Heute ist der Grenzverlauf im Albertsee und Eduardsee von beiden Anrainerstaaten weitgehend anerkannt. Es hat zwischen der Demokratischen Republik Kongo und Uganda keine nennenswerten Konflikte in Bezug auf die Wassergrenze zwischen ihnen gegeben.

---

509 Der Vertragstext ist abgedruckt in Hertslet, a.a.O., S. 578. Die Republik Kongo war indes faktisch nicht von dem Zugang zum Albert See ausgeschlossen. Vielmehr wurde in Art. 2 des Vertrages eine Landpacht zwischen den Vertragsparteien vereinbart. Diese umfaßte auch einen 25 km breiten Streifen östlich des 30. Breitengrades, der sich an den Albertsee anschloß. Auf diese Weise und durch die besondere Ausgestaltung dieses Rechts hatte die Republik Kongo ein Zugangsrecht zum Albertsee auch nach dem Tode Leopolds II. hinaus. Zu den Hintergründen vergleiche ausführlich McEwen, International boundaries, S. 235 ff.

510 Konvention vom 14. Mai 1910, abgedruckt in 107 British and Foreign State Papers, S. 348.

511 McEwen, International boundaries, S. 99.

512 Den Hintergrund sieht McEwen darin, daß im Rahmen der Kommissionsarbeit ebenfalls festgestellt wurde, daß die natürlichen Gegebenheiten nicht den ursprünglichen Vorstellungen der beiden Staaten entsprachen und die im Abkommen von 1894 vorgesehene Grenzziehung im Albertsee am westlichen Ufer der britischen Krone lediglich einen schmalen Streifen felsiges Gebiet zugestanden hätte, die jegliche Sicherungsbauten an diesem Ufer unmöglich machte. McEwen, International boundaries, S. 245.

513 Vertrag vom 3. Februar 1915, abgedruckt in UNTS 1920, S. 517. Dieser Vertrag wurde erst im Jahre 1919 ratifiziert.

e) Tanganyika See

Zwischen insgesamt vier Anrainerstaaten liegt der Tanganyika See[514] im östlichen Zentralafrika: im Osten liegt Tansania, nördlich grenzt Burundi an[515], Anrainer im Westen ist die Demokratische Republik Kongo, im Süden Sambia[516]. Der Tanganyika See hat eine Ausdehnung von 34.000 km². Mit einer Länge von 680 km und einer Breite von 16 km bis zu 72 km ist dieser schmale und länglich gebogene See der längste Frischwassersee der Welt.

Die Grenze zwischen der Demokratischen Republik Kongo[517] und Tansania besteht ausschließlich aus dem Tanganyika See. Den Grenzverlauf legten die ehemaligen Kolonialmächte Großbritannien und Belgien durch ein Abkommen im Jahre 1894 fest[518]. Nach diesem Vertrag verlief die Grenze entlang der Mittellinie des Sees. Nach ihrer Unabhängigkeit bestätigte die Kongorepublik in einer Neutralitätserklärung im Jahre 1894 diese Grenzziehung[519].

Die Grenze zwischen Sambia und Tansania verläuft entlang der Mittellinie des Tanganyika Sees. Bei dieser zwischenstaatlichen Grenze besteht die Besonderheit, daß über den exakten Grenzverlauf keine vertragliche Regelung zwischen den Anrainerstaaten oder den ehemaligen Kolonialmächten getroffen wurde[520]. Vielmehr hat sich diese Grenze faktisch etabliert[521].

Auch zwischen Burundi und Tansania verläuft die Grenze entlang der Mittellinie des Tanganyika Sees. Diese Grenze war bereits vor der Okkupation durch die deutsche Kolonialmacht von den in diesen Gebieten lebenden Stämmen anerkannt. Während der Kolonialzeit erfolgte keine explizite Abgrenzung zwischen Burundi und Tansania, da beide ein Teil der Kolonie Deutsch Ostafrika waren. Nachdem beide Gebiete unter das Mandat der Vereinten Nationen gestellt worden waren, bestätigten die Mandatsverwalter Großbritannien und Belgien im

---

514 Siehe Annex, Abb.9.

515 Burundi war ursprünglich Teil der deutschen Kolonie Deutsch Ostafrika und erlangte im Jahre 1962 seine Unabhängigkeit.

516 Sambia ist ehemalige britische Kolonie.

517 Siehe zu der geschichtlichen Entwicklung der Demokratischen Republik Kongo bereits oben unter 3.III.3.d).

518 Abkommen vom 12. Mai 1894, abgedruckt in Hertslet, a.a.O., Bd. 2, S. 578.

519 Erklärung vom 28. Dezember 1894, abgedruckt in Hertslet, a.a.O., Bd. 2, S. 557.

520 Weder in dem Abkommen von 1890 noch in dem von 1891 zur Abgrenzung der Interessensphären zwischen Großbritannien und Deutschland finden sich Regelungen zur Grenzziehung auf dem Tanganyika See. Siehe dazu McEwen, International boundaries, S. 226.

521 Zu den Hintergründen vergleiche ebenfalls McEwen, International boundaries, S. 226.

Jahre 1924/1927 die Grenzziehung, die für den Tanganyika See entlang der Mittellinie verlief[522].

Die Grenze zwischen Burundi und der Demokratischen Republik Kongo verläuft ebenfalls auf dem Tanganyika See und teilt das Gewässer an der Mittellinie in nationale Sektoren auf. Die Grenze wurde in dieser Form bereits zu Kolonialzeiten zwischen Deutschland und Belgien festgelegt[523]. Die Bestätigung dieser Grenze erfolgte wiederum durch die späteren Mandatsverwalter Großbritannien und Belgien im Jahre 1924.

Die zwischen den Anrainern festgelegte Grenze auf dem Tanganyika See wird heute von den Uferstaaten akzeptiert und ist nicht Gegenstand zwischenstaatlicher Auseinandersetzungen.

4. Ein asiatischer See: Tiberias See

Der Tiberias See fällt aus dem Kontext der internationalen Seen heraus, da er ausschließlich von israelischem Territorium umgeben ist. Der Tiberias See hat eine maximale Länge von 23 km und eine Breite von bis zu 13 km.

Die ursprüngliche Grenzziehung in diesem Gebiet erfolgte im Jahre 1923 durch die Mandatsverwalter Frankreich und Großbritannien[524]. Danach war der Tiberias See vollständig von palästinensischem Gebiet umgeben. Mit der Verabschiedung der UN Resolution, die das palästinensische Gebiet aufteilte und den an Syrien grenzenden Teil einschließlich des Tiberias Sees dem zukünftig zu errichtenden Staat Israel zusprach, begann der Einmarsch syrischer Truppen. Syrien gelang es in den Jahren 1948/49, unter anderem das nordöstliche Ufer des Tiberias Sees zu besetzen und unter seine Herrschaft zu bringen. Die militärischen Auseinandersetzungen zwischen den beiden Staaten endeten erst mit der Waffenstillstandskonvention vom 20. Juli 1949, die auch Bestimmungen hinsichtlich des Grenzverlaufs traf[525]. Die Grenze verlief danach am östlichen Ufer des Tiberias Sees in einer Entfernung von 10 m vom syrischen Ufer[526]. Der ge-

---

522 Protokoll vom 5. August 1924 und nachfolgender Notenaustausch vom 17. Mai 1927.

523 Konvention vom 11. August 1910.

524 Großbritannien handelte dabei als Verwalter Palästinas, Frankreich trat für das von ihm verwaltete Syrien auf.

525 Die Konvention datiert vom 20. Juli 1949 und ist abgedruckt in Recueil des Traités, Nations Unies, Bd. 42, S. 365 (franz.); Bar Yaakov, a.a.O., S. 339 (englisch).

526 Problematisch gestaltete sich in diesem Vertrag bereits die Verwendung des Begriffes „Grenze“. Syrien lehnte die Aufnahme dieser Formulierung vor dem Hintergrund ab, eine – möglicherweise konkludente – Anerkennungserklärung des israelischen Staates nicht abgeben zu wollen. Deshalb wurde als Kompromiß die Formu-

samte See stand damit unter ausschließlicher israelischer Souveränität und die Hoheitsgebiete von Israel und Syrien waren durch einen Wassergrenzstreifen von 10 m getrennt. Syrien fühlte sich durch diese Grenzziehung benachteiligt und begann, kurz nach Abschluß der Konvention seine Präsenz am Ufer des Sees auszubauen. Der juristische Ansatz Syriens ging dahin, daß es als *de facto* Anrainer ein Zugangsrecht zu den angrenzenden Gewässern haben müsse. Folglich könne die Festlegung im Waffenstillstandsabkommen die Frage nach der Souveränität über den See nicht beantworten. Darüber hinaus sah Syrien Israel nicht als Rechtsnachfolger Palästinas an, so daß es den Waffenstillstandsvertrag zwischen den beiden Staaten nicht als taugliches Instrument zur Festlegung einer syrisch-israelischen Grenze ansah. Israel hingegen beharrte darauf, daß die Grenze durch den Waffenstillstandsvertrag wirksam gezogen worden sei und Israel sein dementsprechend zugesprochenes Territorium auch durch den Einsatz militärischer Mittel verteidigen dürfe[527].

Aufgrund dieser widerstreitenden Interessen kam es nach Abschluß des Waffenstillstandsabkommens zu zahlreichen Auseinandersetzungen zwischen den beiden Anrainerstaaten, die in den Jahren 1955 und 1962 zu militärischen Konflikten eskalierten[528].

Auch in jüngster Zeit hat sich der Konflikt nicht entspannt, eine Annäherung der Positionen blieb aus. Syrien ist weiterhin darauf bedacht, durch Verstärkung seiner militärischen Präsenz sich faktisch ein Zugangsrecht zum Tiberias See zu erstreiten, während Israel jeglichen syrischen Versuch in diese Richtung zu unterbinden versucht. Zwar hat Israel syrischen Fischern das Recht zum Fischfang im nordöstlichen Teil des Sees grundsätzlich gestattet, die Erlaubnis ist aber von speziellen durch israelische Behörden zu erteilenden Genehmigungen abhängig.

5. Europäische Seen

Bei den in Europa gelegenen internationalen Seen finden sich die ältesten durch Staaten festgelegten Grenzen auf internationalen Gewässern. Diese Grenzen wa-

---

lierung „limité international" statt der ursprünglich vorgesehenen „frontiére internationale" gewählt. Auf diese Weise konnten beide Vertragsstaaten an ihrer Auffassung festhalten. Pondaven, a.a.O., S. 51.

527 Zu berücksichtigen ist in diesem Zusammenhang auch Israels geographische Lage zu den anderen arabischen Staaten und sein Interesse, eine Pufferzone zu seinem Schutz zu erhalten.

528 Einen Überblick über die militärischen Auseinandersetzungen findet sich unter www.mideastinsight.org/9_99/lineofjune67_9.99.html, Stand: 20.10.2001.

ren Gegenstand von Veränderungen, die durch die Entstehung neuer Staaten – meist durch kriegerische Auseinandersetzungen – hervorgerufen wurden.

a) Genfer See

Der Genfer See[529] liegt zwischen der Schweiz und Frankreich und hat eine Oberfläche von 578 km²[530]. Er ist 90 km lang und hat seinen breitesten Punkt mit 15 km zwischen Evian und St. Sulpice. Gespeist wird der Genfer See durch die Rhone, die von Süden in den See einmündet. Der westlich gelegene Kleine See hat eine Tiefe von höchstens 75 m, während der Hauptteil des Sees bis zu 300 m tief ist.

Der Genfer See ist einer der ersten bekannten internationalen Seen. Seine Aufteilung wurde bereits im Jahre 1564 erstmalig beschlossen[531] und die Grenze im See auf der geographischen Mittellinie festgelegt[532]. Die Bestätigung dieser Grenzlinie erfolgte im Jahre 1816 durch den Vertrag über die Abtretung und die Grenzen zwischen Sardinien und der Schweiz[533]. Bei dieser Mittellinie handelte es sich um eine geometrische Mittellinie.

Endgültig wurde der Verlauf der Grenze im Jahre 1953 zwischen Frankreich und der Schweiz festgelegt[534]. In diesem Vertrag bestimmten die Parteien, daß die Grenze weiterhin an der Mittellinie verlaufen sollte[535]. Die bisherige geometrische Mittellinie wurde dabei durch eine aus sechs Segmenten bestehende konventionelle Mittellinie ersetzt. Grund für diese Modifikation waren die asymetrischen Uferlinien des Genfer Sees. Der 1953 festgelegte Grenzverlauf ist bis zum

529 Siehe Annex, Abb. 10.

530 Zu diesem internationalen See vergleiche die ausführlichen Anmerkungen von Pondaven, RGDIP 78 (1974), S. 60.

531 Die Grenze zwischen Frankreich und der Schweiz ist insgesamt eine der ältesten Grenzen in Europa. Encyclopedia of international boundaries, S. 230.

532 Schiedsvertrag vom 30. Oktober 1564 zwischen dem Duc de Savoie und der Stadt Bern. Der Text ist abgedruckt in Abschiede, Bd. 4, S. 1477. In Art. 20 heißt es :"Le milieu dudit lac doit êntre et demeurer la ferme, vraie, clarifiée et nommée limite sur ledit lac."

533 Vertrag von Turin vom 16. März 1816, abgedruckt in Parry, CTS, Bd. 65 (1815-1816), S. 448.

534 Konvention über die Bestimmung der Grenze im Genfer See vom 25. Februar 1953, abgedruckt in RGDIP 64 (1960), S. 442. Die Änderungen waren nach dem 2. Weltkrieg zur Klärung von kleineren Grenzproblemen erforderlich geworden. Der Konventionstext ist abgedruckt in RGDIP 64 (1960), S. 442.

535 In Art. 1 der Konvention heißt es: „Die Grenze auf dem Genfer See verläuft an der Mittellinie und wird des weiteren geformt durch die Inseln Hermance und Saint-Gingolph."

heutigen Tage unverändert geblieben und wird von den Anrainerstaaten akzeptiert.

b) Lugano See

Auf der Grenze zwischen Italien und der Schweiz liegt der Lugano See. Die Grenzziehung auf dem See war bereits im Jahre 1752 Gegenstand des Vertrages von Varese zwischen Österreich und den Schweizer Kantonen[536]. Danach stand die östliche, ausschließlich von italienischem Territorium umgebene Seite des Sees unter italienischer Souveränität. Der mittlere Teil stand bis auf die italienische Enklave von Campione unter Schweizer Herrschaftsgewalt[537], während der westliche Teil des Sees auf einer Linie zwischen den beiden Anrainerstaaten an der Mittellinie geteilt wurde. Wegen der erheblichen Ungenauigkeiten der festgelegten Mittellinie wurde im Jahre 1941 zwischen Italien und der Schweiz eine Konvention erarbeitet, die die Grenze im westlichen Teil des Lugano Sees an der Mittellinie präzisierte[538]. Auseinandersetzungen über den Grenzverlauf auf dem See gibt es zwischen den Anrainerstaaten nicht.

c) Lanoux See

Ebenso wie der Tiberias See fällt auch der Lanoux See aus dem Schema der internationalen Seen weitgehend heraus, da er ausschließlich von französischem Territorium umgeben ist. Der See ist 3 km lang, 500 m breit und hat eine durchschnittliche Tiefe von 85 m. In einer Höhe von 2.100 m liegt er im französischen Teil der Pyrenäen. Der Lanoux See wird auf französischem Gebiet von dem Fluß Ariège gespeist und fließt in den Strom Font Vive ab. Dieser mündet in den Fluß Carol, der zunächst über ca. 25 km auf französischem Gebiet verläuft und bei Puigcerda die Grenze nach Spanien überschreitet, sodann in den Fluß Segre,

---

536 Vertrag von Varese vom 2. August 1752. Der Text ist abgedruckt in Parry, CTS, Bd. 39 (1750-1752), S. 459. Die als Annex beigefügten Karten zu diesem Vertrag sind bei Parry indes nicht veröffentlicht.

537 Dies wurde festgelegt durch die schweizer-italienische Konvention vom 5. Oktober 1861, abgedruckt in Recueil systématique des lois et ordonnances 1847-1947, Bd. 11, S. 91.

538 Konvention über die Bestimmung der Grenze zwischen Run Do oder Cima Garibaldi und Mont Dolent zwischen der Schweiz und Italien vom 24. Juli 1941. Der Text ist abgedruckt in Recueil officiel des lois et ordonnances de la Confederation suisse 1942, S. 997. Darin wird die Mittellinie als Grenze festgelegt. Die Frage des Grenzverlaufs war in der Folgezeit Gegenstand von sieben weiteren Konventionen, die in den Jahren 1952 bis 1972 kleinere Berichtigungen und Modifizierungen der in der Konvention von 1941 getroffenen Regelung vornahmen.

später in den Ebro übergeht und schließlich ins Mittelmeer mündet. Aufgrund dieser geographischen Besonderheit kam es zwischen Frankreich und Spanien zu Meinungsverschiedenheiten über die Befugnisse Frankreichs bei der Nutzung des ausschließlich auf seinem Hoheitsgebiet befindlichen Sees.

Im Jahre 1917 plante Frankreich die Errichtung eines Wasserkraftwerks, welches mit Wasser aus dem Lanoux See betrieben werden sollte. Für das von Frankreich geplante Projekt sollte Wasser aus dem Lanoux See in den Fluß Ariège geleitet werden. Um die Wasserentnahme zu kompensieren, sollte eine gleiche Menge an Wasser dem Fluß Carol durch einen unterirdischen Kanal zugeleitet wird. Das Vorhaben der französischen Regierung löste Diskussionen darüber aus, welche Rechte Frankreich und Spanien am Wasser des Lanoux Sees zustehen[539]. Rechtliche Grundlage dafür war der Vertrag von Bayonne aus dem Jahre 1866[540], welcher in Art. 8 vorsieht, daß das Wasser des Sees trotz gemeinsamer Nutzung beider Staaten zu dem Territorium desjenigen Staates gehört, in dem es gelegen ist[541]. Frankreich war der Auffassung, daß ihm alleine die Entscheidung über die vorgesehene Wassernutzung des Lanoux Sees zustehe. Spanien beharrte dagegen auf der Notwendigkeit seiner Zustimmung[542]. Nachdem die über Jahre zwischen beiden Staaten betriebenen Verhandlungen zu keinem Erfolg geführt hatten[543], entschieden Spanien und Frankreich im Jahre 1956, über diese Streitfrage ein Schiedsgericht entscheiden zu lassen[544]. Die Schiedsrichter

539 Vergleiche ausführlich zu diesem Disput und der in der Folge erreichten Einigung Laylin/Bianchi, AJIL 53 (1959), S. 30-49 und MacChesney, AJIL 53 (1959), S. 156-171; Caflisch, RdC 1989, S. 52 ff.

540 Insgesamt schlossen Frankreich und Spanien drei Verträge über die Grenzziehung zwischen ihnen ab. Der hier interessierende dritte und letzte nimmt die Grenzziehung vom Andorratal bis hin zum Mittelmeer vor. Der Text dieses Vertrages von Bayonne vom 26. Mai 1866 ist abgedruckt in: 56 British and Foreign State Papers, S. 212 ff. Der „Acte Additionnel“ ebenda, S. 226 ff.

541 Art. 8 bestimmt: „Toutes les eaux stagnantes et courantes, qu`elles soient du domaine public ou privé, sont soumises à la souveraineté du pays où elles se trouvent, et, par suite, à sa légalisation, sauf les modifications convenues entre les deux Gouvernements.“

542 Spanien argumentierte – auch später vor dem Schiedsgericht –, dass das von Frankreich geplante Projekt Auswirkungen auf das gesamte Wassersystem des Lanoux Sees habe. Die Abänderung des natürlichen Wasserabflusses aus dem See führe dazu, daß das Gewässer insgesamt unter der vorherrschenden Nutzung nur eines Staates stehe. Dies sei nicht mit den Grundsätzen des Vertrages von Bayonne nebst Zusatzprotokoll zu vereinbaren.

543 In den Jahren von 1930 bis 1949 kamen die Verhandlungen zwischen den beiden Staaten aufgrund des spanischen Bürgerkrieges und des zweiten Weltkrieges zum Stillstand.

544 Die Anrufung des Schiedsgerichts erfolgte aufgrund einer Schiedsabrede zwischen den beiden Staaten vom 10.07.1929. Das Schiedsgericht setzte sich aus einem Vor-

hatten darüber zu befinden, ob die französische Regierung mit der Ausführung der vorgesehenen Arbeiten und insbesondere der Nutzung des Wassers des Lac Lanoux ohne vorherige Vereinbarung beider Staaten gegen den Vertrag von Bayonne verstoßen würde. Am 16. November 1957 entschied[545] das Schiedsgericht den Rechtsstreit im Sinne Frankreichs[546]. Das Gericht widmete sich in seiner Entscheidung in einem ersten Schritt der Frage, ob das von Frankreich angestrebte Projekt sich negativ auf schützenswerte spanische Interessen auswirken könne. Dies verneinte das Schiedsgericht. In einem zweiten Schritt erörterte es die Streitfrage, ob die zwischen den beiden Staaten bestehenden Verträge oder Völkergewohnheitsrecht eine Zustimmung von Spanien erfordere, obgleich keine Beeinträchtigung der spanischen Interessen drohe. Das Gericht kam zu dem Schluß, daß sich das Erfordernis einer Zustimmung durch Spanien weder aus dem Vertrag von Bayonne noch aus Völkergewohnheitsrecht herleiten ließe[547].

In der Folgezeit errichteten Spanien und Frankreich eine Kommission, die eine Konvention zur Umsetzung des französischen Projekts erarbeitete. Die Konvention aus dem Jahre 1958 sieht die Verpflichtung Frankreichs vor, die dem Lanoux See entnommene Menge Wasser durch Zuleitungen in den Fluß Carol zu kompensieren. Eine ständige Kontrollkommission, bestehend aus Vertretern beider Länder, soll die Einhaltung der von Frankreich übernommenen Verpflichtung überwachen. Diese Kontrollkommission nimmt seither die ihr zugewiesenen Aufgaben zur Zufriedenheit beider Nachbarstaaten wahr[548].

d) Bodensee

Die Internationalität des Bodensees[549] ergibt sich aus seiner Lage auf der Grenze zwischen Österreich, der Schweiz und Deutschland. Er nimmt insgesamt eine

---

sitzenden und jeweils zwei Staatenvertretern zusammen und konstituierte sich am 25.01.1957.

545 Der Schiedsspruch ist abgedruckt in 29 RGDIP (1958), S. 79-119.

546 Eine ausführliche Besprechung des Schiedsspruchs findet sich bei MacChesney, AJIL 53 (1959), S. 156-171.

547 Koskenniemi sieht darin die Bestätigung des Grundsatzes, daß aus zwischenstaatlicher Nachbarschaft die Verfügung eines Staates über sein Territorium auch dann von dem Nachbarstaat zu akzeptieren sei, wenn geringfügige Unannehmlichkeiten für ihn zu erwarten sind. Koskenniemi, EJIL 1 (1990), S. 4-33.

548 Im Jahre 1970 einigten sich Spanien und Frankreich darauf, einige der 1958 festgelegten Regelungen abzuändern. Die Vereinbarung zwischen der französischen und spanischen Regierung vom 27. Januar 1970 führte zu einer Vereinfachung der Überwachung und einer größeren Dispositionsfreiheit Frankreichs bei der Rückführung des entnommenen Wassers.

549 Siehe Annex, Abb.11.

Fläche von 538 km² ein[550] und erstreckt sich in der Länge auf 72 km, in der Breite auf 14 km. Im Unterschied zu den bisher behandelten internationalen Seen nimmt der Bodensee im Hinblick auf sein Grenzregime eine Sonderstellung ein[551]. Zwischen den Anrainerstaaten des Bodensees existiert für den größten Teil des Sees kein vertraglich vereinbarter Grenzverlauf.

Einverständliche Regelungen bestehen für die Grenze auf dem Untersee, an dessen Ufer die Schweiz und Deutschland liegen. Dieser Teil des Bodensees ist durch ein zwischen der Schweiz und Deutschland erarbeitetes Vertragswerk an der Mittellinie real geteilt[552]. Österreich war zwar nicht Vertragspartner dieses Werks, erkennt aber die Grenze im Untersee zwischen Deutschland und der Schweiz an[553].

Auch für die Seebucht bei Konstanz, den sogenannten „Konstanzer Trichter" wurde zwischen den Uferstaaten Deutschland und der Schweiz eine einvernehmliche Grenzlösung gefunden[554]. Die Grenze zwischen Deutschland und der Schweiz verläuft im Wege der Realteilung ebenfalls an der Mittellinie[555].

Ein Teil des Bodensees, der sogenannte Überlingersee ist eine vollständig von deutschem Territorium umgebene Enklave. Die Gebietshoheit über diesen Teil des Bodensee ist zwar nicht vertraglich geregelt, wird jedoch von Deutschland ohne Widerspruch der Schweiz und Österreich ausgeübt[556].

---

550 Frowein, EPIL 3 (1997), S. 116-119 (116).

551 Einen historischen Überblick über die Verhältnisse am Bodensee gibt Hoenninger, Der Bodensee im Völkerrecht, S. 7-13. Laut Brintzinger stellt der Bodensee ein „einzigartiges Beispiel für eine seit Jahrhunderten ungelöste Grenzfrage" dar. Siehe Brintzinger, a.a.O., S. 452. Er merkt weiterhin an, daß sich der Bodensee gerade deshalb auszeichnen würde, daß in der Situation der ungelösten Grenzfrage auch keine ernsthaften Bemühungen der Anrainerstaaten zu verzeichnen sind, diese Frage zu lösen.

552 Staatsvertrag vom 20. und 31. Oktober 1854 über die Hoheitsgrenze zwischen dem Groß-Herzogtum Baden und dem Kanton Thurgau, Bad. Reg. Bl. 1855, S. 113; dieser Vertrag gilt auch heute noch für die Schweiz und Deutschland, letzteres als Rechtsnachfolger des Groß-Herzogtums Baden.

553 Regierungsvorlage zum Gesetze über die Bodensee-Fischerei in: 22. Beilage im Jahre 1976 zu den Sitzungsberichten des XXII. Vorarlberger Landtages, S. 509.

554 Die aktuelle Grenze ist festgelegt durch die Konvention zwischen der Schweiz und dem Groß-Herzogtum Baden betreffend die Grenze bei Constanz vom 28. April 1878, bestätigt durch die Konvention vom 24. Juni 1879 zwischen der Schweiz und dem Deutschen Reich.

555 Brintzinger, a.a.O., S. 457.

556 Siehe dazu Frowein, EPIL 3 (1997), S. 116-119 (117). Dies Verhalten wird teilweise als stillschweigende Anerkennung der deutschen Herrschaftsgewalt über diesen Teil des Sees gewertet. Graf-Schelling/Schenk, a.a.O., S. 108. Für Österreichs offizielle Haltung vergleiche 22. Beilage im Jahre 1976 zu den Sitzungsberichten des XXII. Vorarlberger Landtages, S. 509. Es gibt auch Stimmen, die die Zugehörigkeit

Für den größten Teil des Bodensees, den Obersee, fehlt bis zum heutigen Tag ein durch alle Anrainerstaaten unterzeichnetes Vertragswerk über die Grenzziehung[557]. Die verschiedenen vertraglichen Regelungen für den Bodensee betreffen zwar in der Regel seine Nutzung und die seiner Ressourcen, verweisen aber nicht einheitlich auf ein bestehendes Grenzregime im Bodensee.

Auch wenn es an einer schriftlich fixierten einvernehmlichen Abrede der Anrainerstaaten zur Klärung der Grenzfrage fehlt, so kann der Grenzverlauf auch durch einvernehmliche Haltung der Anrainerstaaten zu dieser Frage und stillschweigende Anerkennung einer faktisch etablierten Grenze festgelegt werden.

Die Schweiz vertritt seit jeher[558] eine Realteilung für den Bodensee nach einer gedachten Mittellinie und einer Verlängerung der Landesgrenzen auf dem Festland[559]. Die südliche an das Ufer der Schweiz angrenzende Seehälfte stünde danach unter Schweizer Gebietshoheit. Die Schweiz begründet ihre Haltung mit dem Neutralitätsgedanken[560]. Ihre Neutralität zwinge sie dazu, einen ausreichenden Abstand zu den nicht neutralen Staaten Deutschland und Österreich zu besitzen.

Österreich hat im Laufe der Jahrhunderte seinen Standpunkt zu der Frage der Grenzziehung im Bodensee wiederholt geändert[561]. Seit dem Jahre 1954 wird

---

zu deutschen Hoheitsgebiet als Völkergewohnheitsrecht betrachten, siehe Veiter, ArchVR 28 (1990), S. 458 ff. (462, 469).

557 Die Konvention über Schiffahrt im Bodensee vom 1. Juni 1973 erklärt in Art. 1 (2) ausdrücklich, daß die Konvention verbindliche Regelungen über die Grenzziehung im See nicht treffe. Erwähnenswert erscheint des weiteren die Übereinkunft der drei Anrainerstaaten über die Beurkundung der auf dem Bodensee eintretenden Geburts- und Sterbefälle, die konstatiert, daß durch diese Regelungen die Grenzen auf dem Bodensee nicht präjudiziert werden (Text abgedruckt in Bay BS Bd. 1, S. 305). Einen Überblick über weitere Verträge und Übereinkommen zwischen den Anrainerstaaten, die die Frage nach der Aufteilung der Gebietshoheit auf dem Bodensee offenlassen, findet sich bei Brintzinger, a.a.O., S. 463 Fn. 93.

558 Diese Haltung vertritt die Schweiz konstant und konsequent seit mehr als drei Jahrhunderten. Vgl. dazu Veiter, ArchVR 28 (1990), S. 458 ff. (462); Brintzinger, a.a.O., S. 461.

559 Botschaft des Bundestages an die Bundesversammlung zum Vertragswerk über die Bodensee- und Rheinschiffahrt vom 17.10.1973, BBl. 1973 II, 950. Dort heißt es: „Die Schweiz steht seit jeher eindeutig auf dem Standpunkt, die Seefläche sei entlang der Mittellinie auf die Uferstaaten aufgeteilt."

560 Veiter, ArchVR 28 (1990), S. 458 ff. (464).

561 Vom 16. – 18. Jahrhundert hatte sich Österreich noch darum bemüht, die alleinige Hoheit über den gesamten See auszuüben („*dominum supremum*"), und jede Art von gemeinsamer Herrschaft im Sinne eines Kondominiums abgelehnt. Zu dieser Zeit gehörte der größte Teil des an den Bodensee angrenzenden Territoriums noch Österreich. Seit der zweiten Hälfte des 19. Jahrhunderts trat man in Österreich für

von österreichischer Seite ausdrücklich die modifizierte Kondominatstheorie für den Bodensee vertreten[562]. Danach steht der gesamte Obersee unter der gemeinsamen Hoheit aller drei Anrainerstaaten. Die Lehre vom Kondominium modifiziert Österreich durch die Anwendung der sogenannten Haldentheorie. Danach ist vom Gemeinschaftseigentum am Obersee die sogenannte Halde ausgenommen. Die Halde ist der Küstenstreifen eines jeden Uferstaates bis zu einer Tiefe von 25 m. Diese Halde soll nach österreichischer Auffassung zu dem ausschließlichen Souveränitätsbereich des jeweiligen Uferstaates gehören[563].

In Deutschland ist das Bild für eine Grenzziehung auf dem Bodensee nicht einheitlich. Teilweise wird eine gewisse Tendenz zu einer Realteilung des Bodensees angenommen[564]. So ist die Entscheidung des Reichsgerichts aus dem Jahre 1920 zu nennen, in der das Gericht eine Aufteilung des Obersees nach dem Äquidistanzprinzip befürwortete[565]. Darüber hinaus wird teilweise auf das Verhalten des Deutschen Reiches während des zweiten Weltkrieges verwiesen, in dem die Mittellinie im See faktisch als Grenze akzeptiert und nicht überschritten wurde. Deutschland hat sich bis zum heutigen Tage nicht eindeutig für eine der beiden von Österreich und der Schweiz vertretenen Varianten oder eine eigene Linie auf dem Bodensee entschieden[566].

Die verschiedenen Positionen der Anrainerstaaten zeigen, daß von ihnen keine einheitliche Linie vertreten wird. Es hat sich zu der Grenzfrage noch kein Konsens zwischen den Uferstaaten herausgebildet. Folglich besteht auch kein faktisches, von allen Anrainern anerkanntes Grenzregime für den Bodensee[567]. Ein solches wird indes auch angesichts der nahezu lückenlosen Regelung für die Nutzung des Bodensees nicht für erforderlich erachtet.

---

eine reale Teilung des Bodensees ein. Einzelheiten bei Brintzinger, a.a.O., S. 458 und Veiter, ArchVR 28 (1990), S. 458 ff. (462).

562 Beschluß der Vorarlberger Landesregierung vom 20.07.1954. „Es wird vertreten, daß der Bodensee im ungeteilten Miteigentum der Uferstaaten steht.“ Nachweis bei Brintzinger, a.a.O., S. 450.

563 In dem Bilgeri-Fall entschied das Landgericht Feldkirch, daß das österreichische Hoheitsgebiet nur so weit reiche, bis der See eine Tiefe von 25 m erreiche und nur diese Halde sei Souveränitätsgebiet, während der Rest des Sees der Hoheit aller Anrainerstaaten unterstehe. Der Nachweis findet sich bei Berchthold, JBl. 1965, S. 401 ff. Siehe auch Frowein, EPIL 3 (1997), S. 116-119 (117-118).

564 Frowein, EPIL 3 (1997), S. 116-119 (117).

565 Entscheidung des Reichsgerichts (1. Strafsenat) vom 25.09.1923, RGSt 57 (1923), S. 368 ff.

566 Erklärung des Deutschen Bundestages, Drucksache Nr. 7/3439, S. 14.

567 So auch Simma/Kahn mit eingehender Untersuchung des Vertrages von St. Germain. ÖZöRV 45 (1993), S. 211-250. Schoch, Grenzüberschreitende Zusammenarbeit, S. 27.

IV. Durchsetzung eines Grenzziehungsprinzip als Völkergewohnheitsrecht

Die vorstehende Untersuchung hat gezeigt, daß die Grenzziehung in internationalen Seen nicht nur in der völkerrechtlichen Theorie unterschiedlich behandelt wird, sondern auch in der praktischen Umsetzung vielfältig ist. Um daraus Rückschlüsse auf eine Begrenzung des Kaspischen Meeres ziehen zu können, bedarf es der Erörterung der Frage, inwieweit sich eine Grenzziehung in internationalen Seen als Völkergewohnheitsrecht etabliert hat. Nur insoweit käme eine automatische Anwendung einer bestimmten Delimitationsmethode für das Kaspische Meer in Betracht.

1. Definition von Völkergewohnheitsrecht

Das Völkergewohnheitsrecht ist das ungeschriebene, weder durch den Gesetzgeber noch durch ausdrückliche Vereinbarung zwischen den Völkerrechtssubjekten geregeltes Recht. Es setzt sich aus zwei Elementen zusammen, einem objektiven und einem subjektiven: Objektiv ist eine allgemeine andauernde Übung erforderlich, die subjektiv von der Überzeugung rechtlicher Verbindlichkeit getragen ist (opinio juris)[568].

a) Allgemeine Übung

Eine gewohnheitsrechtbegründende Übung ist nur dann anzunehmen, wenn die betreffenden Verhaltensweisen von einer gewissen Dauer, Einheitlichkeit und Verbreitung sind[569]. Bei der Dauer der Übung ist eine Einzelfallentscheidung zu treffen, es ist heute insbesondere nicht ein bestimmter Zeitumfang vorgeschrieben. Einheitlichkeit ist dann anzunehmen, wenn sich eine repräsentative Zahl von Völkerrechtssubjekten in einem bestimmten Bereich konsistent verhält, mit anderen Worten müssen die fraglichen Verhaltensweisen sich weitestgehend gleichen und dürfen nicht von abweichenden Verhaltensweisen begleitet sein[570]. Das erforderliche Maß der Verbreitung hängt von den Umständen des Einzelfalles ab. Eine allgemeine Praxis liegt in der Regel dann vor, wenn sie das Verhalten aller derjenigen Völkerrechtssubjekte widerspiegelt, die sich an ihr beteiligen können oder deren Interessen berührt werden.

---

568 Vergleiche Art. 38 Abs. 1 lit. b des IGH-Statuts, abgedruckt in: Sartorius II: Europarecht und Internationale Verträge.

569 Ipsen, Völkerrecht, § 16 Rn. 6.

570 Kommt es lediglich vereinzelt zu Abweichungen, so wird dadurch das Merkmal der Einheitlichkeit nicht beeinträchtigt. Ipsen, Völkerrecht, § 16 Rn. 10.

b) Opinio juris

Die allgemeine Übung muß durch das subjektive Kriterium der Überzeugung rechtlicher Verbindlichkeit getragen sein. Opinio juris bedeutet die Anerkennung als Recht, mag sich die Rechtsverbindlichkeit auch als Einsicht in die unabdingbare Notwendigkeit erweisen. Das Verhalten eines Staates darf damit nicht lediglich politisch motiviert oder Ausdruck internationaler Höflichkeit (*courtoisie*) sein.

2. Bewertung

Generell läßt sich feststellen, daß die Anrainerstaaten von internationalen Seen durchgehend gewisse Grundregeln bei der Behandlung ihrer angrenzenden Seen eingehalten haben. So wurde in allen untersuchten internationalen See ausschließlich von den Anrainerstaaten des jeweiligen Sees eine Grenze festgelegt. Ein Bestimmungsrecht von Nichtanrainerstaaten für die Grenzziehung bestand in keinem der vorstehend untersuchten Fälle. Darüber hinaus hat die Untersuchung gezeigt, daß sich die Grenzfrage in internationalen Seen nur dann stellt, wenn tatsächlich mehrere Anrainerstaaten an den Ufern des Sees liegen. Sobald eine Enklave bzw. ein „abtrennbarer" Teil eines Sees ausschließlich vom Territorium eines einzigen Staates umgeben ist – wie beispielsweise der ausschließlich von italienischem Territorium umgebene Teil des Lugano Sees und der Überlingersee –, zählt er zu dessen Hoheitsgebiet.

Im Hinblick auf die Entwicklung von Völkergewohnheitsrecht kann der vorstehenden Analyse entnommen werden, daß in der Staatenpraxis die Regelungen für internationale Seen nicht von dem Kondominiumsprinzip beherrscht werden[571]. Die allgemeine Übung, die für das Entstehen von Völkergewohnheitsrecht essentiell ist, fehlt bei der Festlegung von Gemeinschaftseigentum an internationalen Seen. Von allen dargestellten internationalen Seen ist nur ein einziger dabei, bei dem die Festlegung eines Kondominiums in Betracht kommt: der Bodensee. Aber selbst auf dem Bodensee ist die Vereinbarung von Gemeinschaftseigentum nicht unbestritten, da die Schweiz vehement für eine Realteilung eintritt. Abgesehen von diesem Sonderfall haben sich die Anrainerstaaten der übrigen internationalen Seen im Grundsatz für eine Aufteilung des Sees entschieden. Es

571 In der völkerrechtlichen Literatur wird gegen die Theorie des Kondominiums eingewandt, daß ausgehend von der absoluten Souveränität eines Staates, eine Verminderung seines Hoheitsanspruchs über ein Gebiet zumindest einer ausdrücklichen Verzichtserklärung bedürfe. Ein automatischer oder stillschweigender Verzicht sei nicht möglich. Siehe dazu bei Hoenninger, Der Bodensee im Völkerrecht, S. 21.

kann folglich festgestellt werden, daß mangels allgemeiner Übung Gemeinschaftseigentum an internationalen Seen nicht dem Völkergewohnheitsrecht entspricht[572].

Da sich abgesehen von den Bodenseeanrainern sämtliche Anrainerstaaten von internationalen Seen zur Aufteilung ihres Sees – wenn auch in unterschiedlicher Ausgestaltung – entschieden haben, läßt sich feststellen, daß die Staatengemeinschaft im Grundsatz eine Grenzziehung auf internationalen Seen der Festlegung von Gemeinschaftseigentum vorzieht. Das regelmäßig auftretende Problem bei der Grenzziehung auf Gewässern – sei es am Ufer oder an der Mittellinie –, daß durch Wasserstandsveränderungen aufgrund natürlicher Umstände oder durch Veränderungen künstlicher Art diese Grenzlinie sich verschieben kann, haben die Anrainerstaaten von internationalen Gewässern meist dadurch gelöst, daß sie einen bestimmten Wasserstand als Richtlinie für die Grenzziehung zugrunde gelegt haben.

Der vorstehenden Darstellung der internationalen Seen läßt sich entnehmen, daß die Beispiele für eine Grenzziehung am Ufer eines grenzüberschreitenden Sees nicht zahlreich sind. Während diese Praxis zu Kolonialzeiten in Afrika und auf dem südamerikanischen Kontinent noch verbreitet war, sind die nach diesem Prinzip gezogenen Grenzen nach dem Ende der Kolonialzeit zum großen Teil zugunsten einer ausgewogenen Aufteilung des Gewässers abgeändert worden. Bis in die heutige Zeit haben sich nur wenige Beispiele für die Grenzziehung am Ufer gehalten: Die im Vertrag von 1890 am Ufer des Malawi Sees gezogene Grenze schließt bis zum heutigen Tag Tansania von der Herrschaft über den See aus. Allerdings zeigt gerade das Beispiel des Malawi Sees deutlich, daß die Grenzziehung am Ufer erhebliches Konfliktpotential in sich birgt. Denn Tansania beharrt bis heute darauf, daß die Grenzlinie an der Mitte des Sees verläuft. Dieser Streit hat zwischen den Anrainern bereits zu erheblichen Auseinandersetzungen geführt. Im deutlichen Gegensatz dazu steht das harmonische nachbarstaatliche Verhältnis zwischen Malawi und Mozambique, zwischen denen die Grenze auf dem Malawi See auf der Mittellinie verläuft.

Des weiteren sind als Beispiel die Großen Seen in der Zeit nach der Unabhängigkeit der USA zu nennen. Obwohl zwischen den USA und Großbritannien im Friedensvertrag von Paris die Grenzziehung an der Mittellinie vereinbart worden war, hielt sich Großbritannien nicht daran und nahm die Seen bis zu ihrem

572 So auch Uibopuu, der erklärt: „with the exception of Lake Constance in Germany the proposal of joint property has virtually no precedence and is thus not too convincing and certainly not applicable per se.“ Uibopuu, The World Today 1995, S. 123. Teilweise wird das Kondominium als ein Relikt völkerrechtlicher Theorie, das weder früher noch heute in der völkerrechtlichen Praxis umgesetzt wurde, oder als ein Jahrhunderte alter literarischer Irrtum bezeichnet. Brintzinger, a.a.O., 482.

südlichen Ufer für sich in Anspruch. Dieses Verhalten führte zu einem Krieg zwischen den Anrainerstaaten.

Schließlich zeigt ein Blick auf den Titicacasee und dem sich daran anschließenden Vinamarcasee, daß wegen des Hoheitsanspruchs Boliviens auf den gesamten Vinamarcasee über hundert Jahre keine einvernehmliche Lösung der Grenzfrage für diesen See zwischen den Anrainerstaaten gefunden werden konnte.

Die obigen Beispiele machen deutlich, daß die Grenzziehung am Ufer eines Sees zu Konflikten zwischen den Anrainern führen kann. Der Zugang zu Seen ist für Staaten nicht nur aus wirtschaftlicher Sicht von besonderer Bedeutung. Die Schiffahrt und der Fischerei beleben den Handel eines Staates, der Zugang zum Wasser kann aber darüber hinaus schlicht lebensnotwendig für die Bevölkerung eines Staates sein, wenn beispielsweise ein See als Trinkwasserreservoir dient. Dies gilt insbesondere in Gebieten mit langanhaltenden Trockenperioden. Der vollständige Ausschluß eines Uferstaates vom Zugang zu einem See stört darüber hinaus das Gleichgewicht der Machtverhältnisse. Aus sicherheitspolitischen Erwägungen hat ein Staat regelmäßig ein Interesse daran, zwischen sich und einem anderen Staat, soweit wie möglich, einen gewissen Abstand zu schaffen. Das Interesse an der Herrschaft über einen See ist damit von erheblicher Bedeutung für einen Anrainerstaat. Das Beispiel des Titicacasees macht deutlich, daß dieses Interesse nicht ohne weiteres durch die Einräumung von Fischerei- oder Schiffahrtsrechten befriedigt werden kann. Auch wenn ein Staat dadurch zur Nutzung des Gewässer befugt ist, bleibt er von der Genehmigung eines anderen Souveräns abhängig.

Auch wenn die Grenzziehung am Ufer eines Sees in Zeiten der Kolonisation noch vermehrt zu beobachten war, erscheint sie aus heutiger Sicht aus den oben stehenden Gründen nicht mehr zeitgemäß[573]. Im Hinblick auf die zurückhaltende Anwendung dieses Prinzips für die Bestimmung der Grenze auf einem internationalen See kann es im übrigen mangels allgemeiner Übung nicht als Völkergewohnheitsrecht angesehen werden.

Die Grenzziehung auf dem Thalweg zielt im Unterschied zu der Grenzziehung am Ufer auf die Gewährleistung einer gleichberechtigten Nutzung eines Sees durch seine Anrainerstaaten ab. Alle Anrainerstaaten haben nach dieser Delimitationsmethode die Möglichkeit, Schiffahrt auf dem See zu betreiben. Diese

573 Cohen weist darauf hin, daß die Besetzung von Gebieten und damit die Aufdrängung eines fremden Willens bei Grenzziehungen die Ausnahme sei. Die Regel sei – wie auch in Art. 33 der UN Charta bestimmt – eine Lösung auf dem Verhandlungswege zu erreichen. Dies sei bei Gewässern von herausragender Bedeutung, da die an ihren Ufern gelegenen Staaten regelmäßig beide ein schützenswertes Interesse an der Nutzung des Wassers haben. Cohen, a.a.O., S. 230.

Art der Grenzziehung entspricht indes allein schon deshalb nicht allgemeiner Übung, da sie sich in nur einem einzigen internationalen See niedergeschlagen hat: in dem zwischen Uruguay und Brasilien gelegenen Mirim See, der flach ist und dessen Aufteilung an der Mittellinie zum Ausschluß eines Anrainerstaates von der Schiffahrt auf dem Gewässer geführt hätte.

Die zurückhaltende Anwendung dieser Grenzziehungsmethode ist durchaus nachvollziehbar. In Seen, auf denen die Schiffahrt auf der gesamten Ausdehnung möglich ist, bedarf es keiner solchen Grenzziehung. Es besteht in diesen Fällen nicht die Gefahr, daß ein Staat durch Teilung entlang der Mittellinie von der schiffbaren Nutzung des Sees ausgeschlossen sein könnte. Vielmehr versucht die Grenzziehung entlang des Thalweges in Ausnahmefällen unbillige Ergebnisse zu korrigieren. Allein die Tatsache, daß diese Methode lediglich in Ausnahmefällen zur Anwendung kommen kann, widerspricht dem Gedanken, daß die Realteilung am Thalweg der allgemeinen Übung bei der Grenzziehung in internationalen Seen entspricht.

Die vorstehende Untersuchung hat schließlich gezeigt, daß das Prinzip, auf das von der Staatengemeinschaft bei der Delimitation internationaler Seen überwiegend zurückgegriffen wird, die Realteilung eines Sees an seiner Mittellinie ist. Diese Art der Grenzziehung ist weder auf eine bestimmte Epoche der Zeitgeschichte noch auf einen oder mehrere Kontinente beschränkt. Vielmehr zeigt ein Blick auf die Geschichte, daß die Realteilung bereits in den Anfängen der Grenzziehung angewendet wurde und sich später überwiegend – trotz anfänglicher Grenzziehung am Ufer zu Kolonialzeiten – auch in Afrika durchgesetzt hat. Auch wird anhand der Beispiele aus der Staatenpraxis deutlich, daß das Prinzip der Realteilung Konflikte zwischen den Anrainerstaaten eines Sees weitgehend zu vermeiden vermag. Die auf diese Art gezogenen Grenzen stehen heute allgemein nicht mehr zwischen den Anrainern in Konflikt.

Die überwiegende Anwendung dieses Prinzips zur Grenzziehung in internationalen Seen spricht dafür, eine allgemeine Übung im Sinne der Definition von Völkergewohnheitsrecht anzunehmen. Zweifelhaft erscheint aber, ob die Realteilung von internationalen Seen der als allgemein gültiges Recht heute anerkannt ist[574].

Dagegen spricht bereits die aus der Untersuchung der internationalen Seen gezogene Erkenntnis, daß die natürlichen und geographischen Besonderheiten von jedem einzelnen internationalen Seen vielfältig sind[575] und sich insoweit ein Vergleich zwischen den einzelnen Seen verbietet. Die jeweiligen Anrainerstaaten

574 So auch Dabiri, AALCC Bulletin 22 (1998), S. 12-37 (21).

575 Dies steht in deutlichem Gegensatz zu den geographischen Besonderheiten von Flüssen.

haben eine Einzelfallentscheidung getroffen, um den natürlichen und geographischen Besonderheiten des Gewässers Rechnung zu tragen. In der Konsequenz bedeutet dies, daß eine Regel zur Grenzziehung als starre Vorgabe die jeweiligen Charakteristika eines Sees nicht in ausreichendem Maß berücksichtigen kann[576]. Eine Grenzziehung, die zu einer gerechten Aufteilung zwischen den Anrainern eines schmalen und länglichen Sees führt, kann beispielsweise in internationalen Seen mit unregelmäßiger Form und Uferverlauf zu einer Benachteiligung eines oder mehrerer Anrainerstaaten führen. So verdeutlicht besonders das Beispiel des Mirim Sees, daß auch die Realteilung entlang der Mittellinie in einem See zu unbefriedigenden Ergebnissen führen kann.

Abschließend läßt sich somit feststellen, daß sich bisher eine bestimmte Art der Grenzziehung in internationalen Seen nicht zu Völkergewohnheitsrecht entwickelt hat. Vielmehr handelt es sich bei der Delimitation in diesen Gewässern um Einzelfallentscheidungen, die den natürlichen Gegebenheiten des Sees ebenso Rechnung tragen wie den wirtschaftlichen und machtpolitischen Interessen seiner Anrainerstaaten.

576 Ebenso Schröter, AFDI 1994, S. 910-929 (925).

Ergebnis und Ausblick

Zusammenfassend ist festzustellen, daß trotz der Weitergeltung der Verträge von 1921 und 1940 die Frage nach dem Grenzverlauf und der damit zusammenhängenden wirtschaftlich bedeutsamen Befugnis, die Mineralressourcen auf dem Meeresboden des Kaspischen Meeres auszubeuten, nicht geklärt ist. Die Regelungen der Seerechtskonvention finden auf das Kaspische Meer direkt keine Anwendung, da es sich nicht um ein umschlossenes Meer im Sinne der Seerechtskonvention handelt, sondern aus völkerrechtlicher Sicht als internationaler See einzuordnen ist.

Die Tatsache, daß sich bei der Grenzziehung in internationalen Seen keine völkergewohnheitsrechtliche Regel entwickelt hat, sondern für jeden See eine Einzelfallentscheidung vorzunehmen ist, bedeutet für das Kaspische Meer, daß sich die Anrainer zwar an den Regelungen in anderen internationalen Seen orientieren können, dies aber andererseits nicht müssen; es greift kein Automatismus im Hinblick auf eine Begrenzung des bis heute weitgehend unbegrenzten Kaspischen Meeres ein. Die bisherige Entwicklung am Kaspischen Meer hat gezeigt, daß die Festlegung von Gemeinschaftseigentum aller Anrainerstaaten mangels bestehenden Konsenses kaum umzusetzen sein dürfte [577]. Allein der Iran tritt für Gemeinschaftseigentum am Kaspischen Meer insgesamt ein, während diese Haltung von den ehemaligen Unionsrepubliken vollständig, von der Russischen Föderation zumindest im Hinblick auf die Aufteilung des Meeresbodens abgelehnt wird. Abgesehen davon ist die Vereinbarung eines Kondominiums nicht sinnvoll, da sie immer die Gefahr in sich birgt, daß – da keine klare Rechtslage in Form von exakt abgegrenzten Hoheitsgebieten erfolgt – Konflikte um hoheitsrechtliche Kompetenzen auf dem Gewässer auftreten können. Diese Gefahr kann sich insbesondere wegen der militärischen Dominanz der Russischen Föderation am Kaspischen Meer und ihrem Anspruch auf eine Großmachtrolle ohne weiteres realisieren.

Dagegen erscheint eine Aufteilung des Kaspischen Meeres in nationale Sektoren unter Verwendung der Grenzziehung entlang der Mittellinie zumindest für den Meeresboden im Hinblick auf die jüngsten Entwicklungen in dieser Region

577 Allison (Royal Institute of Foreign Affairs, London) bezeichnete die Idee des Kondominiums für das Kaspische Meer als begraben. Bergedorf-Forum 1998.

als sinnvoll[578] und zumindest weitgehend konsensfähig. Im Kaspischen Meer bedarf es in erster Linie einer Lösung für ein zukünftiges friedliches Nebeneinander der Anrainerstaaten. Mit der Delimitation entlang der Mittellinie scheint dieses Ziel erreichbar zu sein, da die Staatenpraxis gezeigt hat, daß durch diese Art der Grenzziehung häufig eine friedliche Koexistenz der Anrainerstaaten hergestellt werden kann. Die Realteilung des Meeresbodens entlang der Mittellinie würde im Ergebnis dazu führen, daß den größten Anteil am Kaspischen Meer Kasachstan mit ca. 29% erhalten würde. Turkmenistan würde mit ca. 21% folgen, Aserbaidschan mit ca. 20%, während der Iran einen prozentualen Anteil am Kaspischen Meer von 14 % und die Russische Föderation von 16% erhalten würde. Derart wären die Russische Föderation und der Iran von der Herrschaft über die unter dem Meeresboden liegenden Gas- und Ölvorkommen ausgeschlossen. Im Unterschied zu der Begründung von Gemeinschaftseigentum scheint die Realteilung des Kaspischen Meeresbodens dennoch weitgehend konsensfähig. Dies zeigen insbesondere die jüngsten Entwicklungen am Kaspischen Meer. Es ist zu beobachten, daß die Mehrheit der Anrainerstaaten des Kaspischen Meeres sich für eine derartige Grenzziehung ausspricht. Die drei neu entstandenen Staaten Aserbaidschan, Kasachstan und Turkmenistan treten für diese Delimitationsmethode ein, da ihnen dadurch sowohl die bekannten als auch die vermuteten Mineralressourcen unter dem Kaspischen Meeresboden zufallen. So einigten sich Kasachstan und Aserbaidschan bereits im Jahre 1997 darauf, bis zu einer multilateralen Einigung über den Status des Kaspischen Meeres die Grenzen entlang der Mittellinie zwischen ihnen einzuhalten[579]. Auch Turkmenistan und Kasachstan trafen eine derartige vorläufige Regelung zur Einhaltung der Grenze an der Mittellinie im Jahre 1997. In jüngster Zeit nähert sich aber auch die Russische Föderation langsam der von den ehemaligen Unionsrepubliken vertretenen Linie an. Mit der Unterzeichnung des russisch-kasachischen Abkommens über die Aufteilung des nördlichen Meeresuntergrundes des Kaspischen Meeres im Jahre 1998 wurde ein Teilgebiet des Kaspischen Meeres durch ein internationales Abkommen begrenzt[580]. Diesem Vertrag lag die Realteilungsmethode entlang der

578 Anderer Ansicht ist Yakemtchouk, der die sektorale Aufteilung des Kaspischen Meeres eher kritisch sieht. Er ist der Ansicht, daß dadurch die für eine friedliche Koexistenz erforderliche Demilitarisierung des Kaspischen Meeres nicht erreicht werden könnte. Vielmehr begünstige die Realteilung die Aufrüstung, um die jeweiligen Sektoren durch nationale Einheiten zu sichern. Yakemtchouk, Les hydrocarbures de la Caspienne, S. 121.

579 Siehe dazu „Caspian Sea Region: Legal Issues" der Energy Information Administration (EIA) unter www.eia.doe.gov/emeu/cabs/casplaw.html, Stand: 10.07.2003

580 Siehe dazu auch „Geburtstagsgeschenk – Das Kaspische Meer wird aufgeteilt", Ostinvest 28/1998 vom 10. Juli 1998, S. 5-14. Nikolaenko, Meždunarodnaja Žisn 11-12, S. 93-96 (94) sieht dies als wichtigen Schritt auf dem Weg zu einem lang-

Mittellinie zugrunde. In der Folgezeit unterzeichneten die beiden Staaten ein Protokoll zur Demarkation der in dem Vertrag von 1998 festgelegten Grenzen. Eine ähnliche Einigung erzielten der russische Präsident Putin und der Präsident Aserbaidschans Alijew im Januar 2001. In einer gemeinsamen Erklärung einigten sie sich auf die Aufteilung des Meeresbodens entlang der Mittellinie, während die Wasseroberfläche weiterhin unbegrenzt bleiben soll. Zur Umsetzung dieses Abkommens unterzeichneten die Russische Föderation und Aserbaidschan im September 2002 das Protokoll zur Demarkation der Grenze zwischen beiden Staaten. Aserbaidschan und Kasachstan einigten sich im Jahre 2001 ebenfalls über die Aufteilung des Meeresbodens an der Mittellinie und im Mai 2003 unterzeichneten die Russische Föderation, Aserbaidschan und Kasachstan einen Vertrag, in dem sie festlegten, an welchen Punkten die in den bilateralen Verträgen vereinbarten nationalen Sektoren auf dem Meeresboden zusammentreffen sollten[581].

Auch Aserbaidschan und Turkmenistan stehen in Verhandlungen zur Aufteilung des Meeresbodens zwischen den beiden Staaten[582]. Während sich beide Staaten darüber einig sind, daß eine Aufteilung entlang der Mittellinie erfolgen soll, bestehen unterschiedliche Auffassungen, wo genau die Mittellinie verläuft[583].

Interessant ist in diesem Zusammenhang, daß dem russisch-kasachischen Vertrag von 1998 Verhandlungen zwischen den Vertragsparteien vorausgegangen waren, in denen die Russische Föderation ihre Zustimmung zu einer Aufteilung des nördlichen Meeresbodens des Kaspischen Meeres von der Beteiligung

---

fristigen und friedlichen Zusammenleben am Kaspischen Meer an. Ähnlich Engerer/v. Hischhausen, DIW-Wochenbericht 24/98.

581 Agreement on the crossing points of Caspian Sea be co-linear areas among the Republic of Azerbaijan, the Republic of Kazakhstan and the Russian Federation dated 14 May 2003.

582 Bilaterale Gespräche der stellvertretenden Außenminister beider Staaten fanden im Mai 2001 und Januar 2004 statt. Obwohl auf dem jüngsten Treffen eine deutliche Annäherung der Positionen erreicht worden sein soll, steht eine endgültige Lösung dieser Frage noch aus. Das nächste Treffen war ursprünglich für Januar 2005 geplant gewesen, wurde aber verschoben und ein neuer Termin wurde noch nicht festgesetzt.

583 Bei der Festlegung der Mittellinie steht das Interesse beider Staaten an dem Ölfeld Kyapaz (turkm: Serdar) im Vordergrund, auf welches beide Staaten Anspruch erheben. Für die Ausbeutung dieses Ölfeldes hatten beide Staaten bereits in den 90er Jahren Verträge unterzeichnet (Aserbaidschan im Jahre 1997 mit Rosneft und LUKoil; Gewinner der Ausschreibung von turkmenischer Seite war Mobil). Die Ausbeutung des Ölfeldes soll allerdings nicht beginnen, bevor sich die beiden Anrainerstaaten über die Aufteilung des Meeresbodens geeinigt haben. Vergleiche Fuller, www.parstimes.com, Stand 15.02.2005.

bei der Ausbeutung der in diesem Sektor vorhandenen mineralischen Ressourcen abhängig machte[584]. Das Verhalten der Russischen Föderation zeigt, daß die Aufteilung des Kaspischen Meeres entlang der Mittellinie im Rahmen einer multilateralen Konvention davon abhängig sein wird, inwiefern sich die Anrainerstaaten über eine interessengerechte Beteiligung an den mineralischen Ressourcen einigen können. Die Konsensfähigkeit der Russischen Föderation, die durch die Beteiligung an der Ausbeutung der kasachischen mineralischen Ressourcen entstand, könnte darauf hindeuten, daß unter Umständen auch der Iran, der sich als einziger Anrainerstaat stetig gegen die Realteilung des Meeresbodens entlang der Mittellinie wehrt, durch Zugeständnisse bei der Ausbeutung der kaspischen Ressourcen zu einem Wandel in seiner Position bewegt werden könnte.

Führt man den Gedanken weiter, daß es den Anrainerstaaten in erster Linie um die Beteiligung an der Ausbeutung der mineralischen Ressourcen geht, könnte man zu dem Schluß kommen, daß sich eine Grenzziehung erübrigt, sobald für jedes bekannte und vermutete Vorkommen im Kaspischen Meer einvernehmliche Regelungen zur gemeinschaftlichen Ausbeutung gefunden wurden. Im Ergebnis würde dies auf eine ähnliche Situation wie im Bodensee hinauslaufen: Die Grenzziehung kann unterbleiben, weil über alle wesentlichen Fragen der Nutzung des Gewässers einvernehmliche Regelungen gefunden wurden.

Hinsichtlich der Oberfläche des Kaspischen Meeres tendieren die Anrainerstaaten eher dazu, den See in seiner gesamten Ausdehnung in das Gemeinschaftseigentum aller Anrainerstaaten zu stellen, um dadurch eine freie Nutzung durch alle Anrainerstaaten zu gewährleisten.

Im Ergebnis scheinen sich die Kaspischen Staaten damit einer entsprechenden Anwendung der Seerechtskonvention anzunähern. Wie es scheint, haben sich die Anrainerstaaten die Rechtsfolgen, die aus der Seerechtskonvention für die Meere gelten, zum Vorbild für die Lösung der Grenzfragen auf dem Kaspischen Meer genommen. Die sektorale Aufteilung des Meeresbodens ist ebenso in der Seerechtskonvention vorgesehen wie die grundsätzliche Freiheit der Schiffahrt auf Gewässern. Dies zeigt, daß trotz der Einordnung des Kaspischen Meeres als internationaler See die Anrainerstaaten dazu tendieren, angesichts der Größe des Kaspischen Meeres und seiner geographischen Besonderheiten die Vorschriften für die Meere als interessengerecht und angemessen ansehen.

Mit dieser Feststellung ist indes die Frage, wie die Aufteilung des Kaspischen Meeres zu bewerkstelligen ist, noch nicht beantwortet. Der in der jüngsten Ver-

---

584 Der kasachische Staatsrechtler Salimgerei beleuchtet dieses Zugeständnis der Russischen Föderation kritisch und vermutet, das entweder die Russische Föderation bis dato nicht bekannte Ölvorkommen in „ihrem“ Sektor gefunden hatte oder aber einfach das Zugeständnis Teil eines ihrer undurchschaubaren strategischen Spiele sei. Bergedorf-Forum 1998.

gangenheit zunehmende Abschluß von bilateralen Verträgen über die Grenzziehung im Kaspischen Meer läßt nicht die Notwendigkeit einer Regelung dieser Fragen durch alle Anrainerstaaten entfallen. Als bilaterale Verträge wirken diese Abkommen nur *inter partes* und können folglich keine verbindlichen Regelungen für die übrigen Anrainerstaaten des Kaspischen Meeres treffen. Aus diesem Grund wird von den Anrainerstaaten des Kaspischen Meeres besonders in jüngster Zeit die Erarbeitung einer Konvention über den Status des Kaspischen Meeres[585] vorangetrieben. Erste Ansätze dazu zeigten sich bereits Anfang der 90er Jahre. Der im Jahre 1994 errichtete Caspian Sea Council erarbeitete einen Konventionsentwurf, der die Geltung der in der Seerechtskonvention enthaltenen Prinzipien vorsah. Nachdem der Entwurf keine Zustimmung unter den Anrainerstaaten fand, gründeten die Anrainerstaaten im Jahre 1996 erneut eine Arbeitsgruppe zur Schaffung einer entsprechenden Konvention. Im Juni 2001 trafen sich Vertreter aller fünf Anrainerstaaten in Baku und unterzeichneten eine gemeinsame Erklärung[586], in der sie sich auf die Schaffung einer Konvention einigten. In der Folgezeit fanden zahlreiche Zusammenkünfte der Arbeitsgruppe, letztmalig am 28. Januar 2005 in Aschchabat, Turkmenistan sowie ein Gipfel der Staatschefs statt, die zu einer Klärung des rechtlichen Status des Kaspischen Meeres führen sollten[587]. Bis heute ist allerdings keine einvernehmliche Regelung erzielt worden. Insbesondere konnten sich die Anrainerstaaten bisher nicht auf eine Konvention über den rechtlichen Status des Kaspischen Meeres einigen[588]. Es

---

585 Kochumov, www.ourworld.compuserve.com/homepages/usazerb/422.htm, Stand: 05.01.2000. Für die Notwendigkeit einer einverständlichen Regelung im Rahmen einer Konvention sprachen sich die Russische Föderation und Kasachstan bereits in einer gemeinsamen Erklärung zur Kooperation bei der Nutzung des Kaspischen Meeres aus. Darin heißt es: „Le nouveau statut de la mer Caspienne doit être déterminé par consensus entre les Etats riverains. Nul n´est en droit règler unilatéralement la question du statut juridique de la mer Caspienne [...]. [...] la préparation de la convention relative au statut juridique de la mer Caspienne facilitera la conclusion d´accords visant divers aspects en mer Caspienne.“ Documents d´Actualité Internationale 14 (1996), S. 580-581. Siehe auch Hoffman, socrates.berkeley.edu/~bsp/caucasus/newsletter/1997-04.pdf, Stand: 19.01.2000.

586 Vergleiche die Studie der Energy Information Administration, Juli 2001, unter www.eia.doe.gov/emeu/cabs/casplaw.html, Stand: 31.10.2001.

587 Der Gipfel der Staatschef der fünf Anrainerstaaten im April 2002 in Aschchabat blieb allerdings ohne Ergebnis. „Caspian: Ashgabat Summit Ends without Agreement“, www.rferl.org/nca/features/2002/04/24042002090553.asp, Stand: 10.07.2003. Ein zweiter Gipfel sollte im Dezember 2004 stattfinden, ist allerdings verschoben worden und ein neuer Termin wurde noch nicht festgelegt.

588 Die 16. Sitzung der Arbeitsgruppe am 28. Januar 2005 in Aschchabat brachte einige Fortschritte, insbesondere hinsichtlich der Regelungen für den Fischfang, die Schiffahrt und den Umweltschutz. Allerdings bestehen weiterhin Differenzen hin-

mehren sich allerdings die Anzeichen, daß die Ungewißheit über die Aufteilung des Kaspischen Meeres nicht mehr länger bestehen bleiben soll und eine Einigung der Anrainerstaaten in dieser Frage in naher Zukunft allgemein gewünscht ist.

---

sichtlich der Aufteilung des Meeresboden und der Wasseroberfläche sowie der Kriegsschiffahrt und dem Verlauf von Pipelines auf dem Meeresboden. Vergleiche die Stellungnahme des Außenministeriums der Russischen Föderation unter www.ln.mid.ru, Stand:11.03.2005.

Literaturverzeichnis

Adami, Vittorio: National frontiers in relation to international law, 1919

Adjarov, K. A.: „V. I. Lenin and the 1st treaties of the Soviet Union with countries of the East", Sowjetskij eschegodnik meschdunarodnogo prava 1969, S. 59-68 (russisch mit englischer Zusammenfassung)

Afrasiabi, Kaveh: „International Law and Iran's Policy on the Caspian Sea: Shifting Paradigms" unter www.caspianstudies.com/article/kaveh,%20afrasyabi.htm, Stand 10.07.2003

Agoro, I.O.: „The establishment of the Chad Basin Commission", ICLQ 15 (1966), S. 542-550

Akimow, Aleksandr: „Oil and Gas in the Caspian Sea region: An overview of Cooperation and Conflict", www.cpss.org/casianw.akim.html, Stand: 14.05.1999

Alexander, Lewis M.: „Regionalism and the law of the sea: The case of semi-enclosed seas", Ocean Development and International Law 1974 (2), S. 151-186

–: „Regional arrangements in the ocean", AJIL 71 (1977), S. 84-109

Alexandersson, G.: The Baltic Straits, The Hague, 1982

Alexandrov, Mikhail: „Russian-Kazakh Contradictions on the Caspian Sea Legal Status", University of Melbourne Bulletin, Februar 1998

Alexandrov, Valentin: „Neft – Sokrovischtsche ili pogibel Kaspia", Meždunarodnaja Žisn 10 (1997), S. 87-94

Alijew, Natig: „The Contract – Anticipating the future", www.azer.com/AIWeb/Mag...4.folder/24.articles/24.oilcontract.htm, Stand: 27.01.1999

Allonsius, David: Le regime juridique de la Mer Caspienne: problèms actuales de droit international public, 1999

Anand, R. P.: Navigation through territorial sea and straits – revisited, 26 (1996) IndJIL 4, S. 13-38

Aranda, Ricardo: Collección de los tratados, convenciones, capitulaciones, armisticios y otros actos diplomáticos y políticos del Perú 1890, Band 2, S. 165 ff.

Aréchaga de, Eduardo Jiménez: „Boundaries in Latin America: Uti possidetis doctrine" in Bernhardt (Hrsg.), EPIL 1 (1992), S. 449-453

Askarov, Gorkhmaz: „Border Games in the Caspian Sea:newly independent States vs. Russia and Iran Co.“ unter ourworld.compuserve.com/homepages/usazerb/423.htm, Stand: 05.01.2000

Bar Yaakov, N.: The Israel-Syrian Armistice: Problems of implementation, 1949-1966

Barabolja, P. D.: Voenno-morskoj meždunarodno-pravovoj spravočnik, 1966

Barylski, Robert V.: „Russia, the West and the Caspian Energy hub“, Middle East Journal 49 (1995), S. 217-232

Bèdard, Charles: Le regime juridique des Grands Lacs de l`Amérique du Nord et du Saint-Laurent, 1966

Benchikin, Madjid: „La Mer Méditerranée, mer semi-fermée“, RGDIP 1984, S. 285-286

Berchthold, Klaus: „Die Hoheitsverhältnisse im Bodensee“, Juristische Blätter 1965, S. 401 ff.

Bießle, Alois: Der Ausschluß der Grenzfeststellungsverträge von der Anwendung der clausula rebus sic stantibus gemäß Art. 62 Ziff. 2 lit (a) der Wiener Konvention über das Recht der Verträge, 1977

Birjukov, P.N.: Meždunarodnoe pravo, 1996

Blum, Douglas: Sustainable Development and the New Oil Boom: Cooperative and Competitive Outcomes in the Caspian Sea, Working Papers Series No. 4, 1998, Program on New Approaches to Russian Security, Davis Center for Russian Studies, Harvard University

Boggs, Samuel Whittemore: International boundaries – A study of boundary functions and problems, 1940 (*zit.* International boundaries)

Bothe, Michael/Schmidt, Christian: „Sur quelques questions de succession posees par la dissolution de L'URSS et celle de la Yougoslavie“, RGDIP 96 (1992), S. 811-842

Bouchez, L.J.: „The fixing of boundaries in international rivers“, ICLQ 12 (1963), S. 789-817

Bradshaw, Richard E.: „The Politics of Soviet Martitime Security: Soviet Legal Doctrine and the Status of Coastal Waters“, Journal of Maritime Law and Commerce 10 (1978/79), S. 411-429

Bremmer, Ian: „Oil politics: America and the riches of the Caspian Basin“, www.treemedia.com/cfrlibrary/Library/policy/bremmer.html, Stand: 31.07.1999

Brill Olcott, Martha: „Tha Caspian's false promise“, Foreign Policy 111 (1998), S. 95-113

Brintzinger, Ottobert: „Hoheitsrecht am Bodensee“, Jahrbuch für Internationales Recht 15 (1971), S. 448-483

Brownlie, Ian: African boundaries – a legal and diplomatic encyclopedia, 1979

–: Principles of public international law, 1998

–: „A provisional view of the dispute concerning sovereignty over lake Malawi/Nyasa“, EALR 1 (1968), S. 258-273
Bundy, Rodman R.: „Legal Aspects of Protecting the Environment of the Caspian Sea“, RECIEL 5 (1996), S. 122-129
Butler, William E.: The Law of Soviet Territorial Waters: a case study of maritime legislation an practice, 1967
–: USSR, Eastern Europe and the development of the law of the sea, Loseblattsammlung
–: The Soviet Union and the Law of the Sea, 1971
Caflisch, Lucius: „The Law of State Succession – Theoretical Observations“, NTIR 10 (1963), S. 337-366
–: „Règles générales du droit des cours d'eau internationaux“, RdC 1989 VII, S. 21-132
Caratheodory, Etienne: Das Stromgebiet und die internationale Flußschiffahrt, Handbuch des Völkerrechts, 1887
Cavaglieri, Arrigo: „Effets juridiques des changements de souveraineté territoriale“, Annuaire de l'Institut de Droit International, 38/1 (1934), S. 473-481
Churchill, Robin R.: The Law of the Sea, 3 Aufl., 1999
Clagett, Brice M.: „Ownership of seabed and subsoil resources in the Caspian Sea under the rules of international law“
Caspian Crossroads 1995, S. 3-12, unter http://ourworld.compuserve.com/homepages/usazerb/131.htm, Stand: 13.06.2003
Cohen, Maxwell: „The Régime of Boundary Waters“, Recueil des Cours 1975, S. 227-292
Colombos, Constantine: The International Law of the Sea, 1967
Croissant, Cynthia/Croissant, Michael: „The Caspian Sea Status Dispute: Azerbaijani Perspectives“, poli.vub.ac.be/publi/crs/eng/0301-01.htm, Stand: 21.11.2001
Cukwurah, Anthony: The settlement of boundary disputes in international law, 1967
Dadwa, Shebonti Ray: „Politics of oil: Caspian imbroglio“ www.idsa-india-org/an-aug8-6.html, Stand: 04.07.2000
Dabiri, Mohammed Reza: „Legal regime of the Caspian Sea and the position held by its littoral states: an appraisal“, AALCC Bulletin 22 (1998), S. 12-37
Dahm, Georg/Delbrück, Jost/Wolfrum, Rüdiger: Völkerrecht, 2. Aufl., 1989
Darby, Joseph J.: „The Soviet Doctrine if the Closed Sea“, SDLR 23 (1986), S. 685-699
Degan, Vladimir-Duro: Internal Waters, 17 (1986) NethYIL, S. 3-44
Delbrück, Jost: Friedensdokumente aus 5 Jahrhunderten

Dipla, Hartini: Le tracé de la frontiére sur les lacs internationaux in: Zacklin, Ralph/Caflish (Hrsg.), The legal regime of international rivers and lakes
Dörr, Oliver: Die Inkorporation als Tatbestand der Staatensukzession, 1995 (*zit.* Inkorporation)
Doka, Carl: Der Bodensee im internationalen Recht, 1927
Dubner, Barry Hart: „The Caspian: is is a lake, a sea or an ocean and does it matter? The danger of utilizing unilateral approaches to resolving regional/international issues“, DJIL 18 (2000), S. 253-291
Dunlap, William V.: „The Arctic ocean and the regime of enclosed and semi-enclosed seas“, Int`l. Bound.&Env.Sec.1997, S. 105-119
Dupuy, René-Jean/Vignes, Daniel : A Handbook on the New Law of the Sea, 1991
Durdenevskij, Vsevolod/Krylov, Sergej: International Textbook, 1947
Dussart, B.: Limnologie, 2. Auflage, 1992
Ebenroth, Carsten/Wilken, Oliver: „Sezessionsbedingte Schuldüberleitung-wirtschaftsrechtliche Dimensionen der Staatennachfolge“, RIW 1991, S. 885 ff.
Englefield, Greg: „A spider's web: jurisdictional problems in the Caspian Sea“, IBRU Boundary and Security Bulletin 1995, S. 30-33
Engerer, Hella/von Hischhausen,Christian: „Die Energiewirtschaft am Kaspischen Meer: Enttäuschte Erwartungen – unsichere Perspektiven“, DIW-Wochenbericht 24/98 unter www.diw-berlin.de/diwwbd/98-24-2.html, Stand: 12.07.1999
Fadin, Andrej: „Der Kaspische Knoten – Das Spiel um Gewinne am „Schwarzen Gold“, Wostok 4 (1997), S. 36-38
Fahl, Gundolf: Der Grundsatz der Freiheit der Meere in der Staatenpraxis von 1493 bis 1648: eine rechtsgeschichtliche Untersuchung, 1969
Farah, Chahine: Völkerrechtliche Aspekte von Zusammenschlüssen arabischer Staaten unter besonderer Berücksichtigung der Staatennachfolge bei der Vereinigung und dem Zerfall der Vereinigten Arabischen Republik, 1977
Fastenrath, Ulrich/Schweisfurth, Theodor/Ebenroth, Carsten: Das Recht der Staatensukzession, 1995
Fedorov, Jurii: „Morskoij Usel: rasrubit ili pasvjasat“, Expert vom 18.05.1998, Nr. 18
–: „Kaspijskij Usel“, Mirovaja Ekonomika i meždunarodnye otnošenija 1996, S. 82-95
–: „Russia's politics toward the Caspian region oil: neo-imperialism or pragmatic?“ unter www.cpss.org/casianw/septpers.html, Stand: 14.05.1999
Fiedler, Wilfried: Staatskontinuität und Verfassungsrechtsprechung, 1970

Frowein, Jochen: „Lake Constance“ in: Bernhardt (Hrsg.) EPIL 3 (1997), S. 116-119
Geistlinger, Michael: Revolution und Völkerrecht: völkerrechtsdogmatische Grundlegung der Voraussetzungen und des Inhalts eines Wahlrechts in bezug auf vorrevolutionäre völkerrechtliche Recht und Pflichten, 1991 (*zit.* Revolution und Völkerrecht)
Gelberg, Ludwik: Rechtsprobleme der Ostsee, 1979
Gennzdy, Chufrin: The security of the Caspian Sea region, 2001
Gidel, Gilbert: Des effects de l´annexion sur les concessions, Paris, 1904
Gizzatov, Vyacheslav: Statement at the Seminar on Caspian problems at the International Institute of Caspian Studies, http://caspianstudies.com/seminars/19990615.htm, Stand: 04.07.2000
Gökçek, Mustafa: „The Caspian Sea: legal and political aspects“, geocities.com/gokcek/docs/thesisbody.htm, Stand: 21.11.2001
Graf-Schelling, Claudius/Schenk, Dieter: „Le regime juridique du lac de Constance“ in: Zacklin/Caflisch, The regime of international rivers and lakes, S. 97 ff.
–: Die Hoheitsverhältnisse am Bodensee unter besonderer Berücksichtigung der Schiffahrt, 1978
Gramola, Mariangela: „The legal status of the Caspian Sea after the break-up of the Soviet Union“ unter www.traceca.org/marco/mp09.pdf, Stand: 31.10.2001
Grzybowski: „The Soviet Doctrine of Mare Clausum – policies in Black and Baltic sea“, Journal of Central and European Affairs 14 (1955), S. 339-355
Halliday, Fred: „The empire strikes back? Russia, Iran and the new republics“, The World Today 51 (1995), S. 220-223
Hansen, Sander: Pipeline Politics; The struggel for control of the Eurasian resources, 2003 unter www.clingendael.nl/ciep/pdf/CIEP_02_2003.pdf Stand: 10.07.2003
Harris, Andrew: „The Azerbaijan-Turkmenistan dispute in the Caspian Sea“, IBRU Boundary and Security Bulletin 5 (1997-98), S. 56-62
Hartingh de, France: Les conceptions soviétiques du droit de la mer, 1960
Helmer: „Central Asia: Uncertain Currents in Caspian Oil Game“ unter www.rferl.org/ nca/features/1997/10/F.RU.971001135025.htm, Stand: 27.01.1999
Hoenninger, Waldemar: Der Bodensee im Völkerrecht, 1906
Hoffmann, David I.: „The Caspian Sea Demarcation: From Stalemate to Fait Accompli?“ unter socrates.berkeley.edu/~bsp/caucnews/cnews4.html, Stand: 19.01.2000

Homann, Dietrich: „Völkerrechtliche Konsequenzen des Zerfalls der Sowjetunion", Friedenswarte 69 (1992)S. 98-116

Horton, Scott: „International Law Ownership of the Caspian seabed"

Hosseini, Ahmad Haji: „The prospects of the Caspian Sea region in the 21st century", www.ipis.org/pub/amudarya/amu2/hajhosseini.htm , Stand: 27.01.1999.

Huber, Hans: „Gebietshoheit und Grenzverlauf im Bodensee", SchwJIL 21 (1965), S. 401 ff.

Hummer, Waldemar: „Boundary disputes in Latin America" in Bernhardt (Hrsg.), EPIL 1 (1992), S. 464-472

Ipsen, Knut: Völkerrecht, 4. Auflage, 1999

Ireland, Gordon: Boundaries, possessions and conflicts in South America, 1938

Jaywardene, Hiran: The regime of islands in international law, 1990

Jellinek, Georg: Allgemeine Staatslehre, 3. Aufl., 1959

Jimenez, Heidi: „International boundaries in Africa" in National and International Boundaries, 1985, S. 757-767

Jones, Stephen: Boundary-making: A handbook for statesmen, treaty editors and boundary commissioners, 1971 (*zit.* Boundary-making)

Junusova, Lejla: Torgovaja ekspansija Anglii v bassejne Kaspija v pervoj polovine XVIII veka, 1988 (*zit.* Torgovaja ekspansija Anglii)

Kepbanov, Yolbars: „The new legal status of the Caspian Sea is the basis of regional cooperation and stability" unter www.mfa.gov.tr/grupa/percept/ii4/II4-2.htm, Stand: 21.11.2001

Klein, Eckart: Statusverträge im Völkerrecht – Rechtsfragen territorialer Sonderregime, 1980

Kochumov, Yagmur: „Issues of international law and politics in the Caspian in the context of the Turkmenistan-Azerbaijan discussion and fuel transport" unter www.ourworld. compuserve.com/homepages/usazerb/422.htm Stand: 05.01.2000

Koskenniemi, Martti: „The politics of International Law", EJIL 1 (1990), S. 4-33

Kovalev, Felix: „Neft, Kaspij i Rossija", Meždunarodnaja Žisn 1998, S. 33-39

Krockow Graf zu, Christian: „Die Grenze als anthropologisches und politisches Problem", Schweizerische Monatshefte 48 (1969), S. 107

Kroonenberg, Salomon: „Caspian sea level change: a catastrophe and a blessing in disguise" unter http://atlas-conference.com/cgi-bin/abstract/caji-23, 2002, Stand 13.06.2003

Kwiatowska, Barbara: „Exclusive Economic Zone – General evaluation" in Vukas (Hrsg.) Essays on the new law of the sea, Bd. 1, S. 99-117

Lagoni, Rainer: „Baltic Sea" in Bernhardt (Hrsg.) EPIL 1 (1992), S. 321-328

Laylin, John G./Bianchi, Rinaldo L.: „The Rôle of Adjucation in International River Disputes", AJIL 53 (1959), S. 30-117

Leanza, Umberto: „Le regime juridique international de la mer méditerranée", RdC 236 (1992), S. 126-459
–: Delimitation of the continental shelf and exclusive economic zone", 3 (1990/91) Yearbook University of Rome, S. 523-537
Lelyveld, Michael: „Iran: Claim to share of Caspian oil renewed" vom 29.06.1999, www.rferl.org/nca/features/1999/06/F.RU.990629125537.html, Stand: 12.07.1999
Lester, A.P.: „State succession to treaties in the Commonwealth", ICLQ 12 (1963), S. 475-507
Lukašuk, Igor` Ivanovič: „Rußland als Rechtsnachfolger in völkerrechtliche Verträge der UdSSR", Osteuropa Recht 1993, S. 235-245
MacChesney, Brunson: Judicial Decisions, Lac Lanoux Case (France-Spain), AJIL 53 (1959), S. 156-171
MacLaughlin, Rob: „Coastal state use of force in the EEZ under the Law of the Sea Convention 1982", 18 (1999) 1 UTLR, S. 11-21
Mahnke, Hans Heinrich: „Die Ostsee – ein geschlossenes Meer?", Deutschland-Archiv 9 (1976), S. 1179-1188
Maleki, Abbas: „What happened in the South Caspian?" unter www.caspian-studies.com, Stand 10.07.2003
–: The legal status of the Caspian Sea: Discussions on different Iranian views" unter www.caspianstudies.com/article/Maleki-legal.htm, Stand: 10.07.2003
Malinin, Sergej: 46 Informationnij sbornik. Morskoe pravo i praktika, 13-60 (1960)
Mamedov, Rustam: Meždunarodno-pravovoi regim kaspijkogo morja, 1989
Marek, Krystyna: Identity and continuity of states in public international law, 2. Auflage, 1968 (*zit.* Identity and continuity)
Martens, G.H.: Traité de droit international, Bd. 1, 1883, S. 12.
Martynenko, Evgenij Vladimirovič: „Theorie und Praxis der Rechtsnachfolge der Mitgliedstaaten der Gemeinschaft Unabhängiger Staaten", Osteuropa Recht 39 (1993), S. 34-41
Matveev, Alexandre: „Le statut de la mer Capienne: le point de vur russe", Le courrier des pays de l'Est 411 (1996), S. 55-61
McEwen, A.C.: International boundaries of East Africa, 1971
Meese, Richard: „La Mer Caspienne: quelques problèmes actuels", RGDIP 1999, S. 405-423
Mehdiyouh, Kamyar: „International law and the dispute over ownership of oil and gas resources in the Caspian Sea", AJIL 94 (2000), S. 179-189
Mersljakov, Juri: „Pravovoi Status-Ključevaja problema kaspijkaja morja", 17.03.1999

Milan, Shapour S.: The legal status of the Persian Gulf as a semi-enclosed sea", ArchVR 25 (1987), S. 92-105
Miljan, Toivo: „Mare Clausum Balticum and the Law of the Sea", Osteuropa Recht 21 (1975), S. 103-118
Miller, Arthur R.: „Ecological Balance in semi-enclosed seas", Environmental Affairs 2 (1972/73), S. 191-204
Mirfendereski, Genve: A diplomatic history of the Caspian Sea: treaties, diaries and other stories, 2001
Mitchell, Mairin: Maritime History of Russia 1848-1948, 1949
Mizzi, Arthur P.: „Caspian Sea oil, turmoil and caviar: can they provide a basis for an economic union of the Caspian States?", Colorado Journal of International and Environmental Law and Policy 7 (1996), S. 483-504
Mojtahed-Zadeh, Pirouz: „The Caspian Sea Legal Regime" unter www.echoiran.com/bulletin/web%20bulletin/caspian_sea_legal_regime.htm, Stand: 31.10.2001
Molodtsov, Stepan: Meždunarodnoe pravo, 1957
Momtaz, Jamshid: „The legal regime of the Caspian Sea" unter www.ipis.org/pub/amudarya/amu2/momtaz.html, Stand; 20.05.1999
Moore, John Bassett: A digest of international law, 1906, Bd. 1
Müller, Friedemann: Die Region des Kaspischen Meeres – Energiereichtum und Geopolitik, Osteuropa-Wirtschaft 41/3, S. 272 ff.
Müller, J.P./ Wildhuber, L.: Praxis des Völkerrechts, 1977
Münch, Ingo von: Die gegenwärtige Situation der Ostsee und die Zusammenarbeit zwischen den Anliegerstaaten", AöR 103 (1978), S. 522-565
Mullerson, Rein: The continuity and succession of States by reference to the former USSR an Yugoslawia, ICLQ 1993, S. 473-493
Nandan, Satya/Rosenne, Shabtai: UNCLOS III, Band 3
Nikolaenko, Valery: „Rossija i Kasachstan", Meždunarodnaja Žisn 11-12, S. 93-96
O'Connell, Daniel: The law of state succession, 1956
Oppenheim, Lassa F.L.: International Law – a treatise, 1926
Oxman, Bernhard H.: „The Caspian sea or lake? What difference does ist make?" unter ourworld.compuserve.com/homepages/usazerb/141.htm, Stand: 27.01.1999
Parry, Clive: The consolidated treaty series
Percoraro, Maria Luisa: „The concept of enclosed or semi-enclosed seas in the new law of the sea", Yearbook University of Rome 1989, S. 369-382
Pereira, André: La succession d'Etats en matière de traité, 1969
Piper, Don C.: The international law of the Great lakes: a study of Canadian-United States cooperation, 1967

–: „Great Lakes“ in Bernhardt (Hrsg.) EPIL 2 (1995), S. 616-618
Platzöder, Renate: UNCLOS III: Documents
Poeggel, Walter: Staatennachfolge in Verträge, 1980
Pondaven, Philippe: Les lacs frontières, 1972
–: „Le statut international du lac leman“, RGDIP 78 (1974), S. 60 ff.
Posselt, Jens-Christian: Umweltschutz in umschlossenen und halbumschlossenen Meeren, 1995
Pott, Hermann: Clausula rebus sic stantibus – Ein Versuch ihres Wesens, ihrer Voraussetzungen und ihrer Rechtsfolgen (Art. 62 WVK), 1990
Pratt, Martin/Schofield, Clive: „International Boundaries, Ressources and Environmental Security in the Caspian Sea“, International Boundaries and Environmental Security: Frameworks for Regional Cooperation, 1997, S. 81-104
Rajall, Baram: „Regional politics and legal regimes: the Caspian Sea and US policy“, International politics 37 (2000), 75-98
Rauschning, Dietrich: „Lac Lanoux Arbitration“ in Bernhardt (Hrsg.) EPIL 3 (1997), S. 111-113
Razuvaev, Vladimir: Die russischen Interessen im Kaspiraum unter Berücksichtigung der Energiefrage, 1996
Reinisch, August/Hafner, Gerhard: Staatensukzession und Schuldübernahme beim „Zerfall“ der Sowjetunion, 1995
Rettich, Heinrich: Die völker- und staatsrechtlichen Verhältnisse des Bodensees, historisch und juristisch untersucht, 1884
Reuter, Paul: Introduction to the Law of Treaties, 1995
Rigaldies, Francis: „La zone économique exclusive dans la pratique des États“, 35 (1997) CanYIL, S. 3-55
Rohls, Wilhelm: Die Voraussetzungen der clausula rebus sic stantibus im Völkerrecht, 1989
Romano, Cesare: „The Caspian Sea Dispute: The role of International Law“, 1999-2000, unter www.dundee.ac.uk/cepmlp/journal/html/articles5-10.html, Stand: 13.06.2003
Rousseau, Charles: Droit International Public, Band 3
Rumpf, Christian: „Black Sea“ in Bernhardt (Hrsg.) EPIL 1 (1992), S. 407-408
Russ, Garry/Zeller, Dirk: “From Mare Liberum to Mare Reservarum” in Marine Policy (2003), 1, S. 75 – 78
Sagheb, Nasser/Javadi, Masoud: „Azerbaijan´s Contract of the Century“, www.azer.com/AIWeb/Categories/Mag...24articles/24.westernoilconsortium.htm, Stand: 27.01.1999
Salimgerei, Aron: Energie und Geostrategie im Kaspischen Raum – Akteure, Interessen und Konfliktpotentiale, 1998

Sand, P.H.: „Development of International Water Law in the Lake Chad Basin", ZaöRV 1974, S. 52-82
–: „Lake Chad" in: Bernhardt (Hrsg.), EPIL 3 (1997), S. 113-116
Saxer, Urs W.: „The Transformation of the Soviet Union: from a Socialist Federation to a Commonwealth of Independent States", Loy.L.A.Int'l & Comp.L.J. 14 (1992), S. 581 ff.
Schermers, Henry: „International Organizations, membership", in Bernhardt (Hrsg.), EPIL 2 (1996), 1320-1324
Schlag, Martin: „Die österreichische Bundesgrenze auf dem Bodensee", ÖZöRV 1992, S. 241-266
Schmid, Karin: „Gedanken zu Untergang und Entstehung von Staaten in Mittel- und Osteuropa", Friedenswarte 69 (1992), S. 72-97
Schoch, Jörg: „Rechtliche Aspekte grenzüberschreitender Zusammenarbeit: Eine Fallstudie am Beispiel des Bodenseeraumes", 1997
Schöniger, Matthias/Dietrich, Jörg: Hydrologie unter www.hydroskript.de, Stand 18.01.2003
Schofield, Clive: „Russia tightens grip on Caspian oil?" unter www.ibru.dur.ac.uk, Stand: 27.01.1999
Schweiger, Karl: „Staatsgrenzen im Bodensee und IGH-Statut", BayVwBl. 1995, S. 65-71
Schröter, François: „La délimitation des lacs internationaux: essai d'une typologie", AFDI 1994, S. 910-929
Schweisfurth, Theodor: „Vom Einheitsstaat (UdSSR) zum Staatenbund (GUS", ZaöRV 52 (1992), S. 541-696
–: „Ausgewählte Fragen der Staatensukzession im Kontext der Auflösung der UdSSR", ArchVR 32 (1994), S. 99-129
Sciolino, Elaine: „It's a sea! It's a lake! It's a pool of oil!" New York Times vom 21.06.1998, www.mtholyoke.edu/acad/intrel/caspoil.html, Stand: 20.05.1999
Šebek, Victor: The Eastern European states and the development of the law of the sea, 1979
Seek, Andrew/Mirzoyev, Safa/Nasibov, Vagif/Mamedova, Fatima: „Azerbaijan: Rediscovering its oil potential? A legal persepective", JENRL 13 (1995), S. 147-162
Seiffert, Wolfgang: „Von der Sowjetunion (UdSSR) zur Gemeinschaft Unabhängiger Staaten (GUS)", Osteuropa Recht 38 (1992), S. 79-95
Shoumikhin, Andrei: „Economics and politics of developing Caspian oil ressources" unter www.cpss.org/casianw/novpers.html, Stand: 14.05.1999
Sievers, Eric: „The Caspian regional seas and the case for a cultural study of law", GIELR 13 (2001), S. 361-415

Silagi, Michael: Staatsuntergang und Staatennachfolge mit besonderer Berücksichtigung des Endes der DDR, 1996 (*zit.* Staatsuntergang und Staatnnachfolge)
Siling, Aleksandr: Morskoe Pravo, 1964
Simma, Bruno/Kahn, Daniel-Erasmus: „Nochmals: der Staatsvertrag von St. Germain und österreichische Staatsgrenzen im Bodensee“, ÖZöRV 1993, S. 211-250
Simmler, Christiane: Das uti-possidetis-Prinzip: zur Grenzziehung zwischen neu entstandenen Staaten, 1999
Sohn, Louis/Gustafson, Kristen: The law of the sea in a nutshell, 1984
Sorel, Jean-Marc/Mehdi, Rostane: „L'uti possidetis entre la consécration juridique et la practique: essai de réactualisation“, AFDI 1994, S. 11-40
Speer, Lisa/Lauck, Liz/Pikitch, Ellen/Boa, Susan/Dropkin, Lisa/Spruill, Vikki: „Roe to ruin: The decline of sturgeon in the Caspian Sea and the Road to recovery“, 2000, www.caviaremptor.org/roe_to_ruin.PDF, Stand 13.06.2003
Staynov, Petko: „Establishment of a special international statute of the semi-enclosed sea“, Studies on international law 1974, Bd. 2, S. 29-40
Stoffel, Felix: Die Fischereiverhältnisse des Bodensees unter besonderer Berücksichtigung der an ihm bestehenden Hoheitsrechte, 1906
Strupp, Karl: Wörterbuch des Völkerrechts und der Diplomatie, 1924, Bd. 1
Strupp, Karl/Schlochauer, Hans-Jürgen: Wörterbuch des Völkerrechts 1960, Band 1,
Symonides, Janusz: „The legal status of the enclosed and semi-enclosed seas“, GYIL 27 (1984), S. 315 ff.
Swietochowski, Tadeusz: „The Caspian as a region in history“, sipa.columbia.edu/RESOURCES/CASPIAN/env_p11.html, Stand: 13.06.2003
Tichy, Helmut: „Two recent cases of state succession – an Austrian perspective“, ÖZöRV 44 (1992), S. 117-136
Tolkatchev, A.: „Caspian sea-level rise: An environmental emergency“ www.nbi.ac.uk/psmsl/gb2/tolkatchev.html Stand: 13.06.2003
Tscherbakova, N.W.: „XXXVIII Eschegodnoe Sobranie rossijskoj Assoziazij meždunarodnogo pravo“, Gosudarstvo i Pravo 1995, Bd 2, S. 145-151
Tunkin, Grigorij: Meždunarodnoe pravo, 1994
Tyranowski, Jerzy: State succession: boundaries and boundary treaties, Pol.YIL 1980, S. 115-135
Uibopuu, Henn-Jüri: „The Caspian Sea: a tangle of legal problems“, The World Today 6 (1995), S. 119-123
–: „Das Kaspische Meer und das Völkerrecht“, ROW 1995, S. 201-206
Ulloa y Sotomayor, Alberto: Derecho Internacional Público
Vattel, Emer de: Le droit des gents ou principes de la loi naturelle, 1958, Band 1

Veiter, Theodor: „Die Rechtsverhältnisse auf dem Bodensee, eine völkerrechtliche Untersuchung“, ArchVR 28 (1990), S. 458-472

Vinogradov, Sergei: „The Caspian Sea – quest for a new legal regime“, LJIL 9 (1996), S. 87-88

Vinogradov, Sergei/Wouters, Patricia: „The Caspian Sea: current legal problems“, ZaöRV 55/2, S. 604-623

Vitzthum Graf, Wolfgang: Graf Vitzthum (Hrsg.) Völkerrecht

–: Alles fließt: Kulturgüterschutz und innere Gewässer im neuen Seerecht, 1998 (*zit.* Alles fließt)

Vukas, Budislav: „Enclosed and Semi-enclosed seas“, Revue Iranienne des relations internationaux 1977-79, S. 172

Weber, Michael: „Uti possidetis iuris“ als allgemeines Rechtsprinzip im Völkerrecht – Überlegungen zum Verhältnis von „uti possidetis“, Selbstbestimmungsrecht der Völker und Effektivitätsprinzip, 1999

Weller, Marc: „The international response to the dissolution of the Socialist Federal Repblic of Yugoslavia“, AJIL 86 (1992), S. 569-607

Werbke, Axel: „Germany's proclamation of an Exclusive Economic Zone“, 11 (1996) IntJMCL 1, S. 79-86

Weyer, Markus: „Die Mitgliedschaftsrechte der ehemaligen Sowjetunion in den Vereinten Nationen“, ROW 36 (1992), S. 166-176

Wolfrum, Rüdiger: Die Internationalisierung staatsfreier Räume: die Entwicklung einer internationalen Verwaltung für Antarktis, Weltraum, Hohe See und Meeresboden, 1984 (*zit.* Internationalisierung)

Yakemtchouk, Romain: Les hydrocarbures de la Caspienne, 1999

Yusifzade, Khoshbakht: „The status of the Caspian“ unter www.azer.com/ AI-Web/categories/Mag...folder/24.articles/24.statuscaspian.html, Stand: 27.01. 1999

Ziegler, Karl-Heinz: Völkerrechtsgeschichte: ein Studienbuch, 1994 (*zit.* Völkerrechtsgeschichte)

Zimmermann, Andreas: Staatennachfolge in völkerrechtliche Verträge, 1999 (*zit.* Staatennachfolge)

Abbildungen

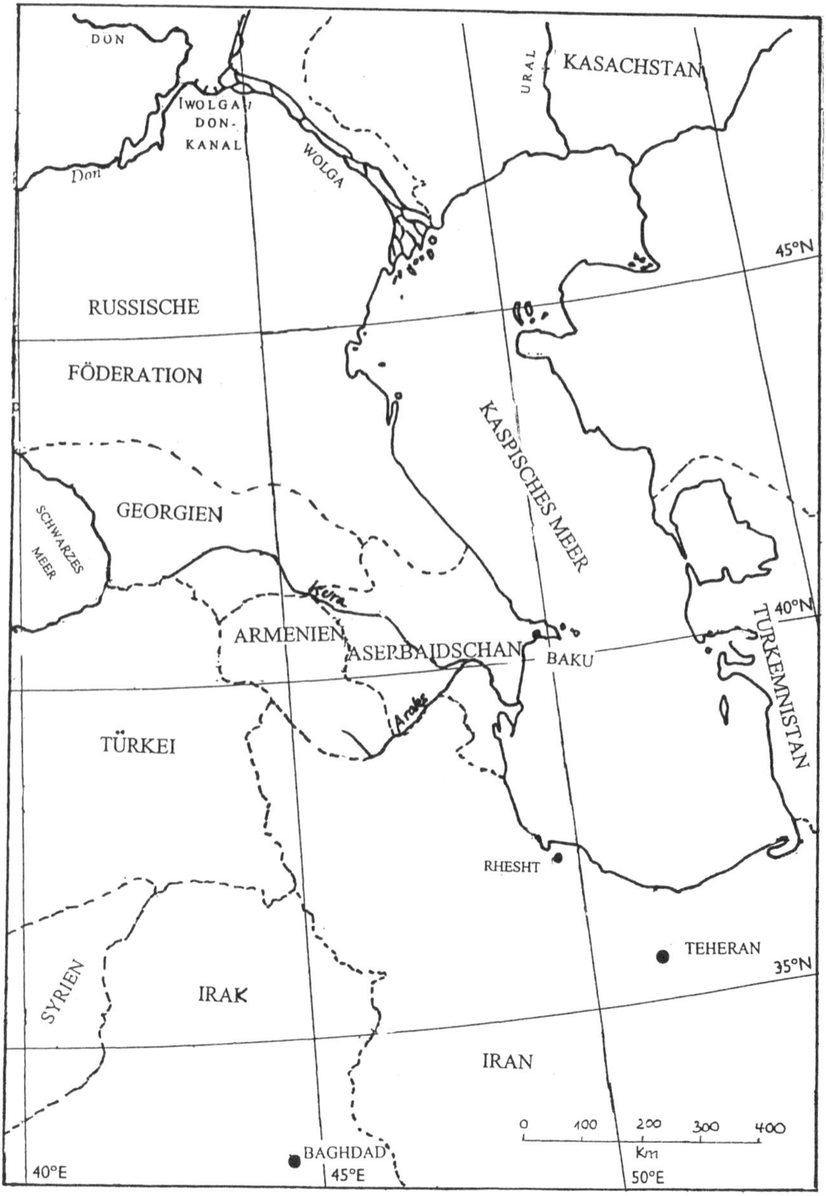

Abbildung 1: Kaspisches Meer

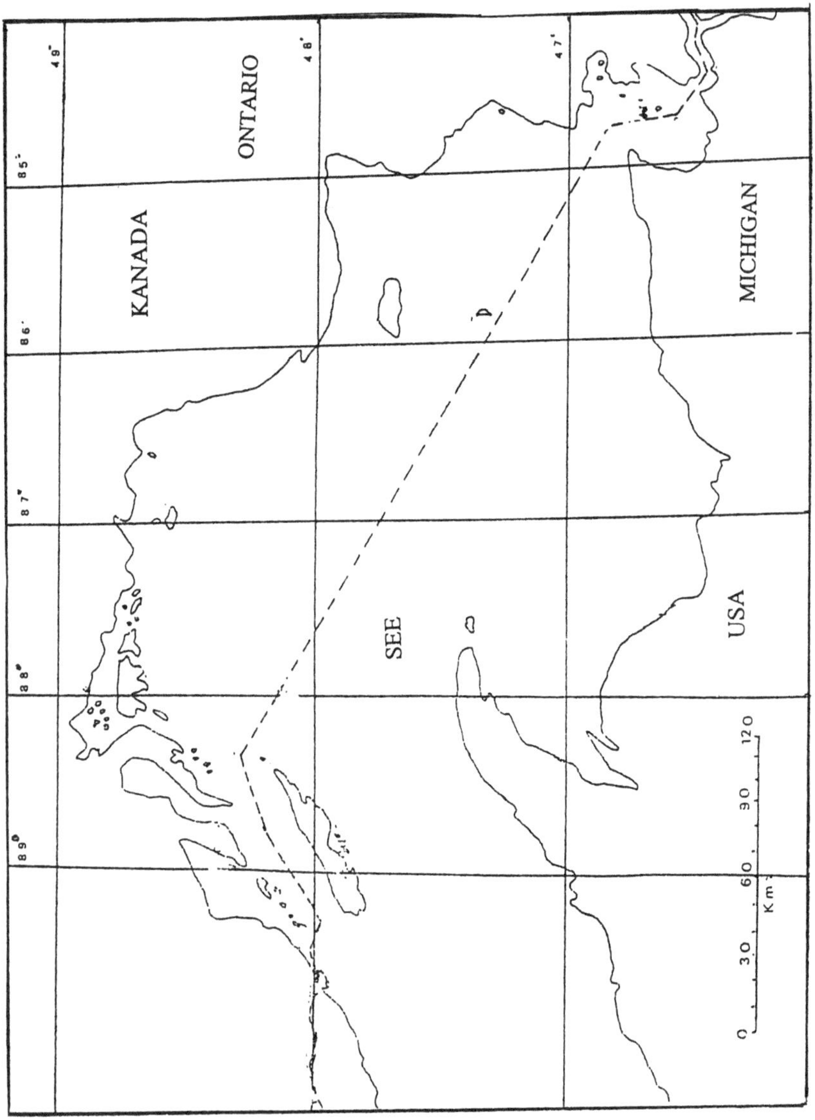

Abbildung 2a: Oberer See

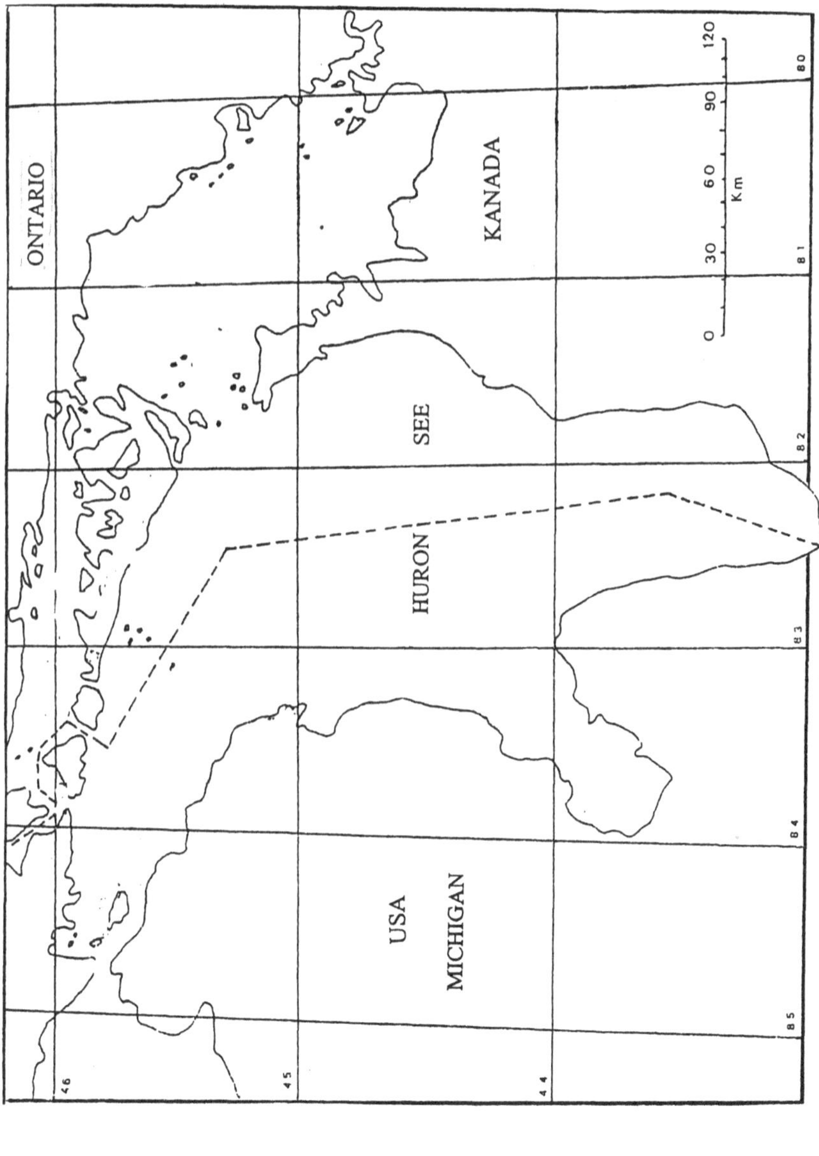

Abbildung 2b: Huronsee

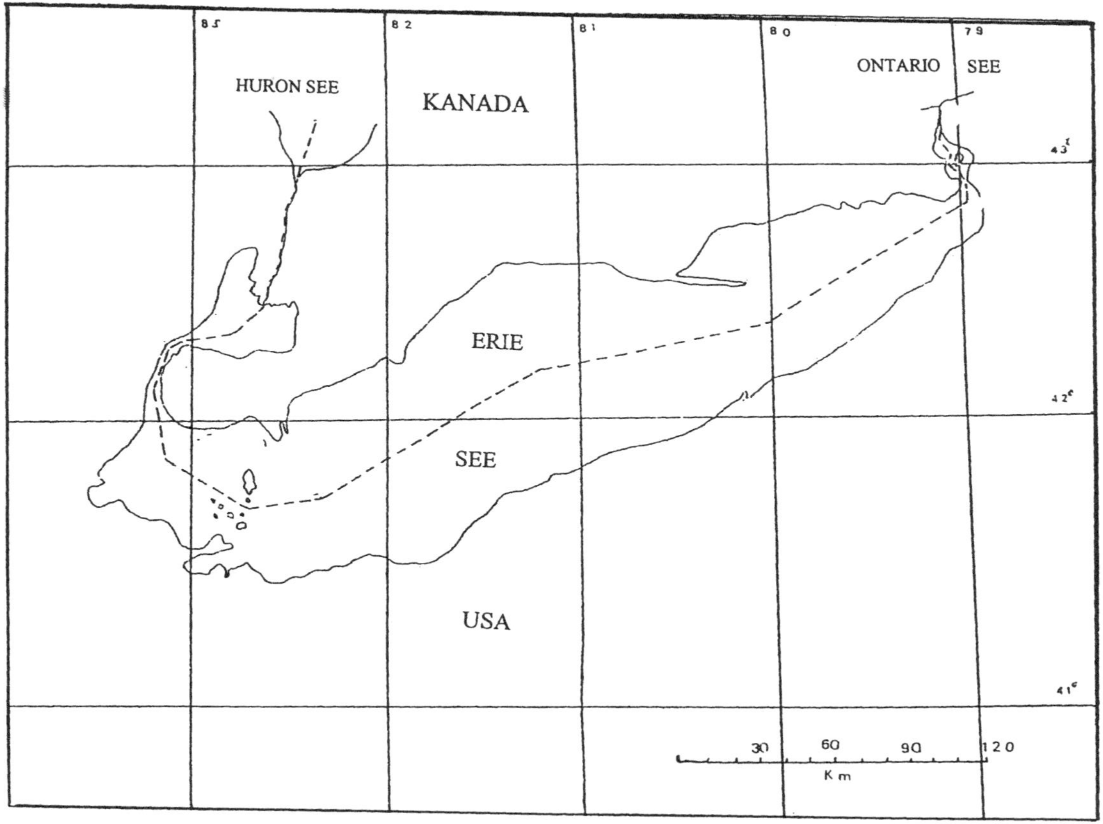

Abbildung 2c: Griesee

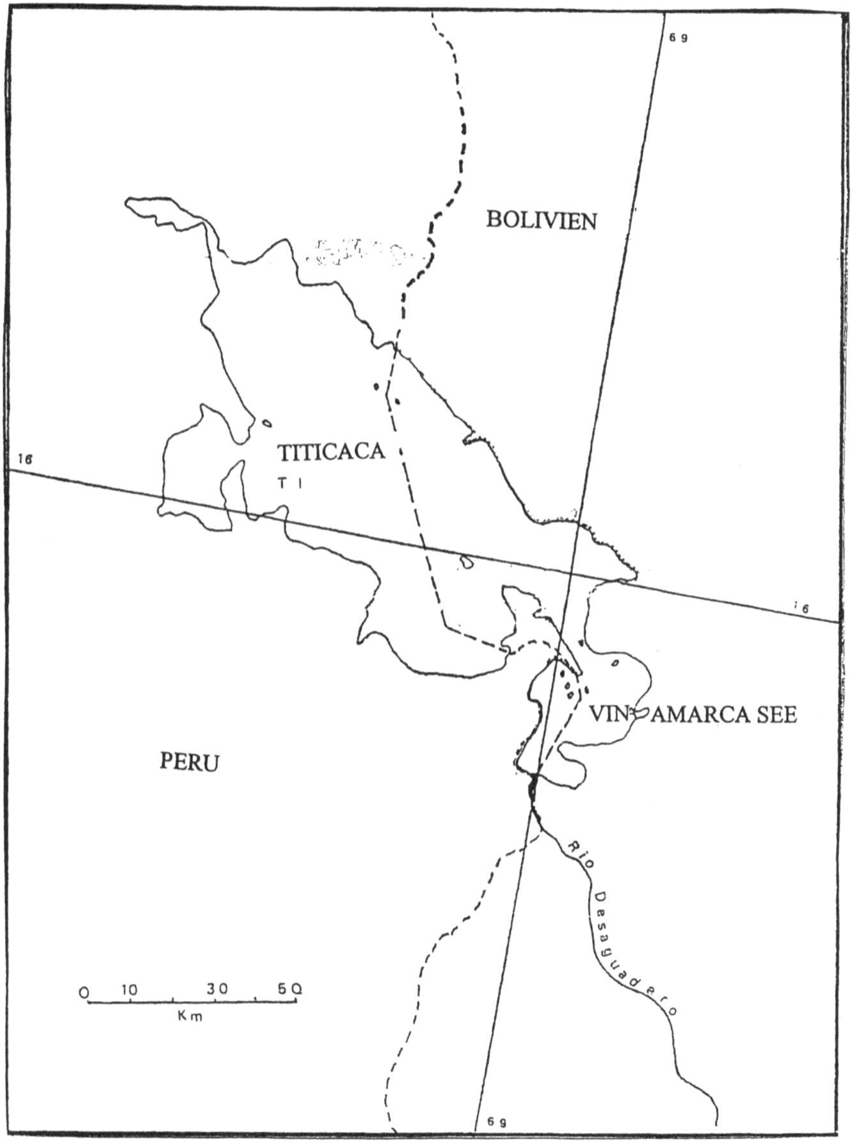

Abbildung 3: Titicacasee

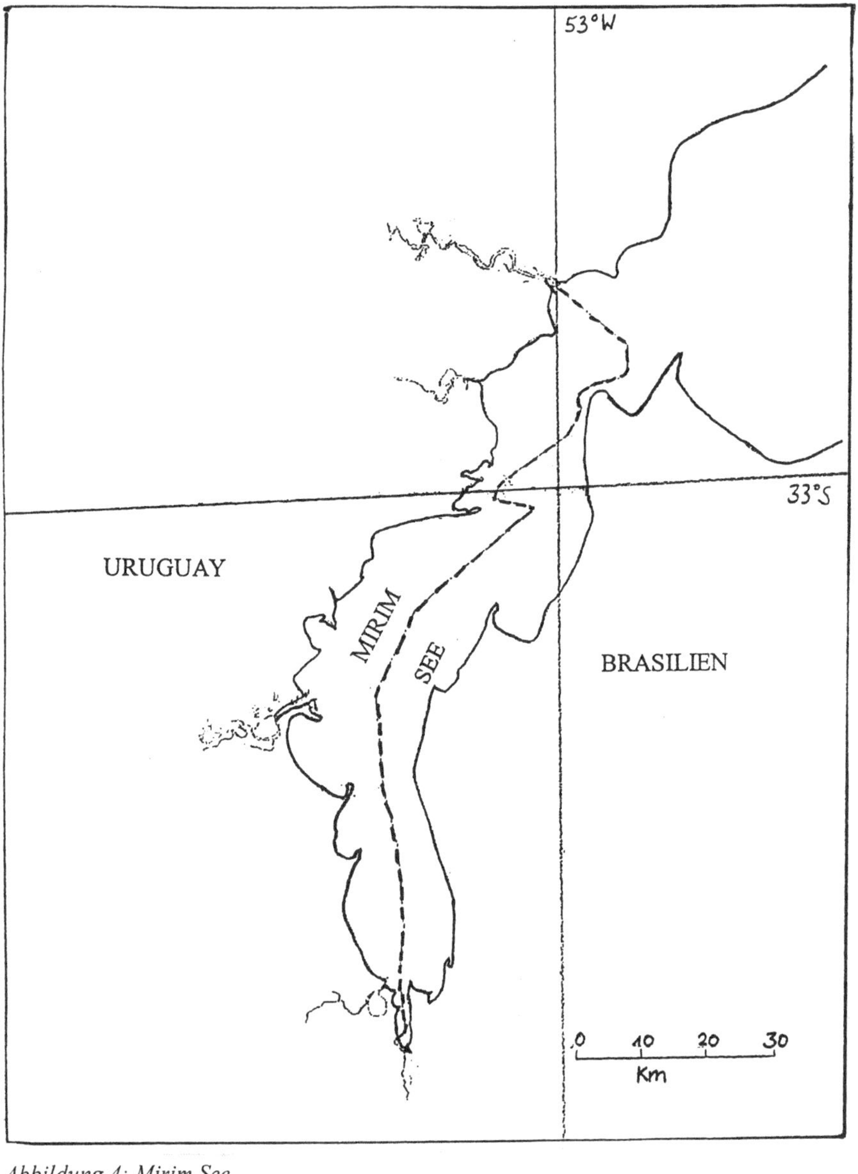

Abbildung 4: Mirim See

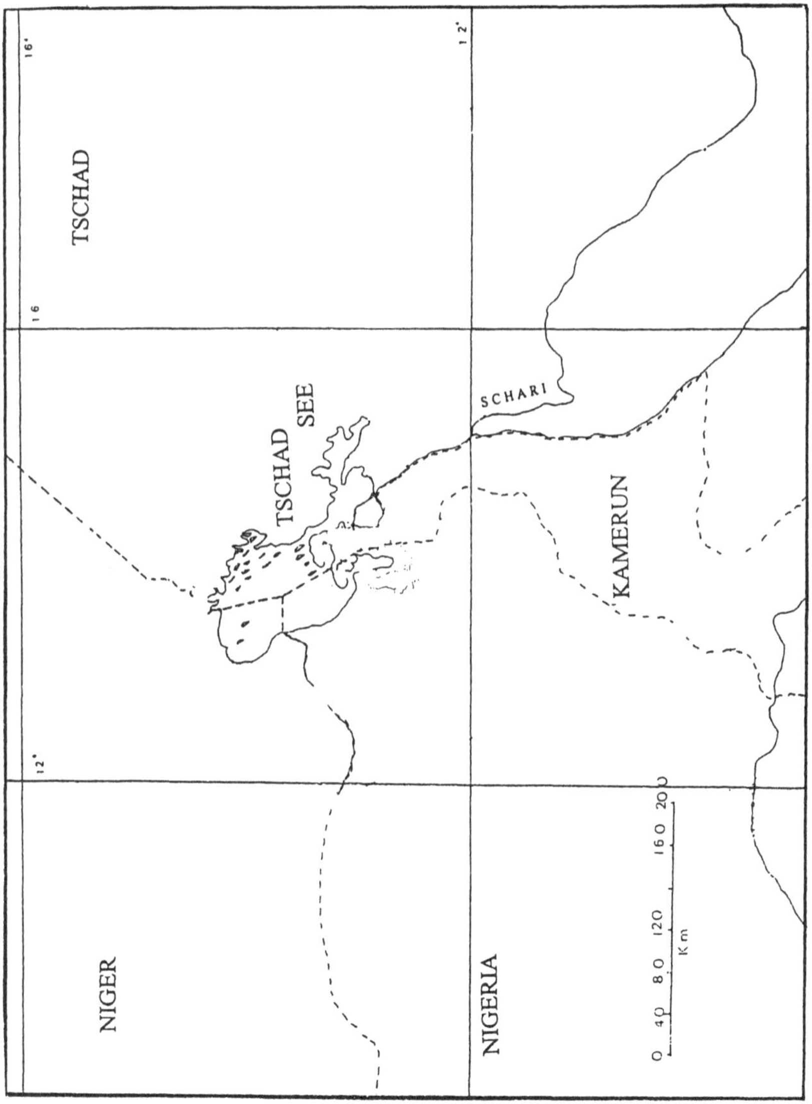

Abbildung 5: Tschadsee

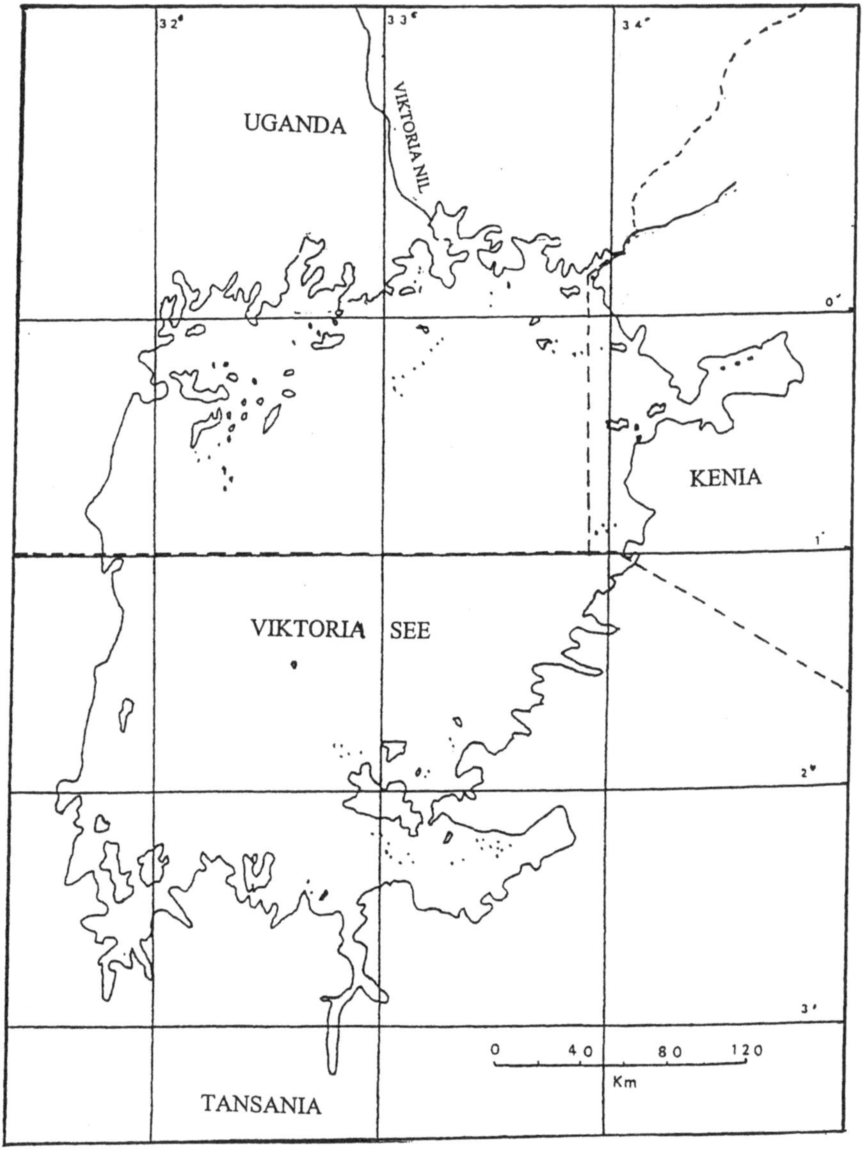

Abbildung 6: Viktoria See

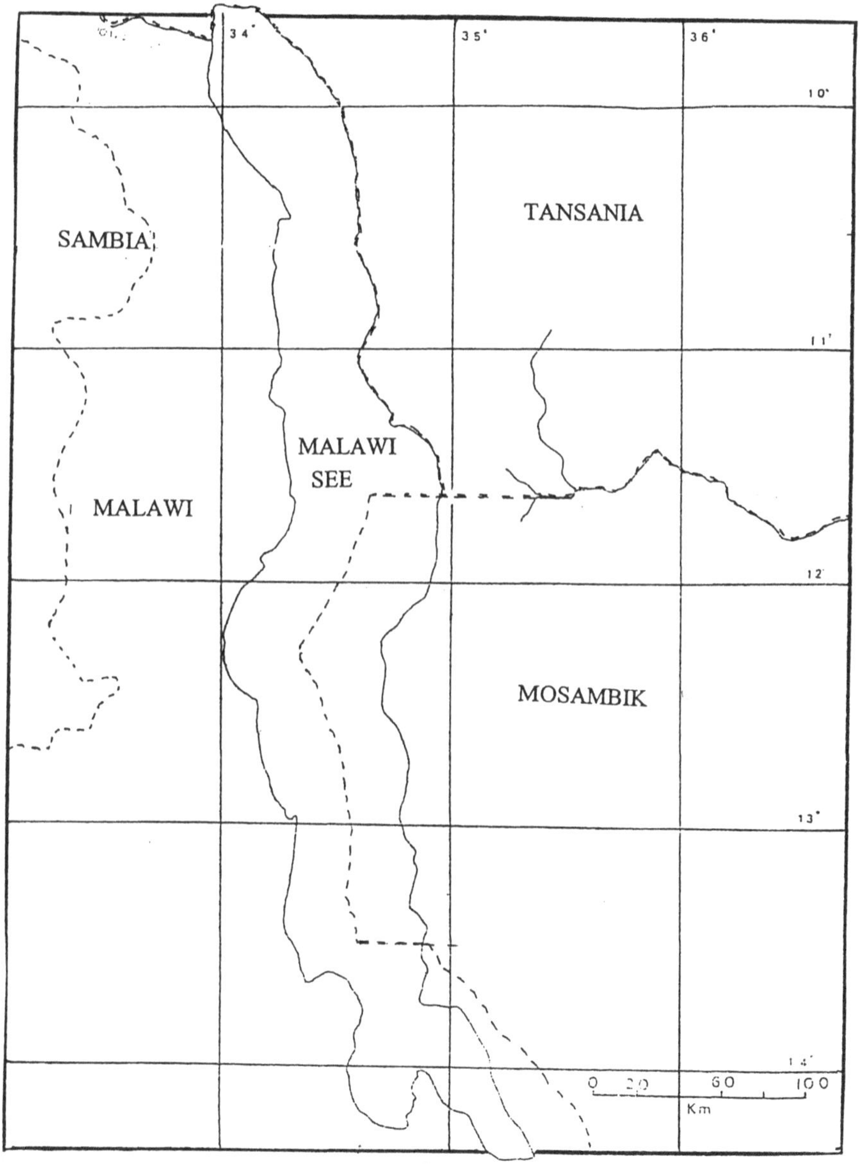

Abbildung 7: Malawi See

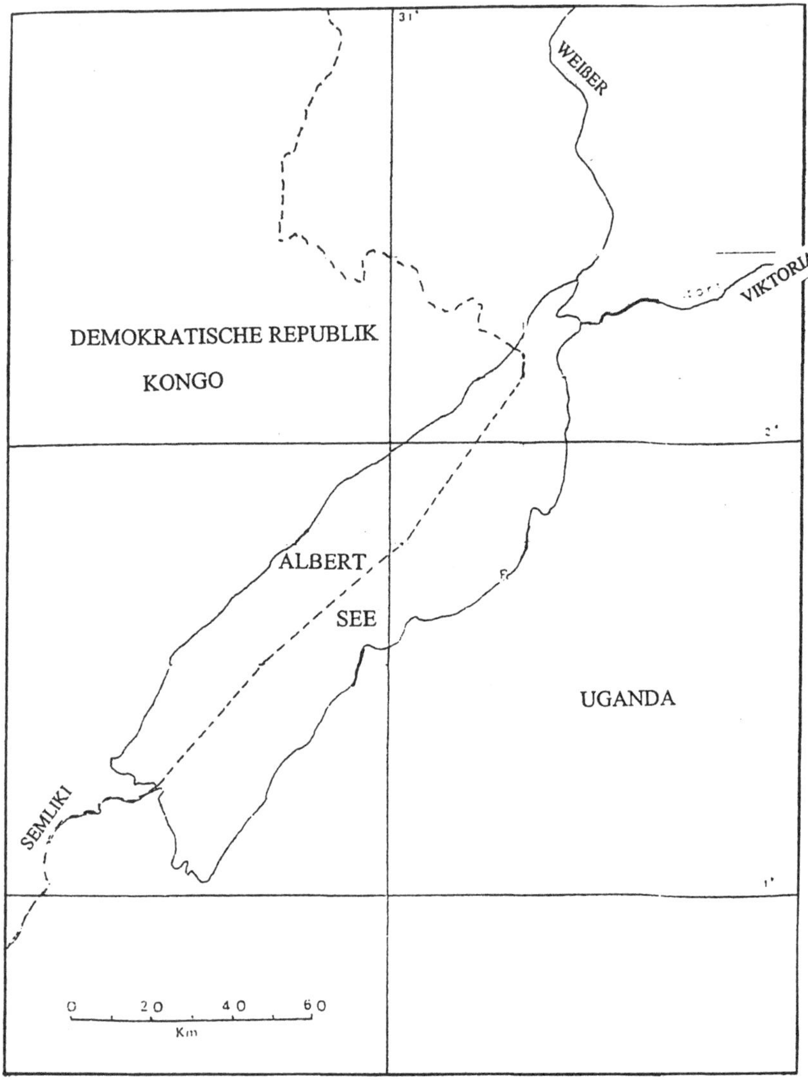

Abbildung 8a: Albertsee

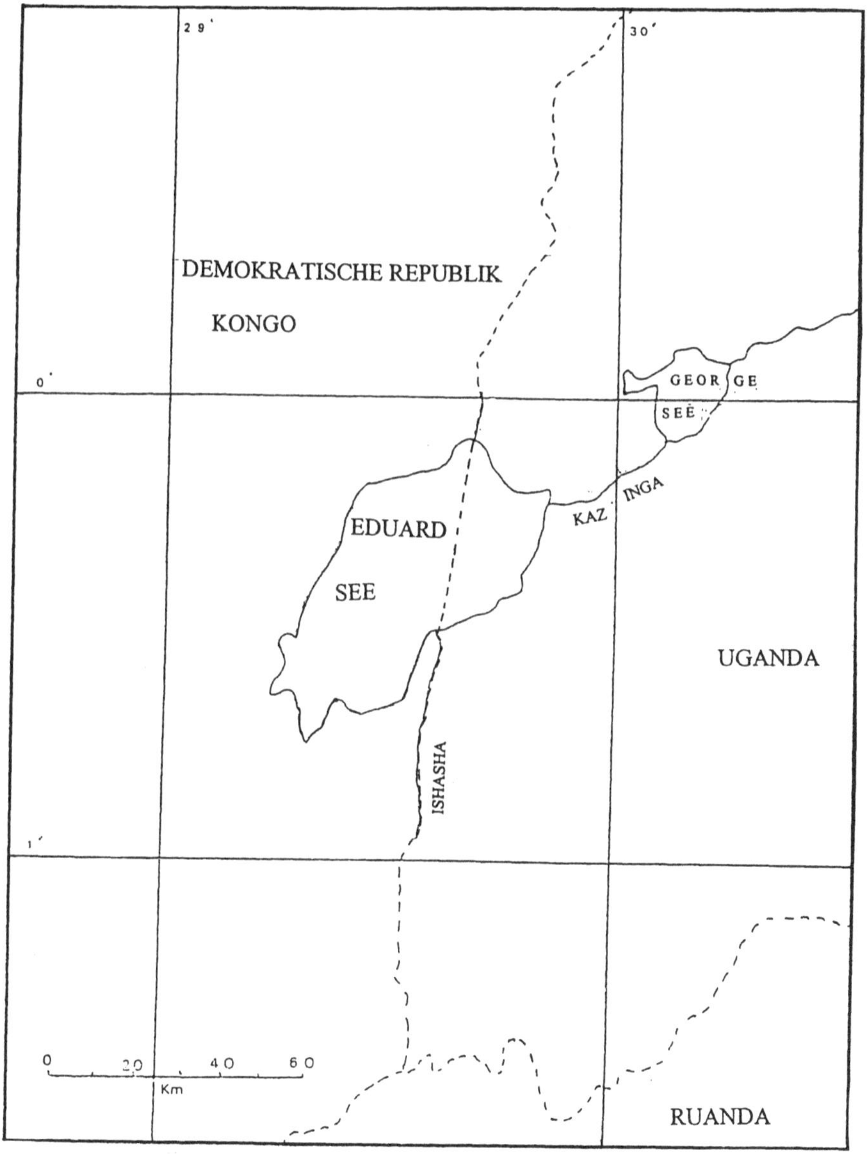

Abbildung 8b: Eduardsee

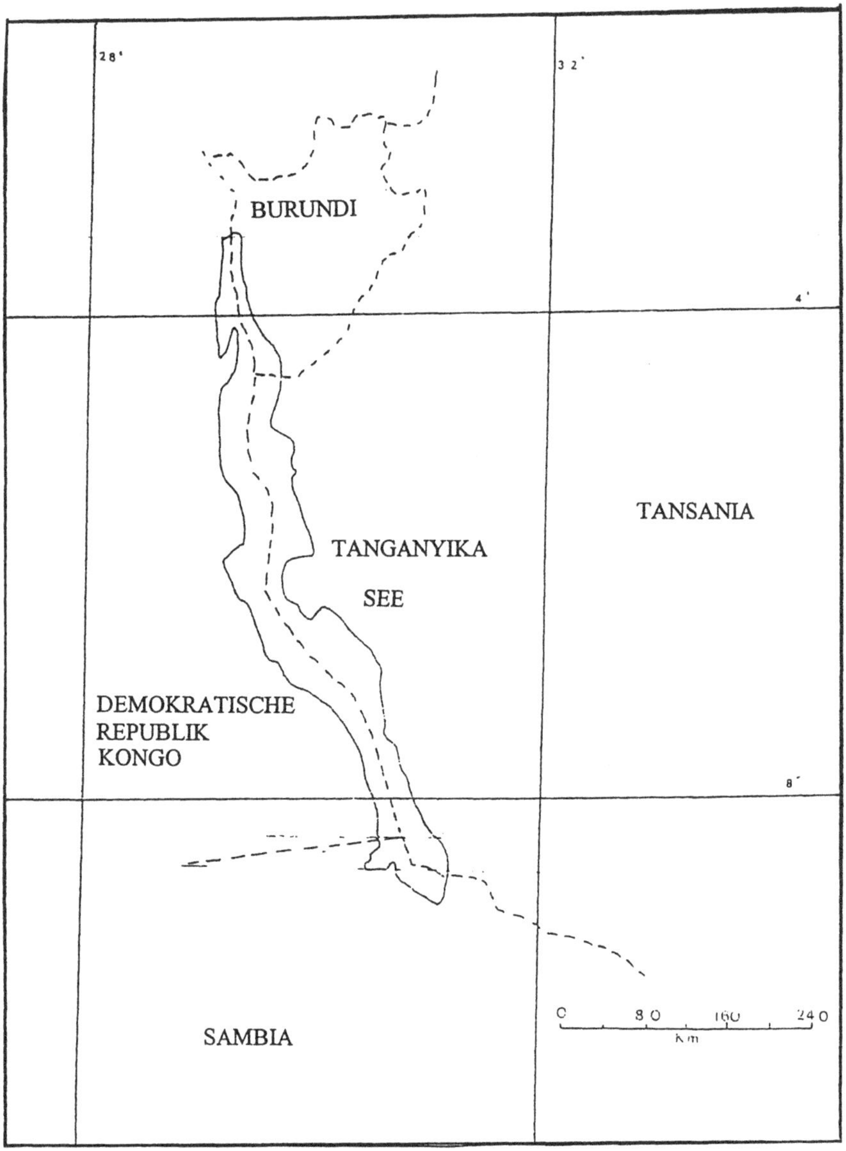

Abbildung 9: Tanganyika See

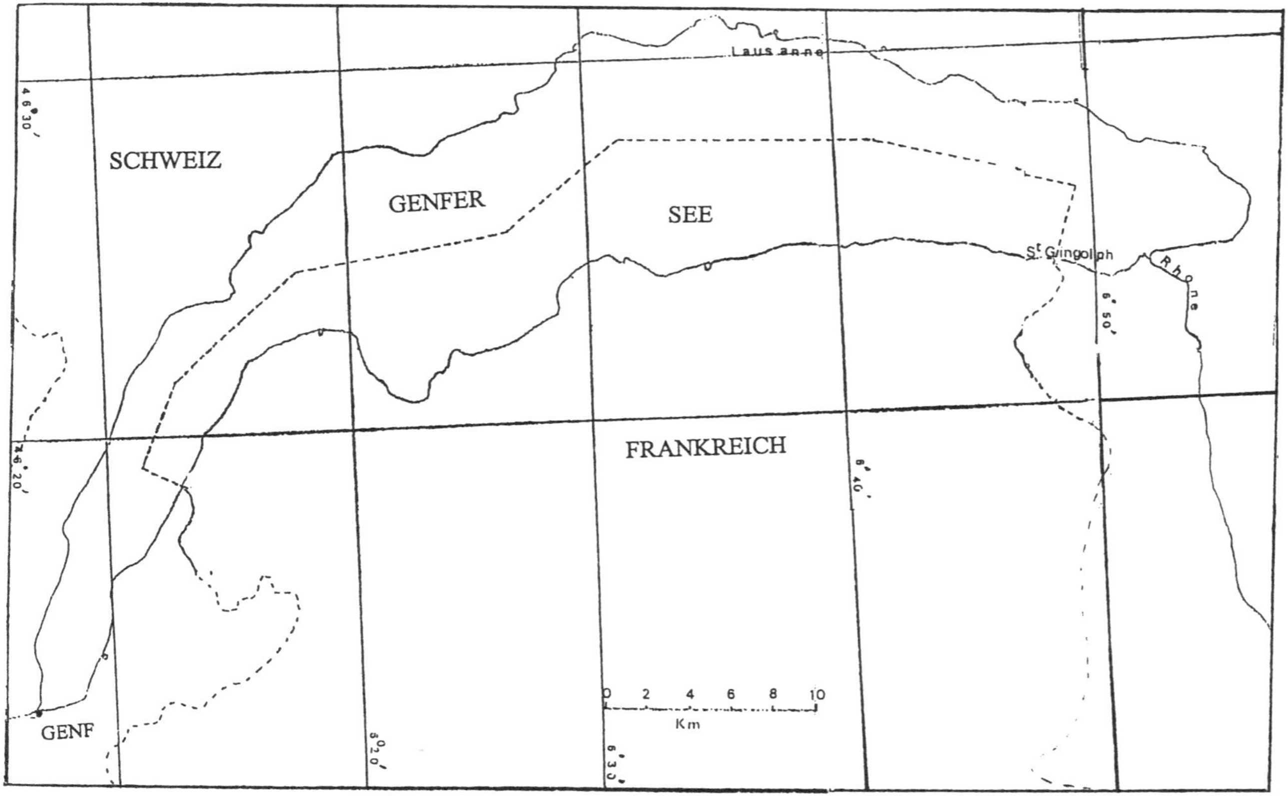

Abbildung 10: Genfer See

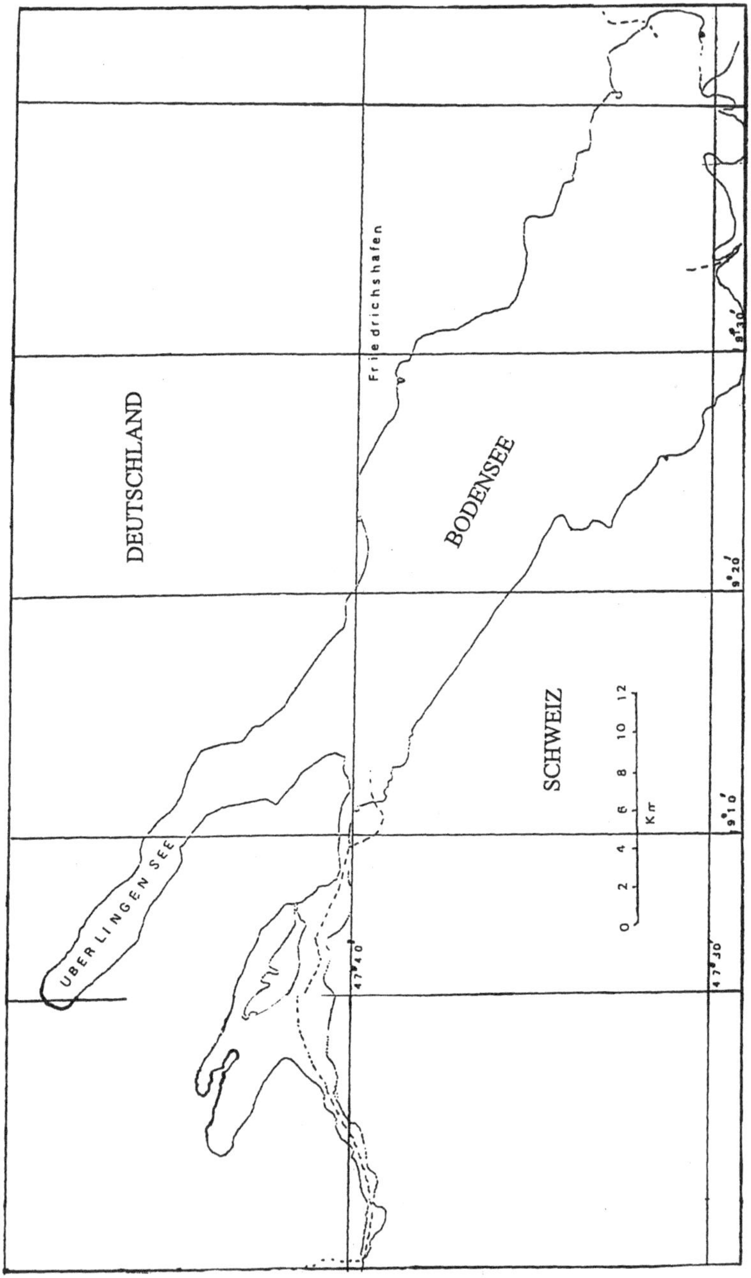

Abbildung 11: Bodensee

FSC
www.fsc.org
MIX
Papier | Fördert
gute Waldnutzung
FSC® C083411

Kolibri 360 GmbH
Ferdinand-Jühlke-Straße 7
99095 Erfurt, Deutschland
produktsicherheit@kolibri360.de

Druck:
CPI Druckdienstleistungen GmbH
im Auftrag der
Kolibri 360 GmbH
Ferdinand-Jühlke-Str. 7
99095 Erfurt